序

伴随着中国交通和市政建设步伐的不断加快，亟待开发新型非开挖技术来适应快速发展的地下通道建设需求，以节省地下空间资源、减少施工对周围环境的不利影响。基于此，上海市政工程设计研究总院（集团）有限公司联合上海机械施工集团有限公司、同济大学，开发了宽 9.75m、高 4.95m，可满足双向两车道通行的大断面矩形盾构法隧道的成套修建技术，并在上海完成了两个示范工程。这标志着矩形盾构法隧道在中国应用的开始，填补了中国隧道工程建设中的空白，是上海乃至中国隧道工程建设史上具有里程碑性的重大事件。

矩形盾构法隧道工法起源于日本，但在中国推广应用尚有一段艰难的历程。在长达 4 年的研发过程中，课题组始终坚持资料调研、方案比选、理论分析、试验验证、现场应用的技术路线，始终遵循数值与物理模型、设计与施工技术紧密结合的科学方法，成功攻克了世界上同类工程中高宽比仅为 0.5 这一最“扁”矩形隧道带来的管片衬砌接头承载力要求高、拼装空间狭小等一系列难题。在管片接头设计中，采用了高承载力接头，克服了管片接头螺栓群的安装、管片制作精度与拼装机械手的安装精度相匹配的问题。在衬砌设计中选用了 6 分块的形式，分块数目在同类隧道中最少，减少了隧道管片衬砌的接缝数量、提高了防水性能与耐久性。在试验研究过程中，为更好地模拟隧道的真实受力状态，采用了直立式的整环试验方法，这在世界上尚属首次。据我所知，课题组在设计研发中授权专利多达 9 项，涵盖了管片的结构、构造、制作工艺等各个方面，形成了完全具有知识产权的管片结构设计技术。

《大断面矩形盾构法隧道设计研究与实践》一书，全面客观地对矩形盾构法隧道研究成果与工程实践进行了技术总结，可为从事地下工程设计与研究的技术人员提供借鉴与参考，相信对推动我国盾构法隧道技术的科技进步具有非常积极的作用。我由衷祝贺该书出版问世，并为之作序。

朱合华

于同济大学

2017 年 6 月

前　言

本书以上海市国有资产监督管理委员会2013年度企业技术创新和能级提升项目《大断面矩形盾构法隧道施工设备及设计施工关键技术研究（2013010）》的研究成果为基础，全面客观地对国内首次实践的大断面矩形盾构法隧道的设计、试验、工程实践进行了分析和总结。回顾四年的研发之路，有成功也有失败，但课题组全体成员始终坚持到底，并为之不懈地努力，终于成功地将该项技术应用于上海两条地下通道的建设。

全书共分为6章，第1章主要介绍了矩形盾构法隧道对城市的发展意义、其自身的发展历史、理论及试验研究。通过对比同等截面的双圆、单圆、矩形盾构法隧道的内力，得出了矩形盾构法隧道受力的主要特点。第2章主要介绍了复合管片的受力特点，并开展了单体管片的试验研究，对复合管片的不同结构形式进行了对比试验。采用有限元计算数值模型对管片的力学性能进行了模拟分析，总结了复合管片的受力特点。第3章介绍了所采用高承载力管片接头的力学性能试验，论述了矩形盾构法隧道的接头受力特点，并采用了有限元分析方法对管片接头的力学特性进行了数值模拟。第4章介绍了复合管片衬砌环的整环试验，对试验过程及结果进行了描述。并将整环试验结果与理论计算结果进行了对比分析，总结了复合管片衬砌的破坏过程。第5章提出了矩形盾构法隧道的具体设计方法，主要论述了衬砌的外形优化方法，分析了侧压力系数、地层抗力系数对衬砌受力的影响。对矩形盾构法隧道的荷载、计算原则、注浆荷载的计算进行了论述。第6章介绍了矩形盾构法隧道的工程应用案例，并在现场对衬砌结构的力学性能进行了全面监测并与原始设计进行了比较，实现了设计数据、数值模拟数据、实验室测试数据、现场测试数据的对比。

本课题在研究过程中，得到了社会各界的帮助与支持。感谢上海市国有资产监督管理委员会对研究课题提供经费资助。感谢原上海建工集团股份有限公司的吴欣之副总工程师，正是吴总的大力推进，才使我们的团队走向成功，吴总的工作精神时刻激励着我们。感谢上海机械施工集团有限公司的过浩侃、罗鑫、姜小强、滕延锋、林济、朱德坤，正是你们精心的施工，才使我们的研究成果得以成功实施。本研究的结构试验都是在同济大学试验室中完成的，感谢同济大学的柳献、蒋首超老师为试验付出的辛勤劳动，一并感谢刘鑫、梁霄、黄晓冬、王康任、林唯春、刘仁勇、文见、范洁敏等同学。感谢江阴市长禾特钢制品有限公司的张朱、龚元、王刚为提高管片的制作精度所做出的不懈努力。感谢上海建工集团的吴小建、冯为民、张耀生为试验工程的筹划及提高管片浇注质量所提供的帮助。真诚感谢上海市政工程设计研究总院（集团）有限公司的俞明健总工程师对本项目的策划与指导。感谢本研究团队的温竹茵、薛勇、范益群、由广明等为本项目的辛勤付出。感谢多位参加该项目评审的专家与学者、感谢所有关心该项目的人。在各章的研究背景介绍中，参考了有关单位和学者的技术资料，都一一作了备注，在此表示感谢。

由于作者水平有限，书中难免出现差错、纰漏，有些提法也有待商榷，恳请专家和读者不吝赐教。

著 者

2017 年 3 月

目　录

第 1 章 绪论

1.1 矩形隧道对城市发展的意义

伴随着中国城市化的推进及城市建设步伐的加快，人口在不断地涌向城市，城市的车辆保有量也在不停地增加，这就需要建设越来越多的地下通道以解决或缓解城市居民的“过街难”、“道路交叉口”车辆交通拥挤等问题。

目前国内一线城市都是土地资源极为稀缺的城市，地下空间同样是一种有限的资源，也是实现城市建设可持续发展的战略性空间资源，拓展开发地下空间资源必须贯彻“资源节约、环境友好”的城市建设理念。地下通道是利用地下空间资源的一种有效形式，它对于提高土地利用效率、缓解地面交通、减少环境污染等具有十分显著的作用。为此，探索空间占用率低、环境污染小、城市运营干扰低、工业化建造程度高的新型地下交通系统建造工法及其配套装备、控制方法、辅助专项技术是实现“绿色城市、低碳城市”建设的必然途径，这也将提升城市地下空间整体建造水平。

在中心城区进行地下通道的开发建设具有如下突出特点：(1) 地下管线分布庞杂。中心城区经历多期改造改建后，通信、煤气、雨水、电信、电力、自来水及污水等管线数量繁多、分布复杂，施工作业受到极大限制；(2) 建筑物分布密集。中心城区的既有建筑物分布比较密集，留给施工作业的空间相对狭小，对施工场地布置的制约因素较多；(3) 地面交通流量高。在中心城区的既有道路尤其是主干道路进行地下工程施工时，容易造成交通拥堵，影响市民出行，社会影响重大，严重制约着施工技术方案；(4) 地下穿越节点复杂。在中心城区进行地下空间开发时，不可避免地要穿越既有地下结构诸如高架桥的桩基、地铁设施等，这伴随着巨大的施工风险。

地下通道通常采用明挖法施工，相对于其他施工方法具有技术简便的特点，但有时也会带来很多负面的影响。在中心城区进行大体量、大范围的管线搬迁、翻排和交通翻交，不但导致建造成本激增、建造工期延长，而且使中心城区地面交通的正常运行受到干扰，造成的社会影响重大；明挖法施工会产生大量的粉尘，对城市空气质量的控制带来巨大压力；明挖法施工需进行大体量的土方卸载，将对沿线众多的既有建筑物产生不利的影响。随着中国经济的增长，人们对城市生活环境的要求越来越高，在城市中心区域进行明挖地下通道的工程施工已变得愈发困难，非开挖法必将成为地下通道建设的主流方法。

城市地下通道的非开挖建造工法，常用的有顶管法、管幕法、盾构法等，近年都得到了很大的应用与发展，这些施工方法各有特点和适用的领域。在隧道暗挖施工技术发展方面，由于圆形隧道结构具有受力以压弯为主、施工性能良好等优点，得到了大力发展。但随着地下空间资源的紧缺，以及对地下空间利用的再认识，暗挖矩形隧道施工技术必将得到更多的应用与推广。矩形隧道具有如下显著优势：

(1) 空间利用优势。圆形隧道与矩形隧道的面积对比概念如图 1-1 所示。根据地铁隧道 A 型车双线、公路隧道大车双线、公路隧道小车双线的通车限界的需求，进行面积对比分析，分别如图 1-2、图 1-3、图 1-4 所示。三种类型隧道的面积使用比如图 1-5 所示，矩形断面所占用的面积比圆形隧道分别节约了 34%、30%、45%。相比双圆断面，矩形断面节约了 35%左右，如图 1-6 所示。

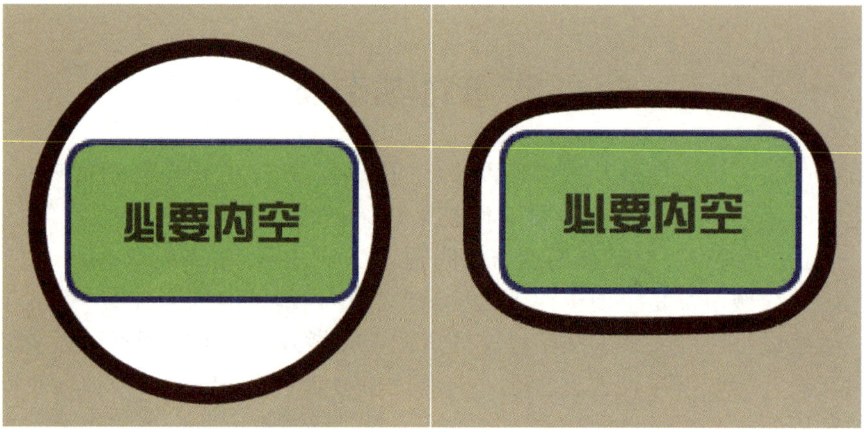

图 1-1　圆形隧道与矩形隧道面积对比概念图

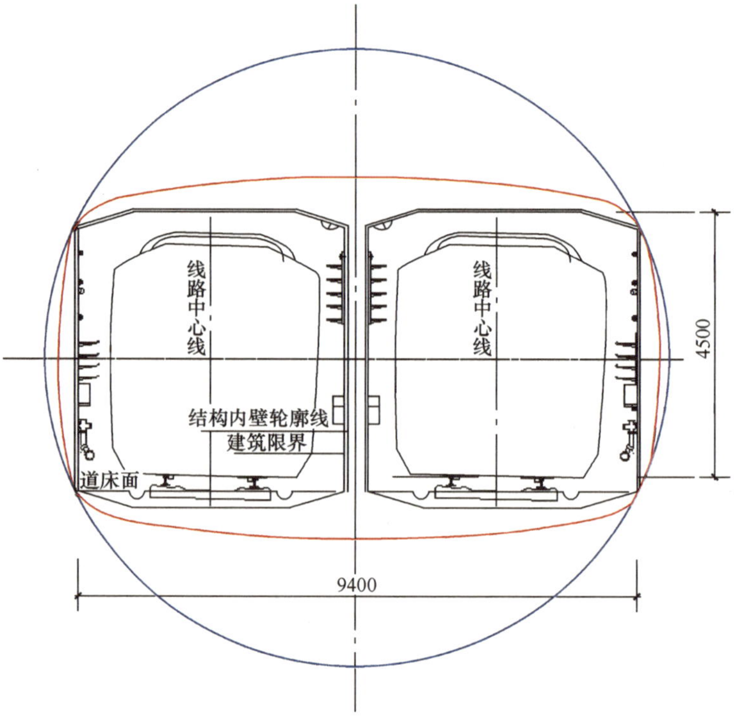

图 1-2　地铁双线 A 型车通行用圆形隧道与异形隧道所需尺寸对比

（2）浅覆土施工优势。在同样使用面积条件下，圆形隧道需要较大的面积；为了满足隧道的抗浮需要，圆形隧道需要较大的埋置深度。在目前提出互通的设计理念影响下，诸如地块之间的地下车库的联通，需要隧道进行浅覆土施工。在地下 2 层车库的联络通道及过街通道工程中，隧道顶部的覆土厚度一般为 3～4m，矩形盾构法隧道可很好地满足这些工程的需求，如图 1-7 所示。由于采用了浅覆土施工，出入口的引道布置就越短，两边工作井的深度降低，工程建造成本就越低。也有采用矩形盾构法实现无工作井盾构隧道的建造，如图 1-8 所示。

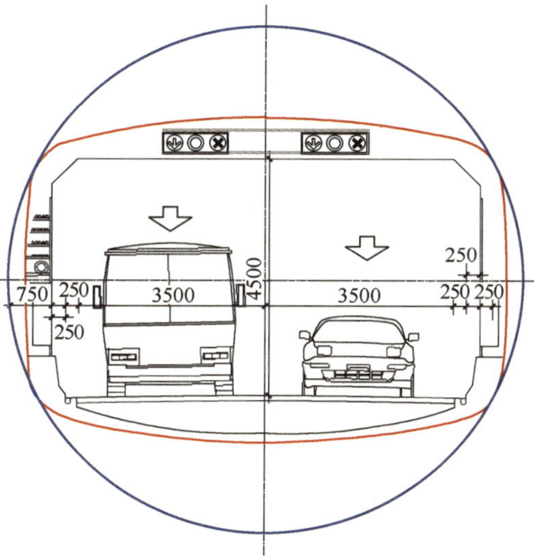

图 1-3 公路隧道双线大车通行用圆形隧道与异形隧道所需尺寸对比

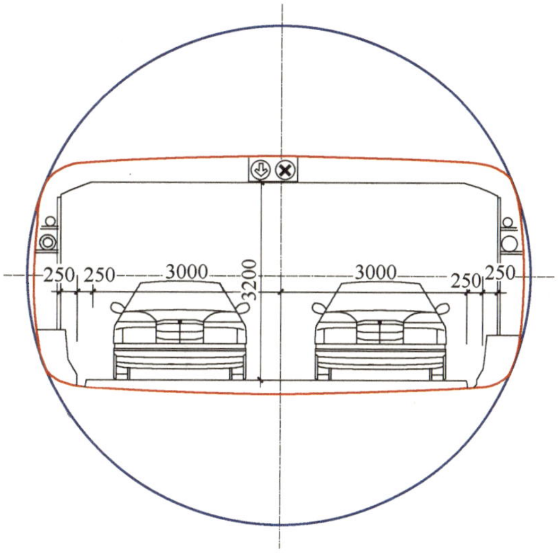

图 1-4 公路隧道双线小车通行用圆形隧道与异形隧道所需尺寸对比

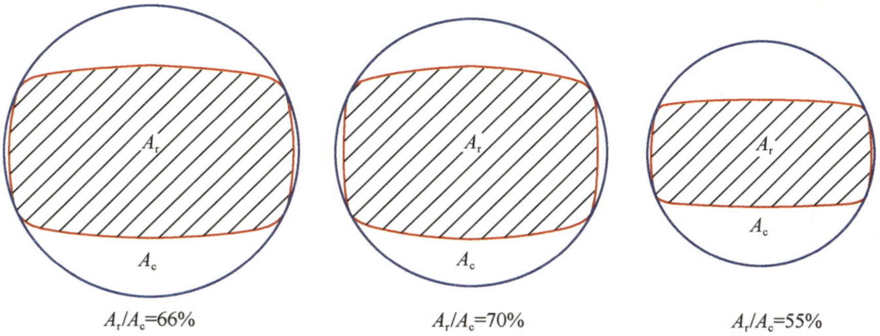

图 1-5 地铁双线 A 型车、公路双线大型车、公路双线小型车专用通行面积对比

图 1-6 矩形盾构隧道与双圆盾构隧道有效使用面积对比图

（3）施工环境友好的优势。相比圆形断面，矩形断面切削量小，排出泥浆体积少，对环境影响小，施工更为环保，能充分体现“资源节约、环境友好”的施工理念，如图 1-9 所示。

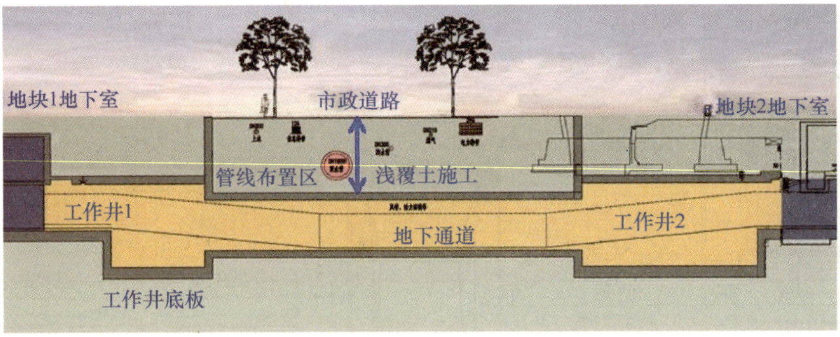

图 1-7　地下通道浅覆土施工示意图

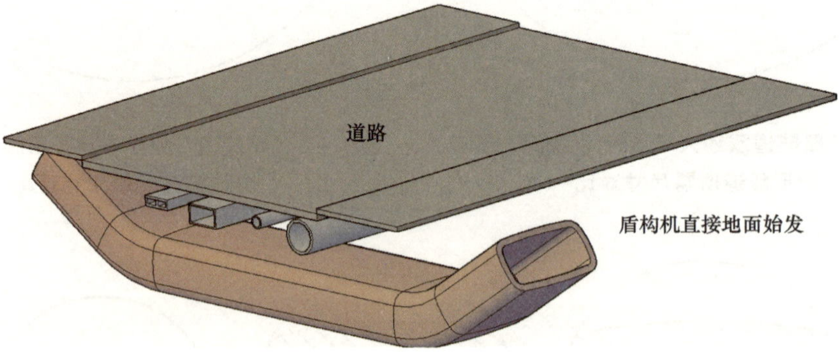

图 1-8　无工作井施工示意图

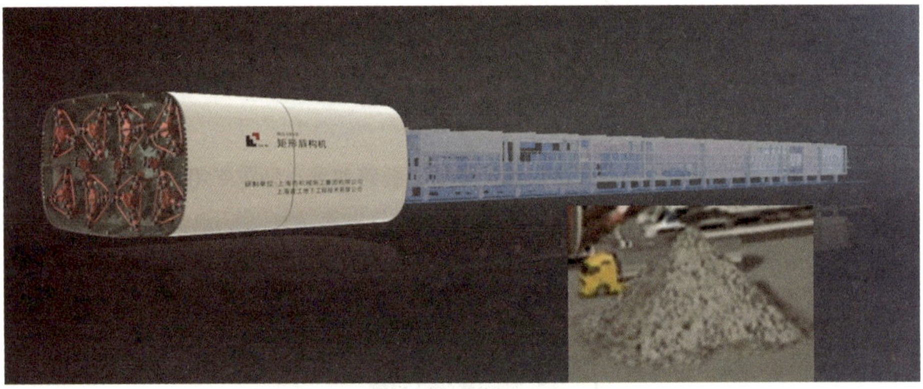

图 1-9　矩形盾构开挖排土少

（4）易运输易转弯的优势。矩形盾构法将衬砌由整化小，采用管片进行运输，减小了对道路交通的压力。矩形顶管法一般采用整体管节，在管节运输时需要占用多个车道，同时需要大型的起吊设备。图 1- 10 表示了盾构隧道分块与顶管整体管节的对比。顶管施工法采用管节逐个顶进的施工方式，无法完成急曲线的施工，而矩形盾构法可以很好地满足急曲线施工的工程需求，如图 1-11 所示。

（5）未来开发优势。地下空间资源是有限的，圆形断面的盾构隧道会占用过多的地下空间。矩形盾构隧道能为将来的地下空间开发预留更多的空间；另一方面，浅覆土矩形盾

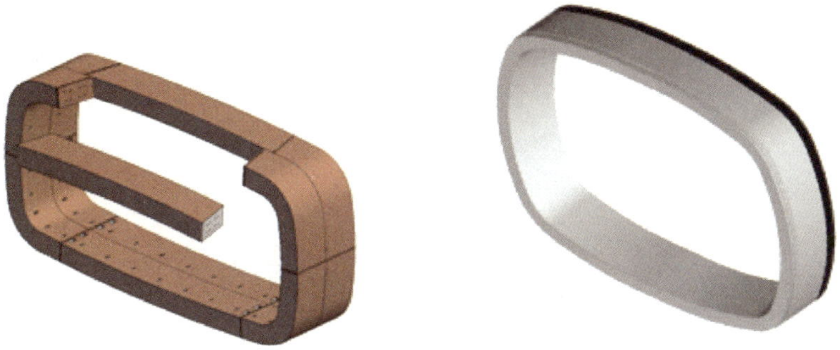

盾构隧道衬砌　　　　顶管管节

图 1-10　盾构衬砌与顶管管节

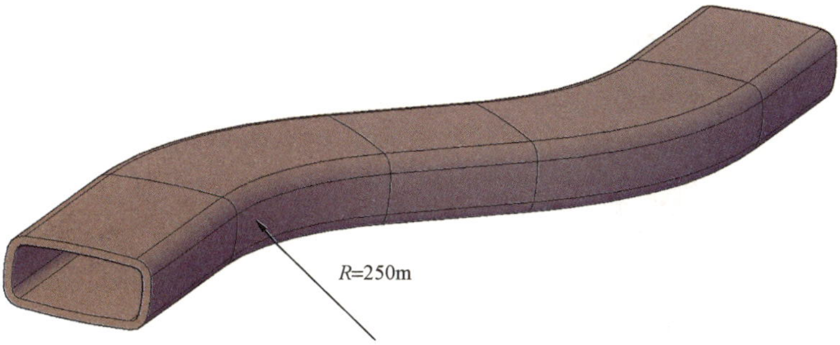

图 1-11　急曲线施工的需求

构法隧道是地下空间资源有序开发、节约利用的必然途径。在地下管线密集区域，在有限的地下空间中实现穿越，如图 1-12 所示，当已有的圆形盾构隧道与上部管线之间的空间狭小时，采用矩形盾构法隧道可实现穿越。

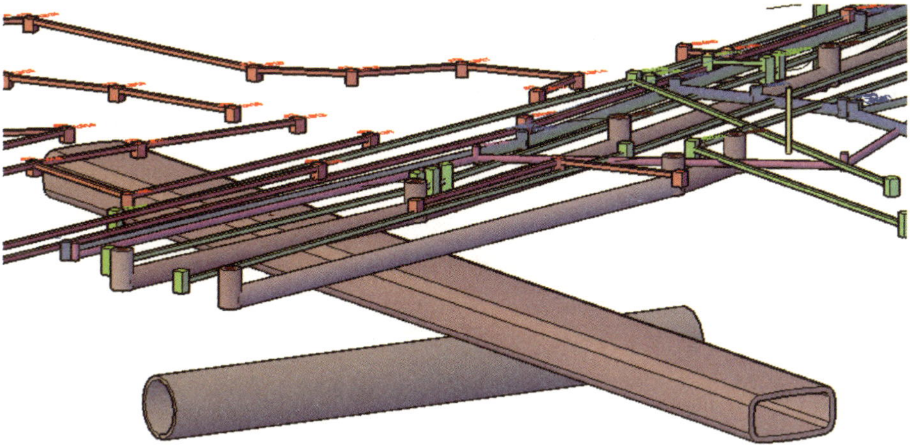

图 1-12　地下管线密布区域施工

矩形盾构隧道以其较高的断面使用率、较浅的安全埋置深度、较低的地下空间占用率，在“寸土寸金”的大城市，具有显著的经济和社会效益，更能适应都市核心区大断面地下通道的建设要求，在城市建设中必将得到广泛的应用。同时，矩形盾构法隧道也作为国内一种较新的施工方法，以其可长距离、可曲线掘进的特点，填补了国内地下空间建设方法的空白，在诸如跨越路口、地下管线密集区域等特殊节点处理方面，表现出无限的生命力。

1.2 矩形盾构法隧道的发展

回顾历史，很多的土木工程技术人员都知道马克·布鲁诺尔（Marc Isambard Brunel），可以说他是盾构施工方法之父，据说，他由观察船蛆在木船中打洞而得到启示。船蛆是一种双壳类海生软体动物，头上有细细的壳，利用这种壳，它们能够钻进木材里，同时身体分泌石灰质衬于穴道内壁，使孔壁得到加固，如图 1-13 所示。1818 年，马克·布鲁诺尔提出了关于盾构掘进机的专利。在申请图纸中，直径 5m 的圆形盾构，被隔板分为上下两部分，掘进面共设 10 个开口部，在维持掌子面土体平衡的同时进行掘进，即敞开式盾构机[1]。

图 1-13 船蛆

（资料来源：http://baike.baidu.com/view/455420.htm）

盾构法的首次应用工程为泰晤士河越江隧道工程，由于河水涌入的原因在 1807 年该工程被迫停止，1825 年马克·布鲁诺尔的盾构施工法才得到了采用。在实际采用的盾构法隧道中，为矩形断面砖衬砌，所采用的盾构如图 1-14 所示，隧道断面为 11.4m×6.8m 的矩形。在竖直方向上分为 3 段，横向方向上有 6 列，每个工作舱中可以容纳一个工人进行独立工作。在掘进面上采用很小的挡土材料来维持掌子面的稳定，慢慢打开掌子面开口的同时进行挖掘[2]。从施工方法上看，这是极为合理的施工方法。但由于涌水及土中甲烷气体的原因，几次被迫中断，在 1840 年盾构终于到达了对岸。

此后，圆形盾构法隧道得到了飞速发展并取得了巨大成就，而矩形盾构法隧道的发展长期处于停滞状态。

日本在矩形盾构法隧道工艺、设备、管片性能试验和施工技术等方面，一直处于领先地位。20 世纪 90 年代后期研究很活跃，发展很快，而其他国家在该技术领域的进展情况，则鲜有报道。

从 1965 年到 1968 年，日本名古屋和东京都分别采用 4.29m×3.09m 手掘式矩形盾构掘进长 534m 和 298m 的共同沟（1965 年，名古屋市「栄町共同溝工事」をわが国初の矩形シールド工法により施工。https://www.takenaka-doboku.co.jp/company/archive.html）。1981 年，日本名古屋中部电力公司采用宽 5.23m、高 4.38m 的手掘式矩形盾构掘进一条长 374m 的电力隧道。

此后，日本的各大建设公司和盾构机制造商进行各类机械式矩形盾构的研制和试验，

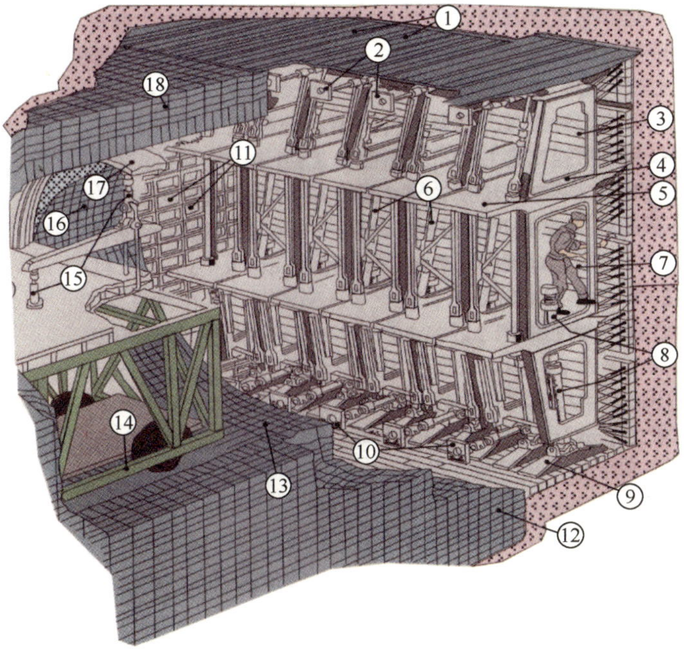

图 1-14　泰晤士河越江隧道中采用的矩形盾构

1—带肋面板（隧道顶部）；2—推进螺旋千斤顶（上部）；3—掘进面支撑板；4—方形框架；5—平台板；6—拉结材料；7—第 2 层的第 6 工作室；8—支撑前进的反力柱；9—接地支持部；10—推进螺旋千斤顶（下部）；11—带肋面板（侧面）；12—砖砌仰拱；13—砖造路基；14—材料运输车；15—顶部模板固定千斤顶；16—砖砌侧墙；17—顶部模板；18—砖砌隧道顶

其中最为成功的是石川岛播磨重工（IHI）研制的 DPLEX 矩形盾构，它是一种偏心多轴刀盘切削的土压平衡盾构。1995 年，日本大丰建设（株）采用一台 4.38m×3.98m 的 DPLEX 矩形盾构，如图 1-15 所示，在日本千叶县习志野市菊田川 2 号干线掘进了两条并列的矩形排水隧道，隧道在道路下 2.4～3.6m，隧道上有自来水管、下水道、煤气管、电信电缆管等地下管线。两隧道之间水平距离仅为 0.6m，如图 1-16 所示，通道掘进引起地面沉降小于 2cm。

图 1-15　千叶县习志野市菊田川 2 号干线衬砌与盾构[3]

1997 年，在日本福冈市中央区光辉大街地下通道建设中，采用了矩形盾构法隧道，盾构机如图 1-17 所示，宽为 7.81m，高为 4.98m。隧道采用了钢管片初衬＋混凝土现浇二次衬砌的结构形式，如图 1-18 所示。隧道总长度为 120m，覆土厚度为 4.8m。

图 1-16　隧道完成图

（资料来源：http：//www.daiho.co.jp/case/drainage/index.html）

图 1-17　福冈地下通道中所用的矩形盾构机[4]

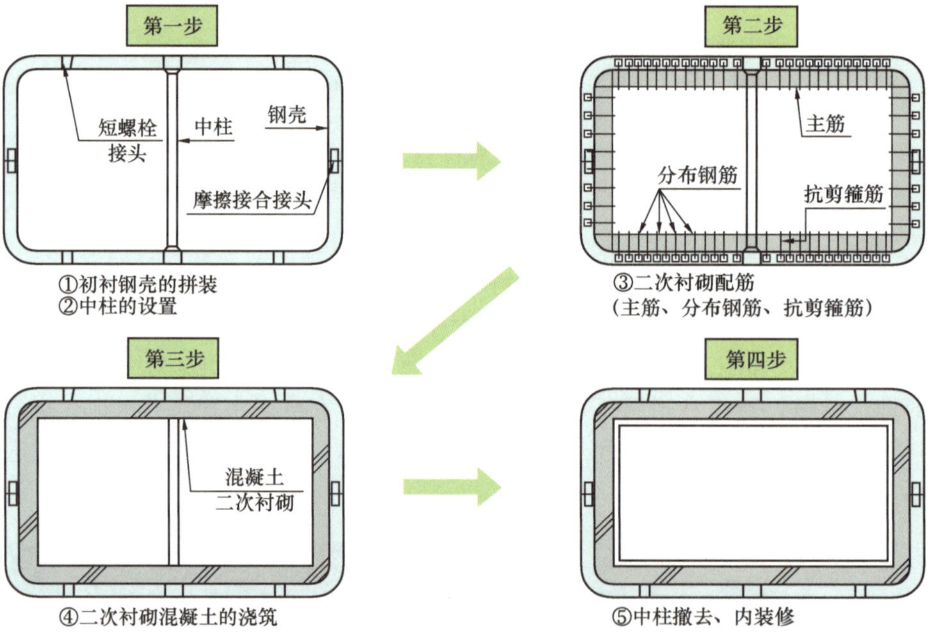

图 1-18　施工步骤[4]

1999 年，日本奥村、小松共同体采用一台 10.24m×6.87m 的矩形隧道掘进机，在日本京都高速铁路东西线的六地藏北施工区间完成一条 753m 的地铁延长线施工。隧道的埋深为 8.2～14.4m，周围地层主要为砂层，一部分在砂、黏土层中掘进[5]。地下水位在地表下－2～－5m。衬砌的外形尺寸为 10.9m×6.5m，隧道的长宽比为 1.67，如图 1-19 所示。为了优化隧道的内力，在管片的顶部、仰拱、侧墙部位都进行了一定量的起拱。管片的厚度为0.5m，宽度为1.0m，为六面覆盖钢板的复合管片。隧道采用了可伸缩式刀盘掘进机、错缝拼装，盾构机及建成后的效果如图1-20所示。

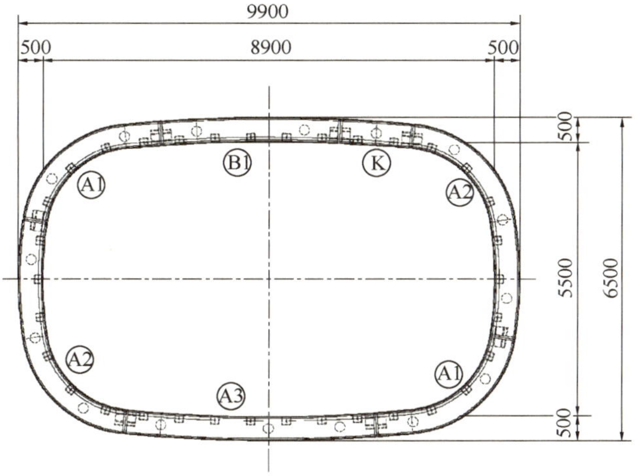

图1-19 隧道衬砌图

图1-20 盾构机及隧道完成图

2009年，日本政府计划在距离东京都中心半径约40～60km位置处建设首都圈3环线道路—首都圈中央联络车辆道路。该条道路建成后将是一条长度为300km的高规格干线道路。相模纵贯川尻隧道工程全长417m，从相模原市绿区城山一丁目起止于三丁目，位于安静的住宅区下面[6]。隧道的施工工期为2009年3月6日～2012年3月31日。隧道断面为复合拱形断面。内净空尺寸为宽11.0m×高7.08m；顶部、底部的管片厚度为500mm，侧部管片厚度为400mm，为不等厚度衬砌。衬砌环分割为8块，管片为SFRC管片（钢纤维增强高流动混凝土管片），宽度为1.7m。衬砌的形状如图1-21所示。

在隧道上半部是自立性高的稳定关东壤土层（Lm），下半部是支撑力较大的硬质砂砾层（Dg），其N值为50以上。地下水位于隧道底部以下10m，盾构机掘削对象地基为稳定的地质条件。两条并行隧道之间的净距为200mm，隧道顶部距雨水管的最小净距为600mm。施工中采用了敞开式的盾构机及无工作井的施工方法。

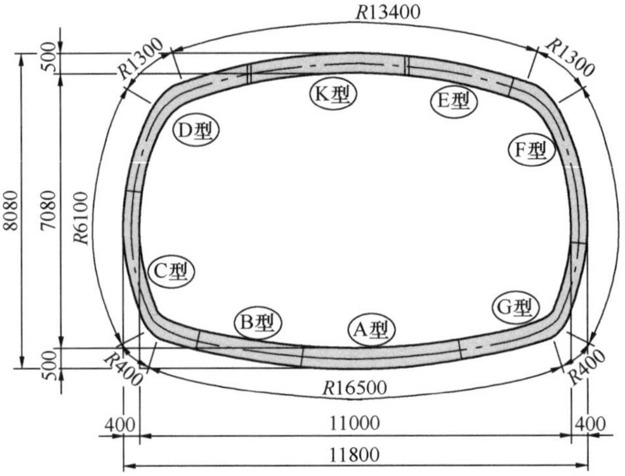

图 1-21　隧道管片分块图

1.3　矩形盾构法隧道的理论与试验研究

截至 2015 年 6 月，我国还没有进行矩形盾构隧道的施工案例，只开展了相关的试验及理论研究。2006 年，上海隧道股份有限公司进行了矩形盾构隧道管片 1∶1 三环结构试验。隧道断面尺寸为 5.84m×3.84m，长宽比为 1.5，衬砌管片共分 7 块，管片型式为钢筋混凝土管片，采用错缝拼装。管片厚度为 420mm，环宽为 1.0m，试验采用对称张拉自平衡体系 14 点集中加载。通过该试验，验证了矩形衬砌整体结构的刚度、强度，建立了矩形拼装式管片的修正惯用法和梁一弹簧计算模型，但此试验管片最终没有应用于实际工程[7]。

日本在矩形盾构法隧道研究方面，一直处于世界的前列，其他国家在这方面的研究则鲜有耳闻。

早在 1966 年，古川等就讨论了采用矩形盾构时可能会出现的问题，主要针对矩形盾构掘进过程中盾构机发生偏转时如何进行修正，以及衬砌管片所应采用的接头构造[8]。为解决这两个难题，开展了相关的试验，其衬砌结构试验如图 1-22 所示。最终将试验结果应用于前节所介绍的日本最早的矩形盾构法隧道工程——名古屋中部电力共同沟工程中。

1988 年，日本以建设部综合技术开发及地下空间利用技术开发研究项目为契机，开始了由政府主导、企业参与的“自由断面盾构机”的研发，从而使得扁平状盾构机的研究得到很大发展。

1994 年，早稻田大学小泉研究室的小林等采用解析的方法对矩形断面盾构法隧道的合理形状进行了研究，该矩形断面的宽度为 5.0m，高度为 6.8m，竖向细长形。从衬砌角部的倒角半径、管片的曲率、地层的影响等因素出发，对矩形盾构法隧道的受力特点进行了论述，其计算结果如图 1-23 所示。其研究结论如下：仅仅通过在角部的倒角，可以将负弯矩值降到矩形隧道的一半；通过改

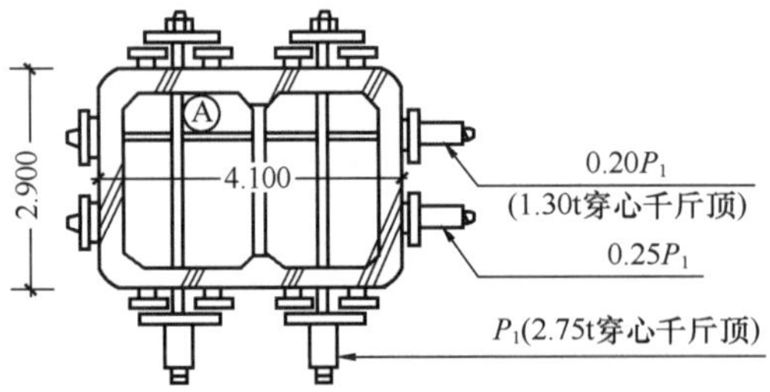

图 1-22　矩形盾构法隧道原型试验

变衬砌的曲率，最小负弯矩及最大正弯矩在逐渐减小；在软弱地层中，即使对衬砌进行了起拱，但最大弯矩变化很小。其主要理由是在软弱地层中，周边地层并不能对隧道起到约束作用，衬砌变形较大，因此起不到降低衬砌弯矩的效果[9]。

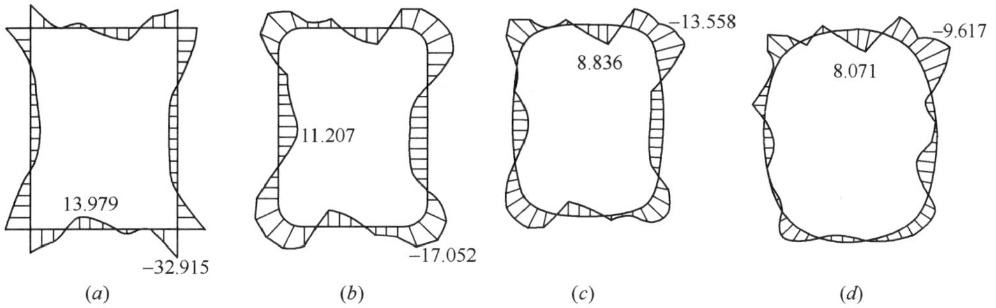

图 1-23 不同断面形状的弯矩

(*a*) 角部为直角；(*b*) 角部为曲面；(*c*) 曲率 1；(*d*) 曲率 2

1996 年，早稻田大学小泉研究室的花房等对正方形断面的盾构法隧道衬砌结构的受力特性进行了研究，其研究断面如图 1-24 所示。采用了梁-弹簧模型，从覆土厚度、地层反力系数、纵横比、倒角半径与最大弯矩的关系出发，分析了矩形盾构法隧道的受力特点[10]。

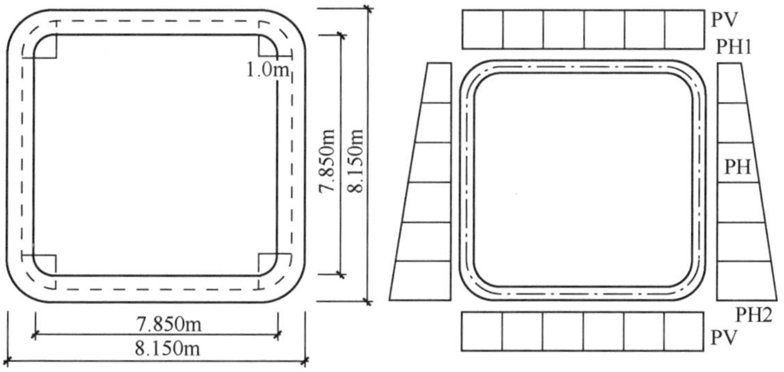

图 1-24 断面形状及荷载模式

1997 年，早稻田大学小泉研究室的大西等对异形断面盾构法隧道系列中的椭圆与矩形断面开展了模型试验，探讨了其设计方法。其试验装置与试验断面如图 1-25 所示。通过模型试验结果与解析结果的对比，论述了采用全周梁-弹簧模型应用于椭圆形与矩形断面的合理性[11]。

2011 年，中村浩总结了矩形断面盾构法隧道的实际施工业绩及面对的难题。矩形盾构隧道根据中柱的有无可分为两类。无中柱采用复合管片时最大扁平率（长轴/短轴）为 1.6，采用钢结构时扁平率与此值相当。采用混凝土结构时扁平率最大为 1.27，断面比这更扁的工程案例就很少了。管片厚度与宽度的比大致为 5%～9%。采用复合管片或钢管片时，因为可以比较自由地进行设计，也有厚度与衬砌宽度的比稍小于 5%的工程案例，考虑到衬砌的形状与地质条件，也有采用 9%的工程案例。在混凝土结构中，厚度与宽度比一般在 6%～7%以上，与圆形盾构隧道相比，增加了 2%以上[12]。

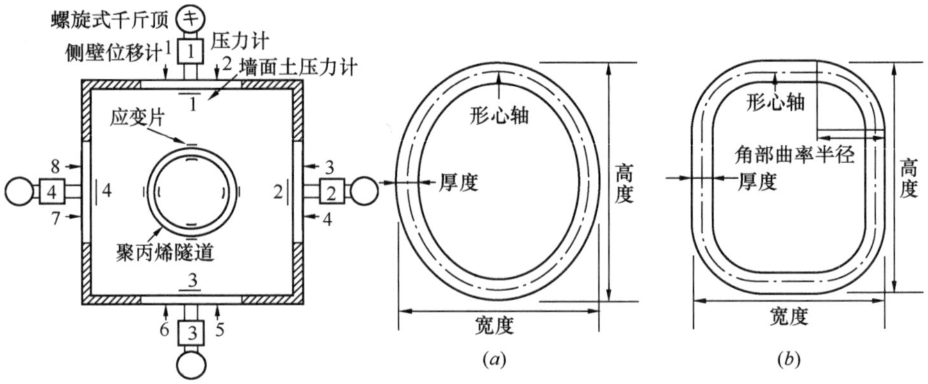

图 1-25 试验装置与实验断面

(*a*) 椭圆形断面；(*b*) 矩形断面

1.4 矩形盾构法隧道受力初认识

为了加强对矩形盾构法隧道受力特性的认识，对圆形盾构法隧道、矩形盾构法隧道及双圆形盾构法隧道内力进行了对比分析。其中圆形盾构法隧道选用隧道外直径为 11.36m、管片厚度为 500mm、已有双线公路隧道的结构形式。本次研究的矩形盾构法隧道的结构形式，宽度为 9.75m，高度为 4.95m，壁厚为 550mm，可满足双向两车道小车的通行要求。双圆盾构法隧道的总宽度为 10.9m，管片厚度为 300mm，为应用于地铁隧道的结构形式。为了统一比较标准，各类型隧道的覆土厚度为 6.0m，管片宽度为 1.0m，隧道位于同样的土层中，计算中只考虑永久荷载，施工阶段的荷载不在本次考虑范围之内。各类型隧道的断面尺寸、计算模型、隧道所处图层分别如图 1-26、图 1-27、图 1-28 所示，土层参数如表 1-1 所示。各类型隧道的弯矩、轴力与剪力分布分别如图 1-29、图 1-30、图 1-31 所示，计算结果为每环的内力标准值。表 1-2 为三种类型隧道的内力对比表。双圆盾构隧道在海鸥块（又称飞鸟块）附近发生了较大的弯矩与剪力，但由于在海鸥块附近采用了特殊的构造处理，这里不进行比较。从表中可以看出矩形盾构法隧道的最大弯矩分别是双圆地铁盾构隧道、单圆双线公路隧道的 11 倍及 3 倍，剪力分别是二者的 3.2 倍及 7.5 倍。矩形盾构法隧道的受力以弯剪为主，管片需要承受较大的内力，给管片接头的设计带来了挑战，需要采用高承载力管片接头进行设计。

土层力学参数表 **表 1-1**

层号	土层名称	重度 γ (kN/m^3)	黏聚力 C_k (kPa)	内摩擦角 φ_k (°)	侧压力系数 K_o
②$_1$	粉质黏土	18.8	21	15.9	0.41
②$_3$	粉砂	18.8	2	32.1	0.3
③	淤泥质粉质黏土	17.4	11	14.6	0.54
④	淤泥质黏土	16.8	11	11.2	0.62
⑤$_1$	粉质黏土	18	15	16.2	0.48

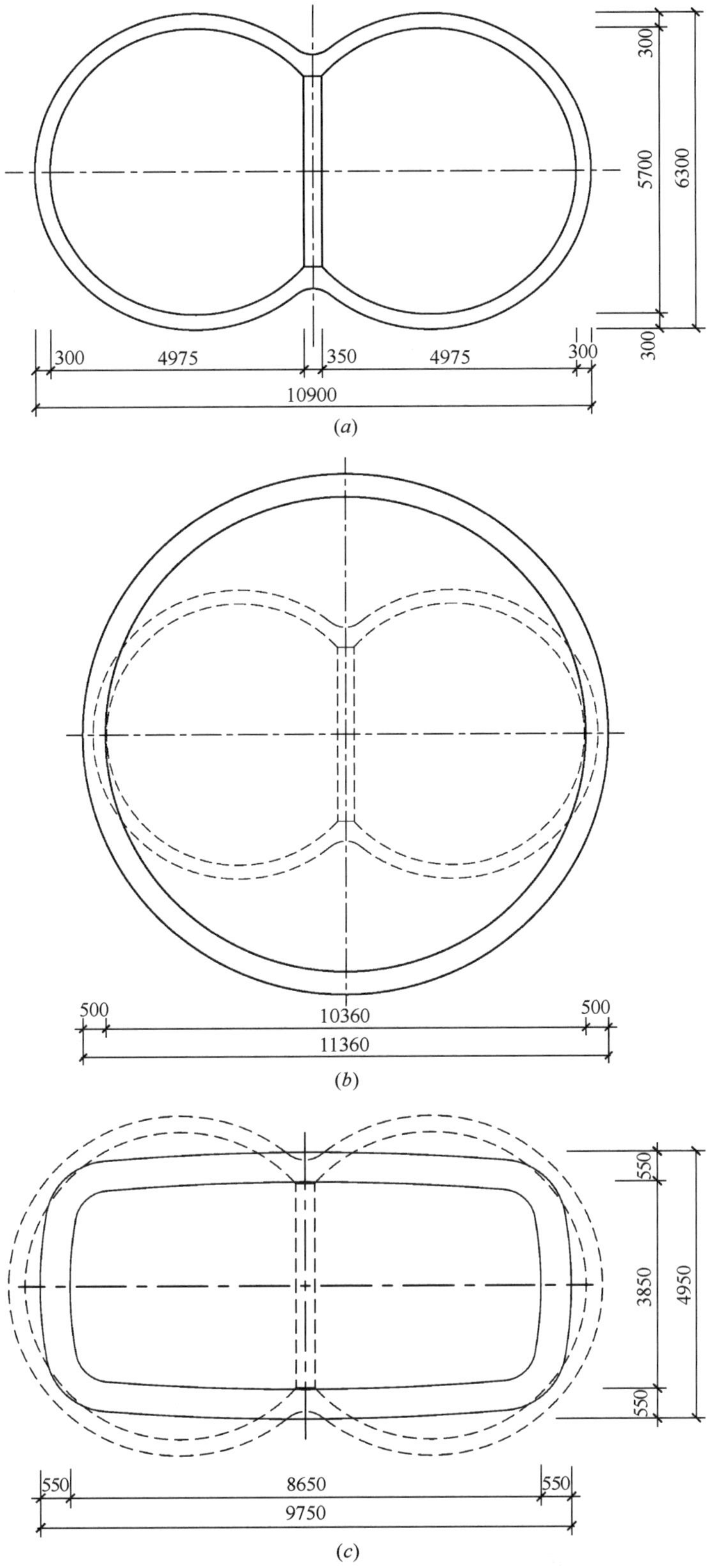

图 1-26　各类型隧道截面尺寸（单位：mm）

（a）双圆隧道；（b）单圆隧道；（c）矩形隧道

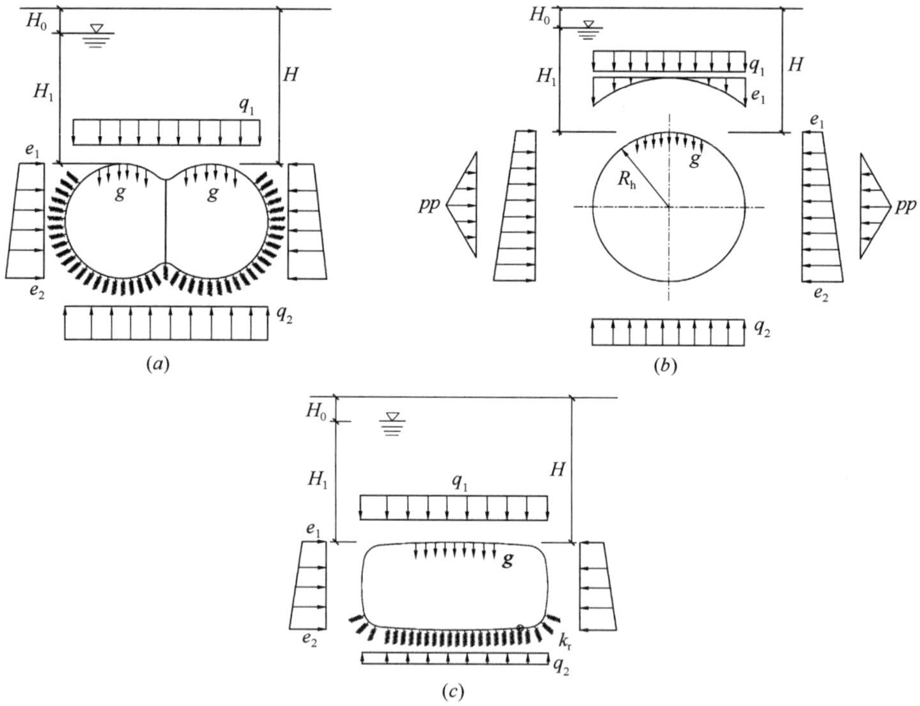

图 1-27　各类型隧道计算模型

(a) 双圆隧道；(b) 单圆隧道；(c) 矩形隧道

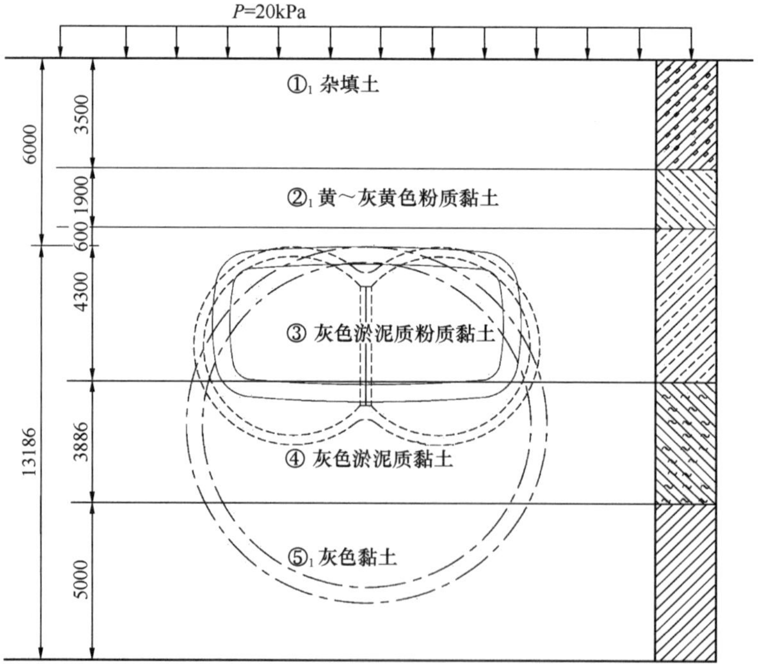

图 1-28　隧道所处的地层（单位：mm）

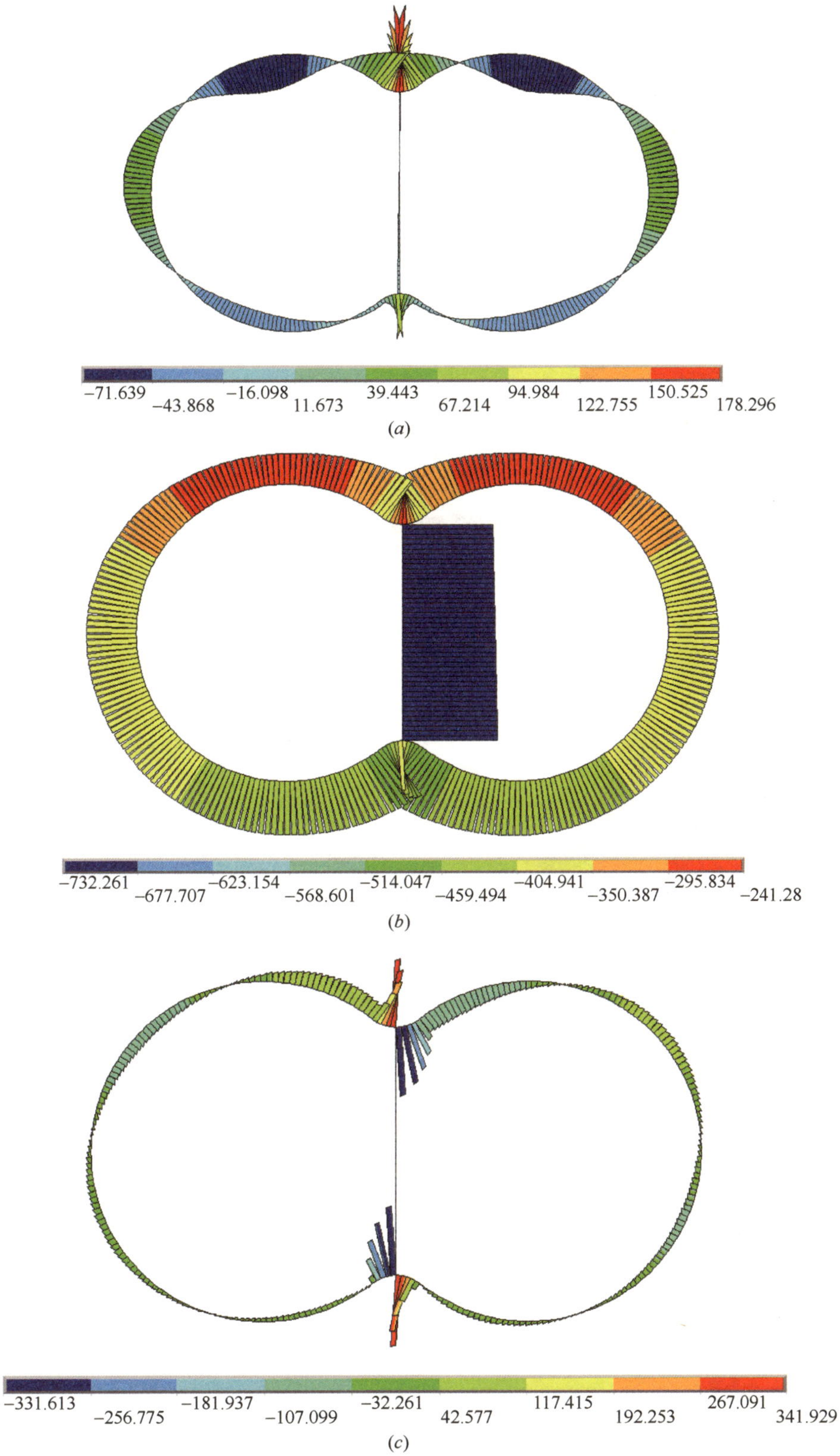

图 1-29　双圆盾构隧道内力图

(a) 弯矩 (kN·m); (b) 轴力 (kN); (c) 剪力 (kN)

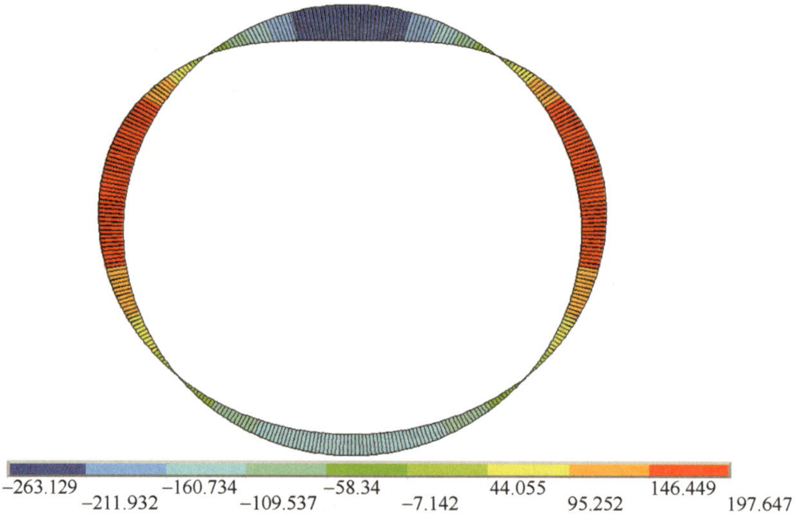

(*a*)

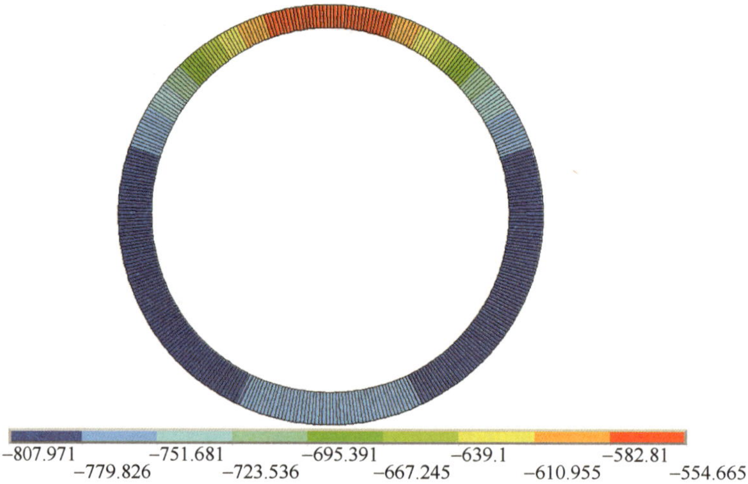

(*b*)

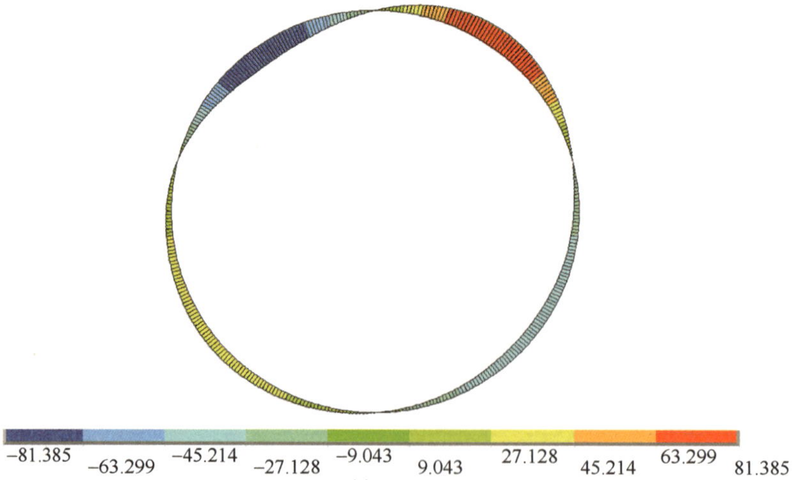

(*c*)

图 1-30 单圆盾构隧道内力图

(*a*) 弯矩（kN·m）；(*b*) 轴力（kN）；(*c*) 剪力（kN）

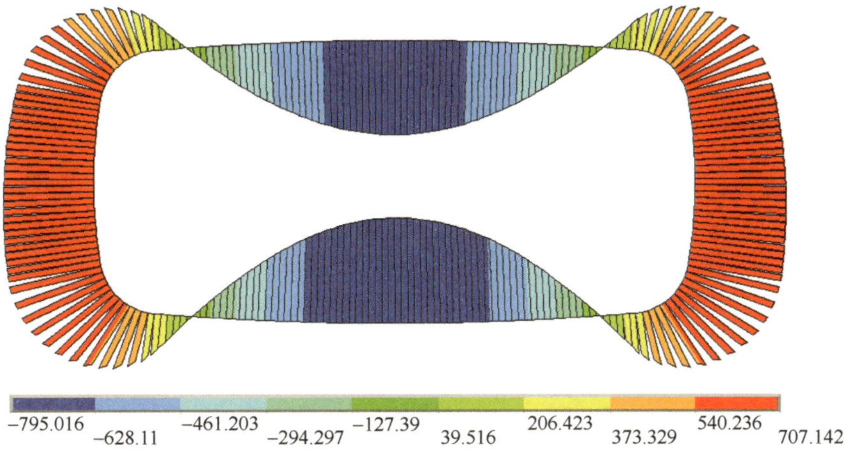

(*a*)

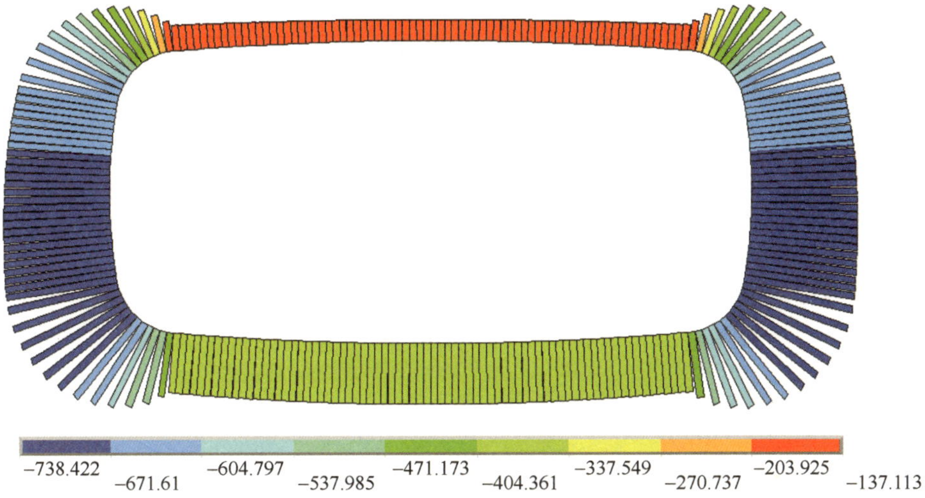

(*b*)

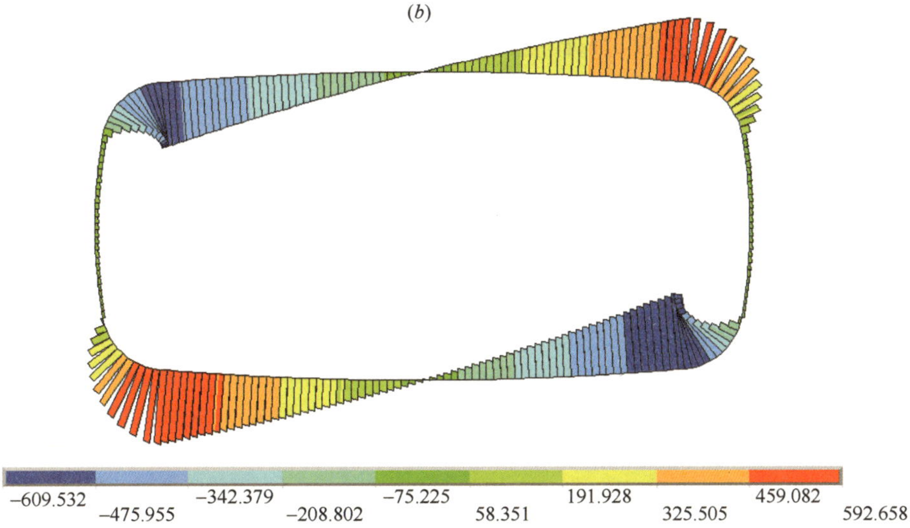

(*c*)

图 1-31　矩形盾构隧道内力图

(*a*) 弯矩 (kN·m)；(*b*) 轴力 (kN)；(*c*) 剪力 (kN)

隧道内力对比表 **表 1-2**

项　目	双圆地铁盾构隧道	单圆双线公路隧道	双线矩形盾构隧道	矩形/双圆	矩形/单圆
最大弯矩（kN・m）	72	263	795	11.0	3.0
对应轴力（kN）	244	555	398	1.6	0.7
最大轴力（kN）	514	807	738	1.4	0.9
最大剪力（kN）	192	81	610	3.2	7.5

1.5　本书的主要组成

全书共由 6 章内容组成：

第 1 章论述了矩形盾构法隧道对城市发展的意义、矩形盾构法隧道的自身发展、针对矩形盾构法隧道的理论及试验研究。通过对比双圆地铁盾构法隧道、单圆双线公路隧道、矩形盾构法隧道的内力，得出矩形盾构法隧道受力以承受弯矩与剪力为主要特点。

第 2 章重点论述了复合管片的选择理由及复合管片的受力特点，并开展了单体管片的试验研究，对复合管片的不同结构形式进行了对比试验。采用有限元计算数值模型对管片的力学性能进行了模拟，提出了复合管片的受力特点。

第 3 章详细介绍了矩形盾构法隧道所采用的高承载力管片接头的力学性能试验，论述了矩形盾构法隧道的接头受力特点，并采用有限元分析方法对管片接头的力学特性进行了模拟。

第 4 章论述了复合管片衬砌环的整环试验，对试验过程及结果进行了详细描述。并将整环试验结果与理论计算结果进行了对比分析，总结了复合管片衬砌的破坏过程。

第 5 章提出了矩形盾构法隧道的具体设计方法，主要对衬砌的外形进行了优化，分析了侧压力系数、地层抗力系数对衬砌受力的影响。对矩形盾构法隧道的荷载、计算原则、注浆荷载的计算进行了全面论述。

第 6 章详细介绍了矩形盾构法隧道的工程应用案例，现场对衬砌结构的力学性能进行了全面监测并与原始设计进行了对比，实现了设计数据、数值模拟数据、实验室测试数据、现场测试数据的对比。

参考文献

［1］ 陈馈，洪开荣，吴学松．盾构施工技术［M］．北京：人民交通出版社，2009．

［2］ 堀地紀行．シールド工法における技術革新［J］，基礎工，2013，41（3），12-16．

［3］ 小泉 淳著，官林星译．盾构隧道管片设计［M］．北京：中国建筑工业出版社，2012．

［4］ 日本盾构法隧道协会技术资料．Wagging Cutter Shield method，2012．

［5］ Hiroshi Nakamura，Toshikazu Kubota，Mamoru Furukawa，Tsutomu Nakao．Unified construction of running track tunnel and crossover tunnel for subway by rectangular shape double track cross-section shield machine［J］．Tunnelling and Underground Space Technology，2003，18，253-262．

［6］　前田知就，大井和憲，蛭子延彦．地上発進、地上到達シールドの施工．基礎工，2013.3，39-45.
［7］　杨方勤，袁勇，张冠军．矩形盾构隧道管片1：1三环结构试验前后数值模拟计算与分析［J］//地下工程施工与风险防范技术——2007第三届上海国际隧道工程研讨会文集，2007.
［8］　古川 義明，遠藤 正明，橋場 友則，内田 泰三，田川 弘義．矩形シールド工法に関する一考察．土木学会年次学術講演会講演概要Ⅲ，1966，21，72-1，72-2.
［9］　小林正典，小泉淳，井口均．矩形断面シールドトンネルの合理的セグメント形状に関する研究．土木学会第48回年次学術講演会講演概要Ⅲ，1994，56-57.
［10］　花房 幸司，小林　正典，藤田　普，小泉　淳．矩形シールドトンネルの断面形状に関する研究．土木学会第50回年次学術講演会講演概要Ⅲ．1996，646-647.
［11］　大西　元，花房 幸司，小林　正典，小泉　淳．異形断面トンネルの合理的設計法に関する実験的研究．土木学会第51回年次学術講演会講演概要Ⅲ.1997，104-105.
［12］　中村浩，中川嘉博，岡本直久．大断面矩形シールドの実用化検討．トンネル工学研究論文報告集，2011，11，351-356.

第 2 章

复合管片的力学性能

2.1　引　　言

钢-混凝土组合结构种类繁多，运用不同的组合方式，可以使各种材料扬长避短，从而获得性能优越的组合结构。封闭式钢-混组合结构，即钢板在外侧，混凝土填充其中的组合形式，为钢-混组合结构的一种。封闭式钢-混组合结构类型主要有：钢管混凝土、混凝土钢箱梁、钢-混隧道管片等。封闭式钢-混组合结构近年来得到了快速发展，在工程上的应用主要有如下：

2002 年，宁波市高科技园区院士路院士桥为国内首例下承式矩形钢管拱桥。拱肋为二次抛物线形，矩形截面钢管混凝土结构。采用的钢拱由工厂制作，现场以移动式缆索吊架设拱肋，箱形拱肋内采用 C50 混凝土泵送顶升法灌注[1]。在矩形拱肋内布置了 $\phi16\times120$mm 的钢栓钉，其顶端加大，纵桥向水平间距为 50cm，横向腹板间距为 30cm，上下盖板为 40cm。

2002 年，在煤矿工程中，运用了钢板夹心混凝土组合井壁，对于工期、井壁防水性能等都有一定改善。其构造形式如图 2-1 所示。研究指出通过钢与混凝土的组合，内外层产生良好的复合作用，使外层钢筋混凝土筒体在受力时，内表面产生径向约束压应力，从而提高井壁的整体承载能力，避免井壁因径向拉应变超过材料极限而发生破坏[2,3]。

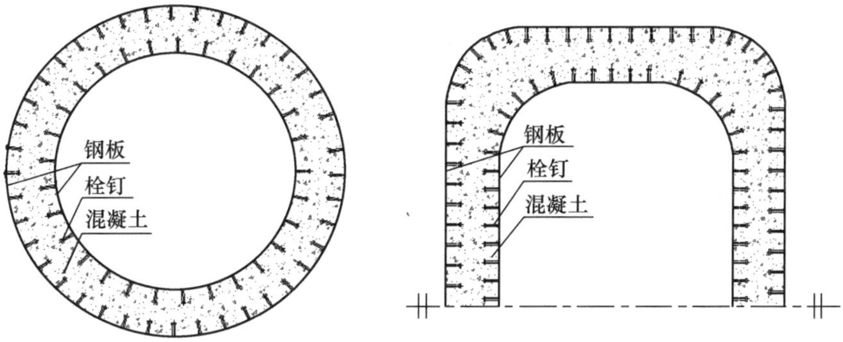

图 2-1　钢板夹心混凝土结构

在对钢-混复合结构受力方面，主要研究如下：

2002 年，Huge Bowerman 提出一种新型钢-混梁 Bi-Steel 型板的组合梁。该种型板的主要特点是采用抗剪连接件实现内外板的连接。该种梁最大长度为 18m，最大宽度为 2m，梁高为 200～700mm。同时介绍了该梁的组装过程，在制作好的钢骨架之间充填入混凝土，而不需要另外的模板。对构件各个部位的受力情况进行了分析，并介绍了 Bi-steel 型板的广泛用途[4]。

2008 年，高云等采用 ANSYS 参数化程序设计语言（APDL）编制了命令流，对纯扭作用下组合梁的受扭性能进行了非线性有限元分析，其研究对象为新型外包钢-混凝土组合梁。FEM 分析考虑了钢筋和混凝土间的相互作用，以及外包钢和混凝土间的相互作用，较好地模拟了新型外包钢-混凝土 T 形截面组合梁以及 T 形截面钢筋混凝土梁受扭构件的受力、破坏全过程[5]。

2011年，伍忠林研究了矩形钢管混凝土桁架拱桥的构造与计算。其中拱肋采用矩形钢管混凝土，通过有限元建立计算模型，采用弹性屈服分析稳定系数，并与哑铃型钢管混凝土拱桥受力特性对比。文中对钢管混凝土杆件的强度破坏、失稳破坏的计算公式进行了简单总结，还介绍了目前钢管混凝土计算理论及刚度取值的四种理论：统一理论、拟混凝土理论、拟钢理论、强度叠加理论[6]。

2012年，夏培秀对钢板夹芯混凝土组合梁的界面力学特性和破坏机理两方面问题进行了研究，建立了一系列计算公式，研究发现组合梁破坏形式主要为：由界面破坏导致钢板与混凝土间发生剥离破坏，以及混凝土下缘边界产生许多斜裂纹导致钢板与混凝土间发生粘结破坏。界面的强度越高，组合梁的极限承载力越高，延性越好[2]。

本书所研究的复合管片，为封闭式钢-混组合结构的一种，是封闭式钢-混组合结构的具体应用实例。管片是构成盾构法隧道的基本构件，从材质出发，可以分为混凝土、钢、球墨铸铁及用这些材料制作的复合管片，其分类如表2-1所示。各种管片的特点如下所述。

管片的种类 **表2-1**

种类	材　质	备　注
混凝土管片	钢筋混凝土	有使用型钢代替钢筋或二者并用的混凝土管片；也有在混凝土中掺入聚丙烯及聚缩醛等树脂纤维的管片
	预应力混凝土	
	钢纤维加固混凝土	
钢管片	钢材	
	钢材＋局部素混凝土	在钢管片局部区域充填素混凝土
铸铁管片	球墨铸铁	
	球墨铸铁＋局部素混凝土	在球墨管片局部区域充填素混凝土
复合管片	钢材＋钢筋混凝土	钢管片内部布置钢筋，充填混凝土
	钢材＋素混凝土	箱形钢结构内部充填混凝土

1. 混凝土管片

混凝土管片具有优越的经济性能，在盾构法隧道中得到最广泛的应用。它具有耐久性好、抗压性能好、刚度较大的优点。在采用高精度钢模、精心施工的条件下，可以取得很好的防水性能。另一方面，混凝土管片具有重量大、抗拉强度低、管片边缘容易破损的特点，在脱模、运输以及施工时需要十分的小心。

2. 钢管片

钢管片具有材质均一、强度保证率高、焊接性能好的优点，在现场可以方便地进行加工和修正。在混凝土管片应用比较困难区间、高承载力区间、衬砌需要开口的联络通道等特殊段，钢管片得到了广泛应用。而另一方面，与混凝土管片相比，具有容易变形的特点，在千斤顶的推力与壁后注浆过大时，需要考虑钢管片屈曲的问题。为了提高管片的防腐蚀性能与内表面平滑性能，一般情况下需要设置二次衬砌或对钢管片的局部区域进行混凝土充填。相关的工程案例如图 2-2 所示。

图 2-2　联络通道处使用钢管片内部充填混凝土的形式

3. 铸铁管片

铸铁管片具有强度高、机械加工出来的接头板精度高的特点，采用铸铁管片的隧道具有良好的防水性能。主要应用在中大口径隧道，需要承受较大地面建筑物荷载和特殊荷载的部位，以及急曲线施工部位。另一方面，与钢管片类似，造价较高，需要考虑屈曲及不设二次衬砌情况下隧道的防腐蚀问题。

4. 复合管片

复合管片是一种将面板钢材与钢筋混凝土，或者将钢材和素混凝土进行组合的构件。在同样的断面形状下具有较高的承载力，具有可以减少管片厚度的优点。与混凝土管片相比，造价较高，但其价格低于钢管片与铸铁管片。在需要减小隧道外径或局部扩大隧道内径的部位，或在有内水压作用及非圆形断面的隧道中，复合管片得到了广泛的使用。典型的复合管片的钢箱如图 2-3 所示，在管片内部浇筑混凝土后，形成复合管片。

图 2-3　复合管片类型

综上，通过前期的研究，从受力性能、接头螺栓的布置及造价等角度进行了综合比选，选用复合管片作为大断面矩形盾构法隧道的主要受力构件。在接下来的章节中，将对两种复合管片结构形式开展试验研究。

2.2　试验研究

2.2.1　试验概况

在确定采用复合管片的结构形式后，共设计了两套管片设计方案，分别为方案 A 与方案 B。方案 A 为采用封闭钢箱体，向其空腔内充填素混凝土；方案 B 为开放式箱形截面，在中间肋板上开洞，并布置对穿构造钢筋。方案 B 的环板在混凝土中，管片环面采用模板浇筑成型法；方案 A 的环板需要机械精加工，造价较高，但管片整体性能较好。

方案 A 的管片模板如图 2-4 所示。管片宽度为 1.0m，平均弦长约为 6.0m，厚度为 0.55m。管片内弧面钢板厚度为 12mm，外弧面钢板厚度为 8mm，环板厚度为 22mm。在管片的端板上，布置有凹凸榫槽、防水槽及嵌缝槽口。在管片的环板上布置有防水槽及嵌缝槽口。为了达到管片的制作精度，管片的端板及环板都采用了机床精加工的形式。为了加强钢板与混凝土的相互作用，在管片内外弧面板、端板及环板都布置栓钉。在管片的背千斤顶面布置有 ϕ150mm 的浇筑孔与 ϕ20mm 的排气孔。管片的纵向与环向都采用直螺栓的连接方式，管片内设有纵向螺栓与环向螺栓的安装手孔。

方案 B 的管片模板如图 2-5 所示。管片的宽度、平均弦长、厚度及管片内外弧面钢板厚度同方案 A。由于在中间环肋板上无需开槽，中间环肋板的厚度为 12mm。为了真实模

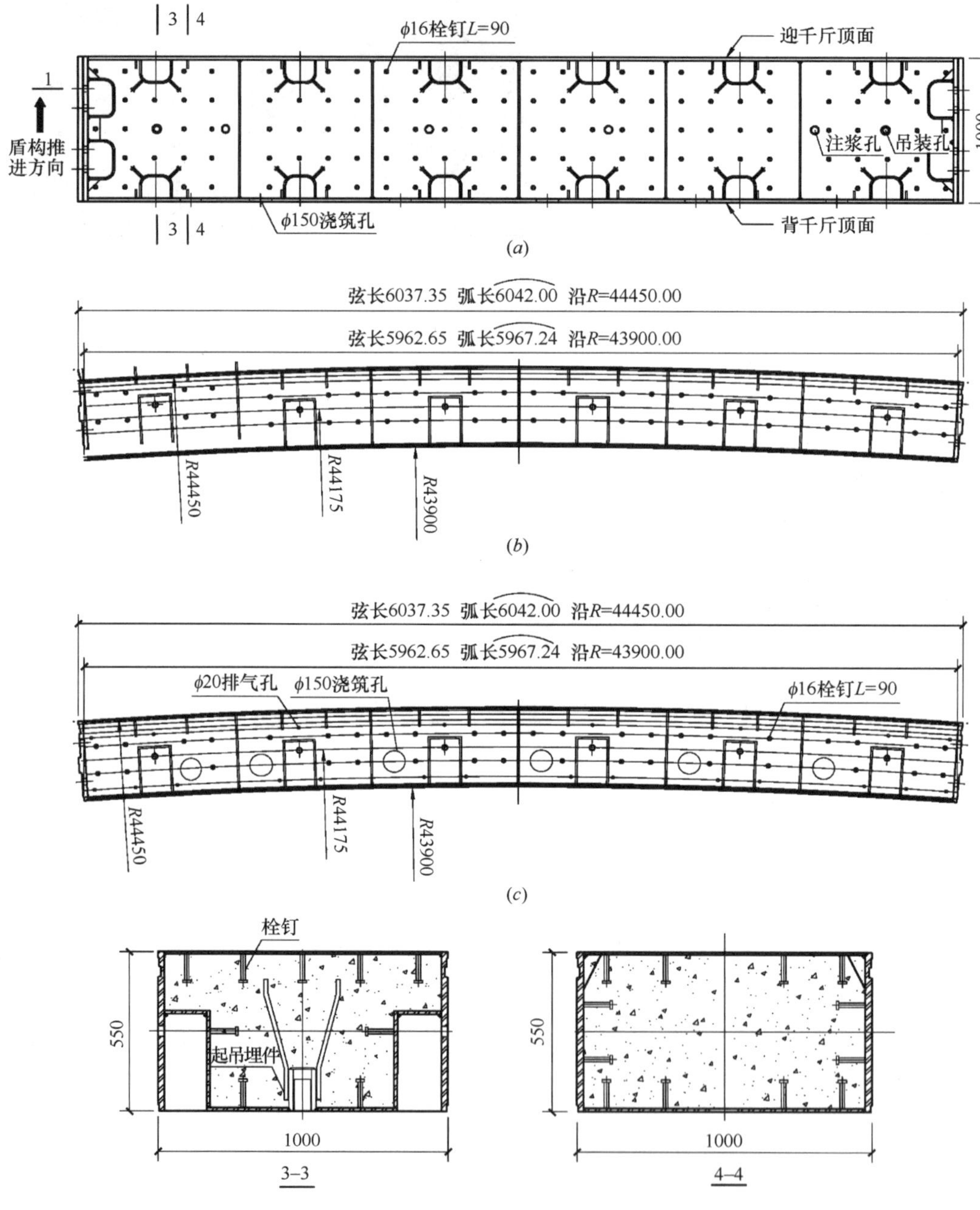

图 2-4 方案 A 复合管片构造图

(*a*) 平面图；(*b*) 迎千斤顶面图；(*c*) 背千斤顶面图

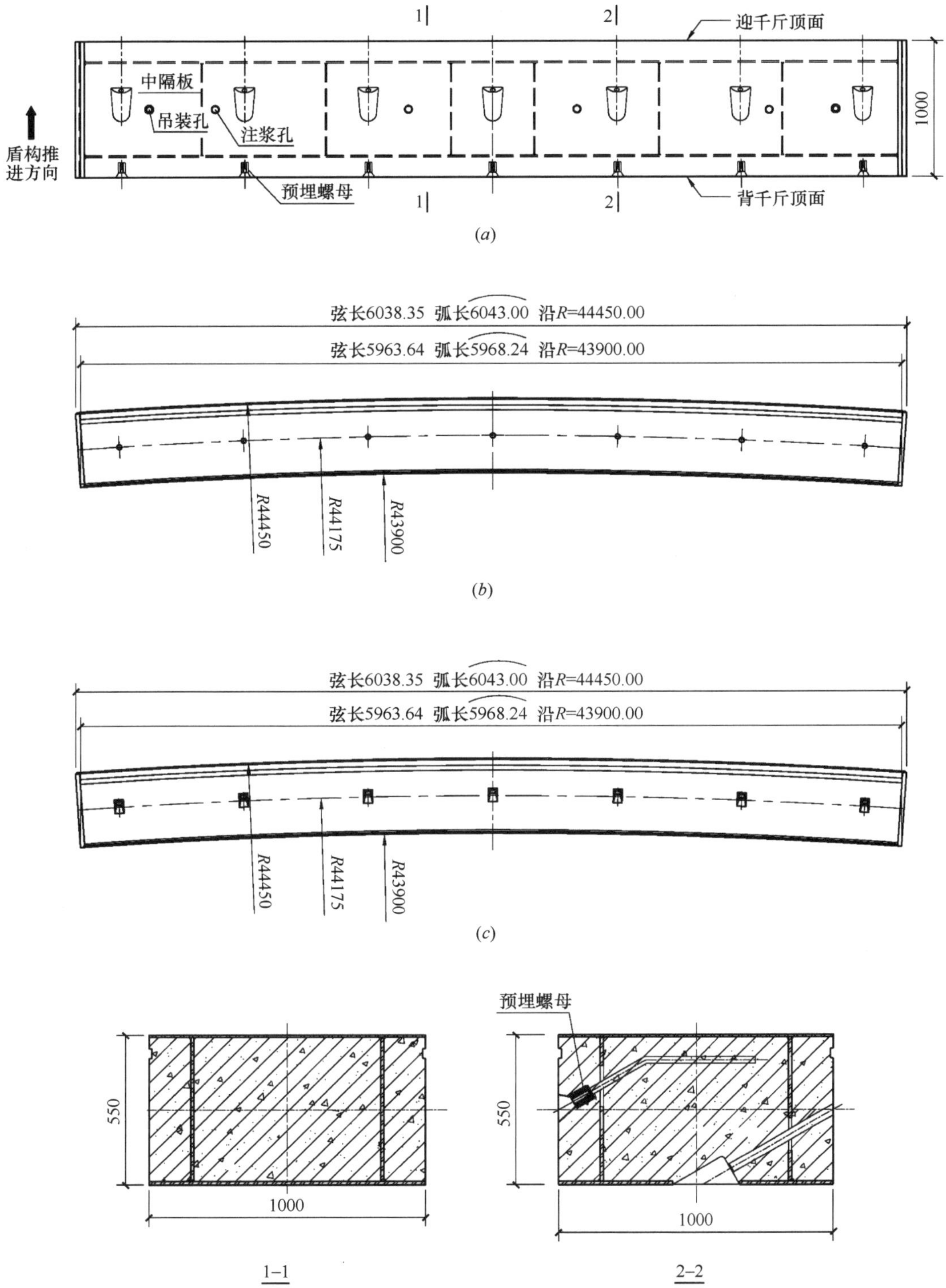

图 2-5 方案 B 管片模板图

(*a*) 平面图；(*b*) 迎千斤顶面图；(*c*) 背千斤顶面图

拟管片纵向螺栓手孔对管片受力性能的影响，在管片的纵向上布置斜螺栓的手孔（为了简化模型，在试验体中没有布置环向螺栓手孔）。图 2-6 所示为管片内部的构造钢筋配筋图与中间肋板加工图。为了加强内外弧面板之间的连接作用，在箱体内部布置有对拉钢筋。在管片的环面上布置有双向钢筋网片。为了加强钢板与混凝土之间的连接作用，在钢板表面布置有栓钉。在肋板 1 布置斜螺栓通过孔洞，在肋板 2 上布置预埋螺母通过孔洞，同时在构造钢筋通过处预留构造钢筋通过孔洞。

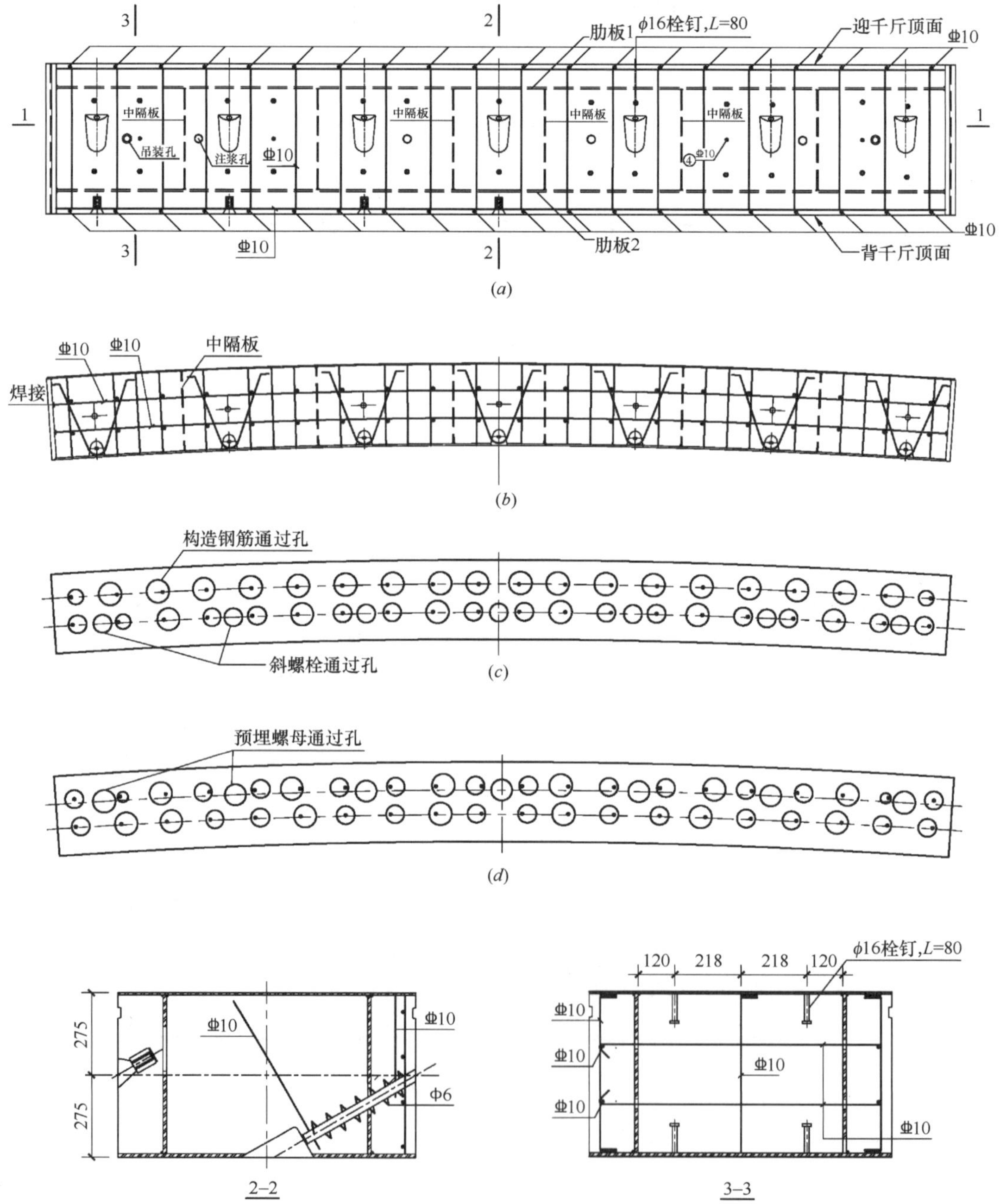

图 2-6 方案 B 管片配筋及肋板加工图

（*a*）平面图；（*b*）1-1 剖面图；（*c*）肋板 1 加工图；（*d*）肋板 2 加工图

2.2.2　试验目的

方案 A 与方案 B 的外形尺寸相同，采用相同的试验方法，通过对比挑选最优的设计方案。在进行单体管片的抗弯承载力试验中，主要测定单体管片的抗弯承载力，确认各种构造设计的有效性及钢板与混凝土的共同作用。

2.2.3　试验方法

本试验采用静力加载方法进行。

（1）加荷方法：

横向荷载——采用千斤顶分配梁系统加荷；

水平荷载——采用张拉千斤顶对拉梁系统加载，千斤顶的加载值采用力传感器进行量测。

（2）试验管片的支承方式：铰接。

（3）管片加载如图 2-7 所示。

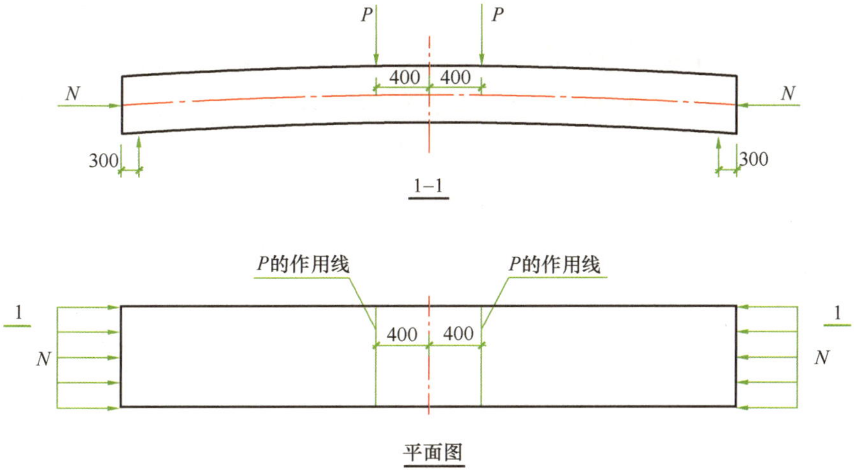

图 2-7　单体管片加载示意图

（4）荷载施加及记录：

采取分级加载法进行加载。先分级施加竖向力 P 至荷载设计值，然后再将轴向力 N 加载到设计值，再分级将竖向力 P 加载至加载终值。分级加载时每级加载 50kN，每级加载的稳压时间为 2min。

方案 A：管片的六面为钢板覆盖，通过记录钢板的应变来反映管片的受力情况。

方案 B：裂缝出现后，加载时间应持续 5min，在此时间内观察裂缝的开展，并记录开裂荷载实测值。记下初始裂缝荷载值后继续对管片进行分级加载，每级加载持续时间仍为 5min，观察裂缝开展，标记每级荷重下裂缝的出现位置并测量裂缝宽度，当管片裂缝宽度达到最大裂缝宽度限值时，记录此时的荷载实测值。

当构件达到破坏状态时立即终止试验。衡量破坏状态标准分为三种：受压区钢板屈曲、受拉区混凝土裂缝宽度超过 0.1mm（只针对方案 B）、螺栓应力达到屈服强度。本次

图 2-8 张拉千斤顶

试验中的破坏标准要同时满足上述三个条件，并要记录在每个条件到达时的相关测量数据。

2.2.4 试验场地及加载系统

加载系统：200t 油压千斤顶 2 台，50t 张拉千斤顶 2 台，反力架及分配梁。图 2-8～图 2-11 分别表示了加载时的千斤顶、试验时的状况及支座。

方案 A 与方案 B 的试验加载条件分别如表 2-2 与表 2-3 所示。考虑到加载梁的限制，提出了试验加载终值条件。由于管片刚度的不同，所计算得到的衬砌环设计值也不同，故两种管片的设计荷载值是不同的。

图 2-9 试验加载

图 2-10 固定铰支座

图 2-11 可动铰支座

方案 A 加载条件　　表 2-2

工况编号	试验类型	试件类型	轴向力 N (kN)	竖向力 P (kN)	
				设计值	加载终值
A-1-1	单体管片抗弯试验	有手孔	300	610	1220
A-1-2	单体管片抗弯试验	有手孔	300	610	1220

方案 B 加载条件　　表 2-3

工况编号	试验类型	试件类型	轴向力 N (kN)	竖向力 P (kN)	
				设计值	加载终值
B-1-1	单体管片抗弯试验	有手孔	270	526	破坏
B-1-2	单体管片抗弯试验	有手孔	270	526	1052

2.2.5　试件制作

复合管片的制作分为两步，首先进行钢结构箱体的加工，然后进行混凝土的充填。为了验证混凝土的充填性能，开展了混凝土充填性能验证试验，采用如图 2-12 所示的玻璃箱体，观察混凝土的流动状态与充填后的表面情况。虽然玻璃箱体与钢结构箱体有一定的差别，但能在一定程度上说明混凝土对箱体的充盈情况。图 2-13 表示了方案 A 管片的制作图，通过管片的背千斤顶面环面的浇筑孔向管片内部充填入素混凝土，同时在管片的上环面布置透气孔。

玻璃箱体充填

箱体的充填状态

图 2-12　玻璃箱体混凝土充填试验

图 2-13　方案 A 管片制作图

图 2-14 所示为管片内部的构造图，可以看到在管片内部有各种构造钢筋相互交叉。图 2-15 所示为管片的浇筑情况，可以看到这种敞开式管片的浇筑需要在环面布置模板。

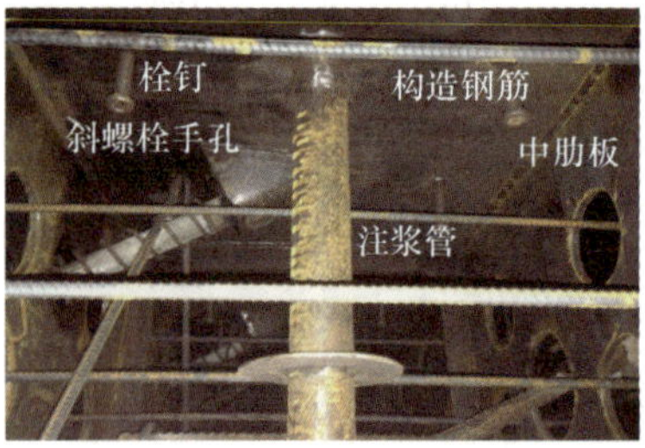

图 2-14　方案 B 内部构造图

图 2-15　方案 B 管片浇筑

针对方案 A，为了得到密实的混凝土充填效果，提出了三种混凝土的充填方案。方案一：特种加固混凝土；方案二：下部普通混凝土＋上部自密实混凝土；方案三：下部普通混凝土＋上部注浆。按照管片真实的结构形式制作了木质模板以方便拆开观察混凝土的浇筑效果。图 2-16～图 2-18 分别表示了方案一、方案二、方案三的浇筑成果。方案一的混凝土浇筑面出现了大面积的蜂窝状孔洞，且孔洞的深度较深。方案二的混凝土浇筑面局部出现了蜂窝状孔洞，相对方案一孔洞的面积较小，深度较浅。方案三由于采用了后注浆的方式，在浇筑面形成了很多碎片。综合以上因素，最终选用了方案二作为管片的浇筑方案。

在管片正式生产时，针对方案 A 封闭的箱体，制定了更为详细的混凝土浇筑工艺。复合管片空腔体内的混凝土起充填作用，以解决钢板的局部屈曲问题。在管片的迎千斤顶面，环板上受千斤顶局部推力的作用，对承载性能具有较高的要求，因此只能将浇筑口与排气口布置于背千斤顶的环面上。通过将排气孔设置于背千斤顶面的四周边缘部位后，可有效排出滞留于管片边角部位的气体，提高混凝土充填的密实度，通过上述这种浇筑孔和排气孔的布置方式，能有效提高复合管片的整体力学性能。图 2-19、图 2-20 分别表示了封顶块、拱底块及侧墙块的浇筑孔与排气孔的布置。

图 2-16　方案一浇筑效果

图 2-17　方案二浇筑效果

图 2-18　方案三浇筑效果

在管片制作完成后，委托了专门的监测单位对管片进行了超声波密实度监测，如图 2-21 所示。表 2-4 表示了检测结果，监测数据表明管片的密实度到了设计要求。

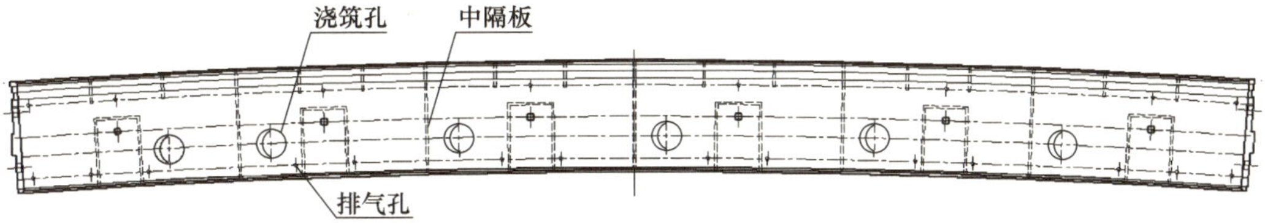

图 2-19　封顶块与拱底块浇筑孔与排气口布置分布图

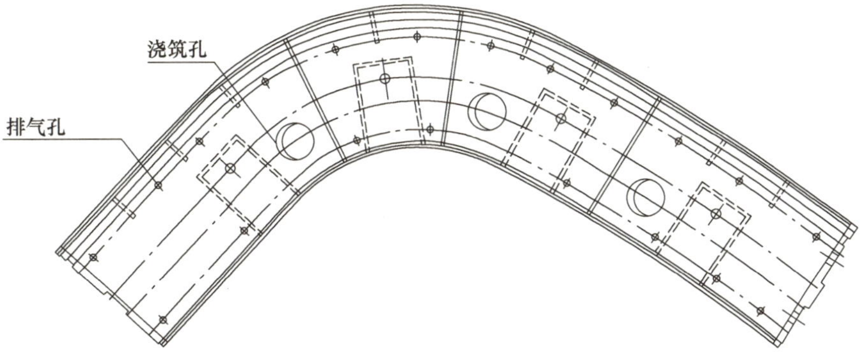

图 2-20　侧墙块浇筑孔与排气口布置分布图

图 2-21　超声波监测现场图

试验前混凝土超声检测声学参数　　　　**表 2-4**

序号	检测部位	声速				异常点
		平均值 (km/s)	标准差（km/s)	最小值 (km/s)	判定值 (km/s)	
1	HK1-8	4.43	0.17	4.22	4.14	无
2	HK2-6	4.62	0.09	4.49	4.47	无
3	HK3-6	4.65	0.04	4.35	4.59	3

续表

序号	检测部位	声速				异常点
		平均值（km/s）	标准差（km/s）	最小值（km/s）	判定值（km/s）	
4	LK1-8	4.60	0.15	4.28	4.26	无
5	LK2-6	4.72	0.08	3.98	4.47	4
6	LK3-6	4.77	0.03	4.17	4.37	3

2.2.6 测量内容与测量点布置

1. 方案 A

试验测试内容包括钢板应变 42 点、构件挠度测点 4 点，具体的应变及挠度测点布置如图 2-22～图 2-25 所示。

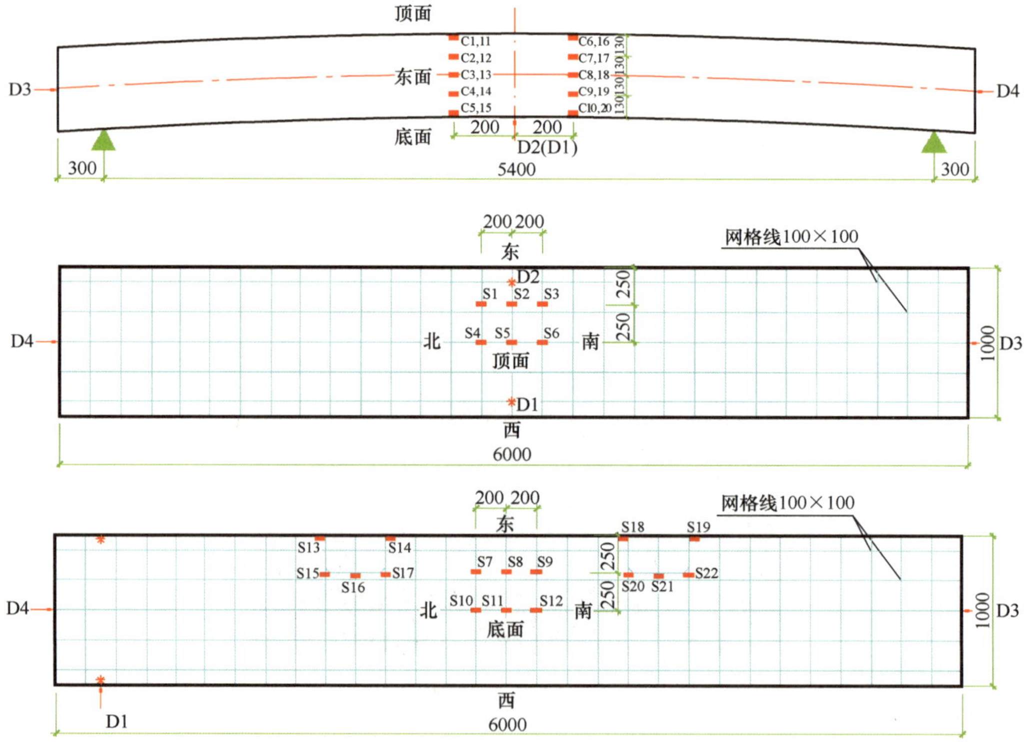

图 2-22　单体管片测点示意图

钢板应变测量拟采用长标距（标距长拟取 3mm）箔式应变计，型号为 BX120-3AA，标距长 3mm。在应变粘贴部位用细砂皮打光，清洗干净后紧接着用 502 胶水把长标距应变计粘贴在管片表面，焊接好引出线后逐一加以编号。

挠度测量选用量程、精度恰当的电子位移传感器，采用万向磁性支架固定进行测量。

在试件上、下面用墨线打出垂直、水平分格线，形成 100mm×100mm 矩形网格，以利于观察试验过程中管片钢板的变形。

2. 方案 B

试验测试内容包括钢板应变 24 点、混凝土应变 32 点、构件挠度测点 4 点。具体的应变及挠度测点布置如图 2-26～图 2-29 所示。

混凝土应变测量拟采用长标距（标距长拟取 50mm）箔式应变计，型号为 DX50AA-120，标距长 50mm。钢板的应变与挠度测量同方案 A。

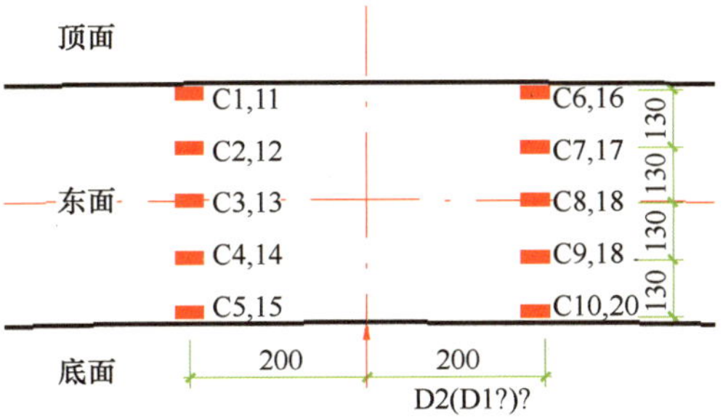

图 2-23　详图 1

（侧面钢板应变片布置，C1 位于东面，C11 位于西面）

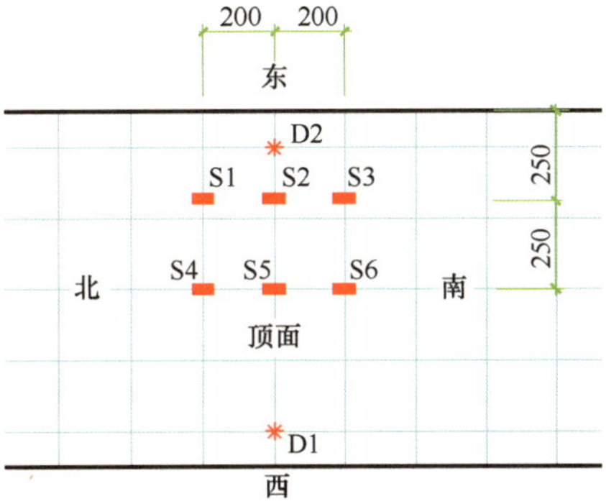

图 2-24　顶面钢板应变片布置

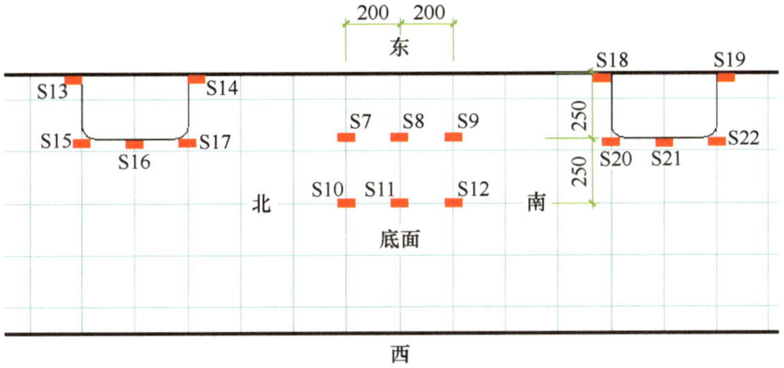

图 2-25　底面钢板应变片布置

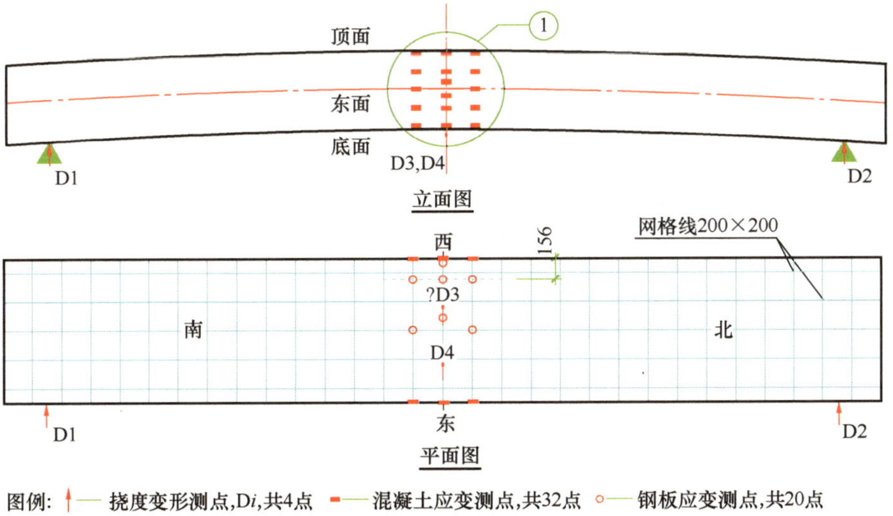

图 2-26　单体管片测点示意

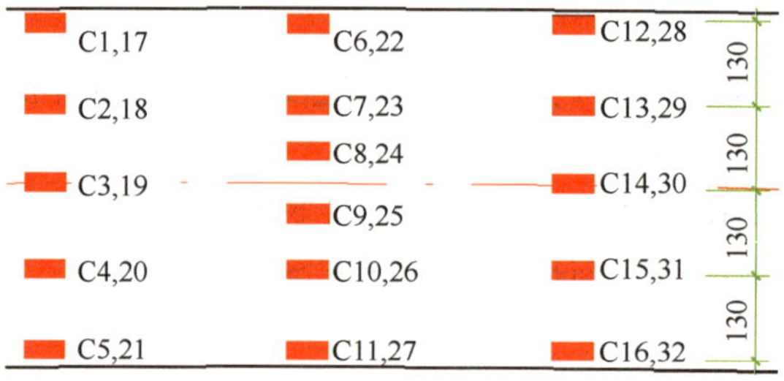

图 2-27　详图 1

（侧面混凝土应变片布置，C1～C16 位于东面，C17～C32 位于西面）

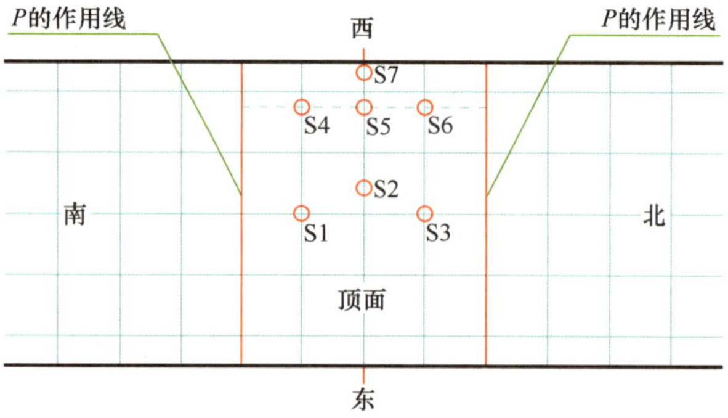

图 2-28　顶面钢板应变片布置

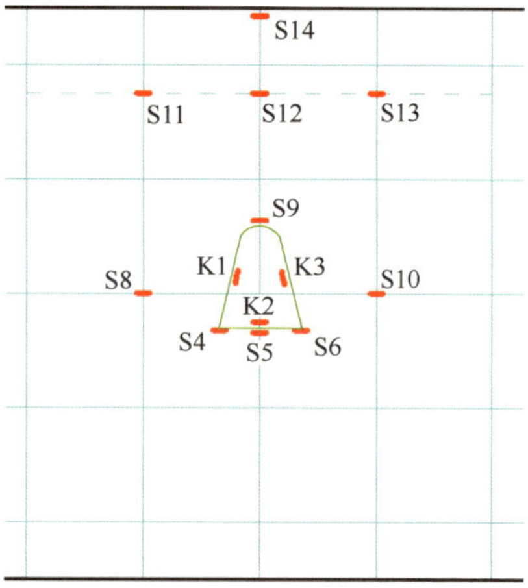

图 2-29　底面钢板应变片布置

在试件上、下面用墨线打出垂直、水平分格线，形成 200mm×200mm 矩形网格。裂缝长度用钢卷尺测量，每级荷载加载结束后及时绘制在裂缝开展图上。

2.2.7　试验现象和试验结果

1. 方案 A

图 2-30 表示了管片的荷载-位移变化图。当荷载 P 增加到 1220kN 时，构件基本处于线弹性阶段，跨中位移增加平稳。$P=610$kN 达到设计荷载时，跨中平均位移为 8.8mm，为 $1/613l_0$（l_0 为计算宽度 5400mm），满足管片的使用要求。

图 2-31 为管片顶部钢板的荷载-应变曲线。在荷载 P 逐级施加到 1220kN 时，构件处于线弹性阶段。构件的顶部钢板处于受压状态，测试得到的最大应变为 S2，应变量为 1425$\mu\varepsilon$，应力为 294MPa，达到设计强度的 95%。

图 2-32 为管片底部钢板的荷载-应变曲线。构件的底部钢板处于受拉状态，在荷载 P 逐级施加到 1220kN 时，构件处于线弹性阶段。测试得到的最大应变为 S5，应变量为 1804$\mu\varepsilon$，应力为 371MPa，为屈服荷载的 1.07 倍，钢板在局部区域开始出现屈服。

从以上的分析可以看出，本次设计可以满足管片的设计使用要求。在整个试验过程中，钢板没有发生局部屈曲，证明了栓钉的连接有效性，钢板与混凝土共同作用。该通道的设计使用年限为 50 年，钢箱体作为结构的受力构件，由于在实验室无法模拟钢结构的

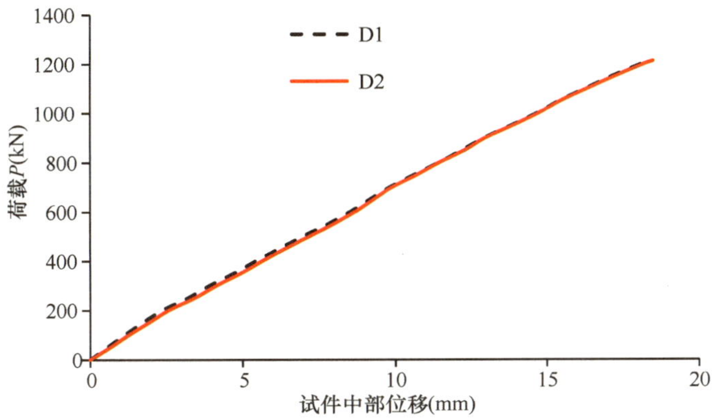

图 2-30　荷载-位移曲线

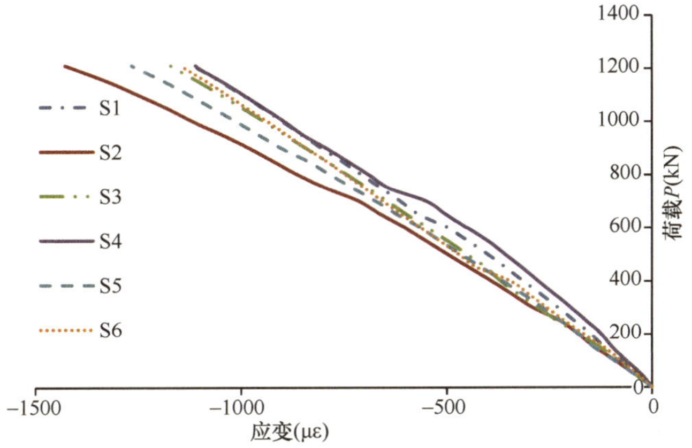

图 2-31　管片顶部钢板的荷载-应变曲线

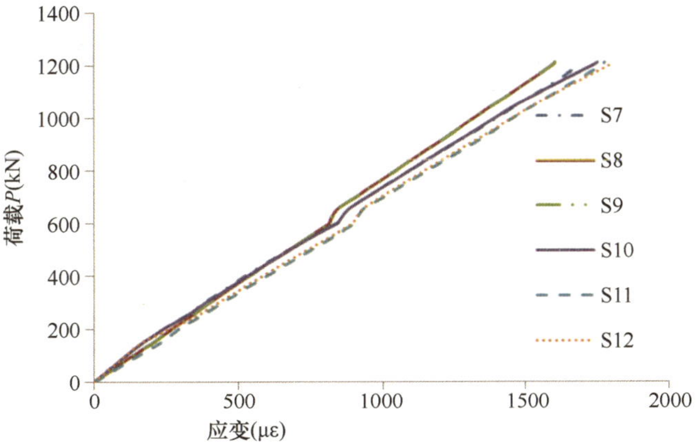

图 2-32　管片底部钢板荷载-应变曲线

腐蚀，结构具备一定的强度储备。

2. 方案 B

管片的环面为混凝土，随着荷载的增加，管片环面出现裂缝。在管片达到设计荷载时，其裂缝如图 2-33 所示，荷载 P 达到 500kN 并稳定后，管片西侧面共有 6 条裂缝，2

条原有裂缝发生了扩展；东侧面的裂缝状况同西侧面。

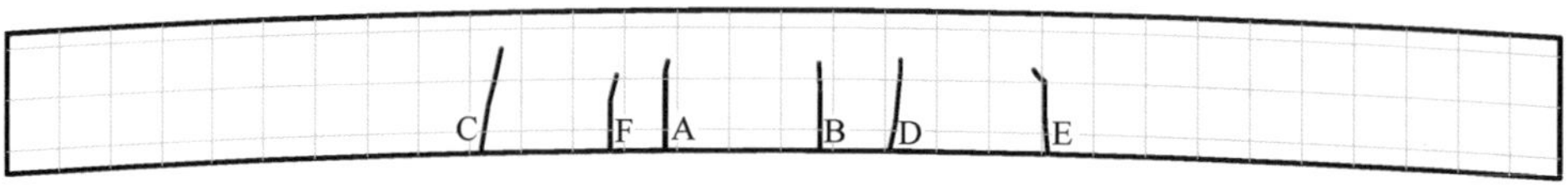

(*a*)

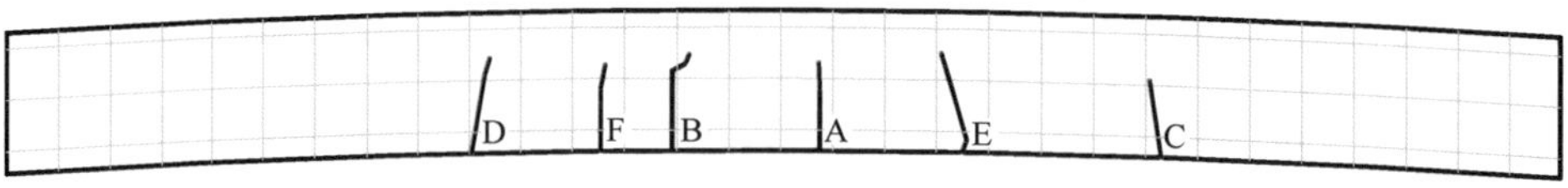

(*b*)

图 2-33　荷载 *P* 达到设计荷载 500kN 时裂缝观测结果

(*a*) 西侧面裂缝；(*b*) 东侧面裂缝

在荷载 *P* 达到终值 800kN 并稳定后，其裂缝如图 2-34 所示。管片西侧面共有 3 条新裂缝，7 条原有裂缝发生了扩展；东侧面有 4 条新裂缝，6 条原有裂缝发生了扩展。裂缝开展如图 2-34 所示。

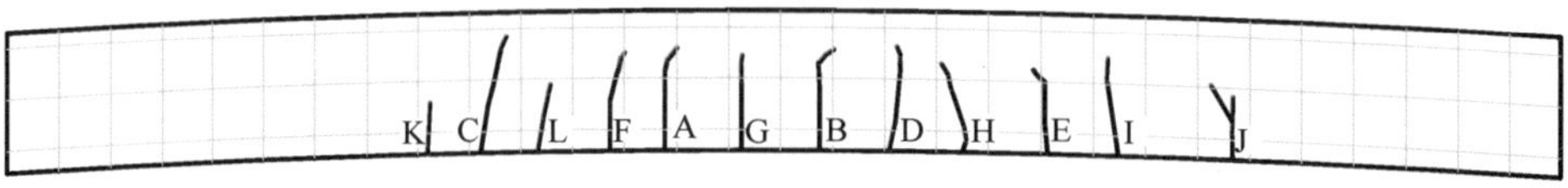

(*a*)

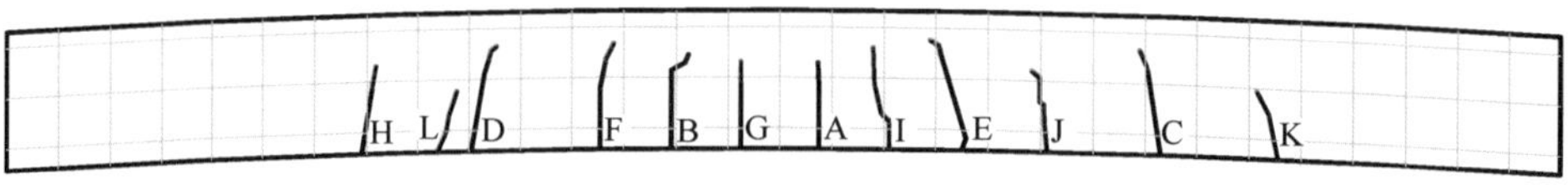

(*b*)

图 2-34　荷载 *P* 达到荷载终值 800kN 时裂缝观测结果

(*a*) 西侧面裂缝；(*b*) 东侧面裂缝

2.2.8　试验结果分析

从以上分析结果可以看出，方案 A 与方案 B 的管片在刚度与强度上都能满足本次管片受力的需要，但方案 B 管片环面采用了混凝土的形式，在较高应力使用水平时，由于混凝土的开裂难以满足隧道的防水要求，为此采用方案 A 的管片结构设计形式。

2.3　数　值　分　析

2.3.1　有限元分析模型建立

1. 模型建立、单元类型和网格

采用 ABAQUS 对单体管片模型进行分析，建立单体管片的有限元模型，并将试验结果与有限元分析结果进行对比分析。有限元模型中钢板、混凝土均采用 8 节点实体单元 C3D8R，所有的部件均采用六面体网格划分。模型的建立过程为：首先完成内外弧板、侧板、中隔板、端板、手孔、混凝土的建立，然后定义材料属性，创建并分配截面特性，并在 Assembly 中进行定位、合并、剪切，完成装配，完成后再定义约束、荷载及边界条件，最后撒种子完成网格的划分，所有的部件均采用六面体网格划分，较之四面体网格或混合网格，六面体网格求解精度高，单元数量少。由于六面体网格复杂的拓扑关系和物体表面边界一致性等方面限制，模型对网格进行了精细划分，以提高计算质量。其中单体管片的有限元模型及网格划分见图 2-35。

2. 接触模拟

在建模中忽略了钢和混凝土之间的滑移，钢和混凝土之间均采用绑定（Tie）约束，用于将模型中的两个区域（面或节点区域）绑定在一起，使它们之间没有相对运动。该类约束允许绑定两个网格划分截然不同的区域。通过绑定约束将从属表面与主控表面绑定在一起，防止分离与产生相对滑移，以模拟混凝土与栓钉之间的作用。各部分之间的约束如图 2-36 所示。

3. 支座条件及加载

支座条件同试验条件，采用铰接的方式。加载方式采用静力加载，试件所受荷载及加载方式如图 2-37 所示。

在 ABAQUS 中，左边支座通过约束 U1、U2、U3、UR1、UR2，只允许 Z 轴方向的转动来模拟铰支座，右边支座通过约束 U2、U3、UR1、UR2，只允许 Z 方向的转动与 X 方向的位移来模拟铰支座。竖向力 P 转化为作用在一个很窄的面上的面荷载来模拟线荷载，避免了应力集中，轴向力 N 模拟为作用在端板上的面荷载。

4. 材料模型

钢材等级为 Q345，采用理想弹塑性模型。管片中的充填混凝土等级为 C50，采用 ABAQUS 中已有的混凝土 CDP 本构模型。CDP 模型可考虑混凝土的非线性，需要用户指定受压时的 $\sigma_C-\tilde{\varepsilon}_C^{in}$ 关系和受拉时的 $\sigma_t-\tilde{\varepsilon}_t^{ck}$ 关系。在实际结构模拟分析时，受制于试验数据的缺乏，结合《混凝土结构设计规范》GB 50010—2010 附录 C 中的应力-应变关系来确定具体参数。CDP 模型采用等向强化模型，在线弹性阶段弹性模量 E_0 可取开裂时的割线模量。

$$E_0=\frac{f_{tk}}{\varepsilon_{tk}}$$

式中，f_{tk} 表示混凝土单轴抗拉强度标准值；ε_{tk} 表示与 f_{tk} 相对应的拉应变，可采用规范推荐公式 $\varepsilon_{tk}=f_{tk}^{0.54}\times 65\times 10^{-6}$。

非弹性阶段的应力-应变关系采用规范推荐的公式，根据《混凝土结构设计规范》GB 50010—2010，非弹性段的应力应变关系式如下所示：

受拉时

$$y=\frac{x}{\alpha_t(x-1)^{1.7}+x}\quad x>1$$

$$x=\frac{\varepsilon}{\varepsilon_{tk}},\ y=\frac{\sigma}{f_{tk}}$$

受压时

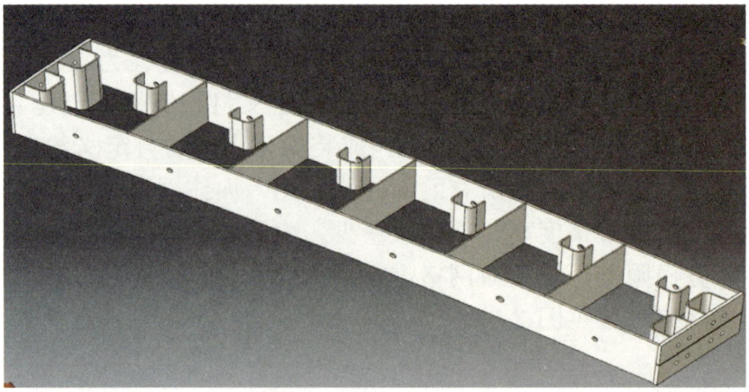

(*a*)

(*b*)

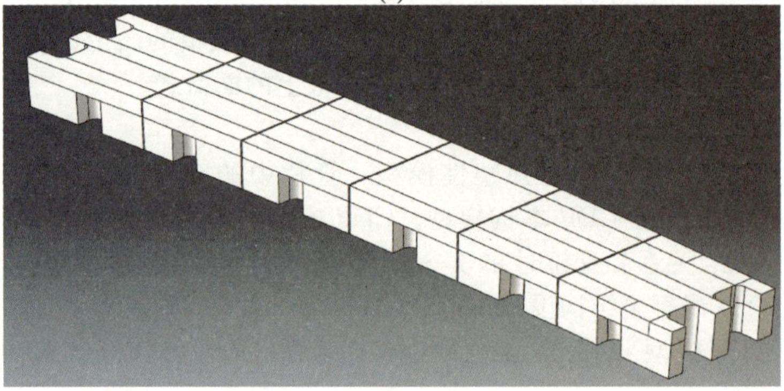

(*c*)

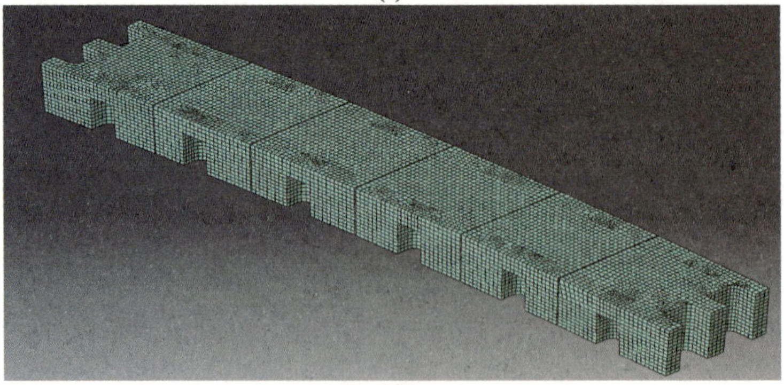

(*d*)

图 2-35　管片有限元模型

(*a*）模型中的手孔板及环板；(*b*）钢结构网格；(*c*）填充混凝土模型；(*d*）填充混凝土网格

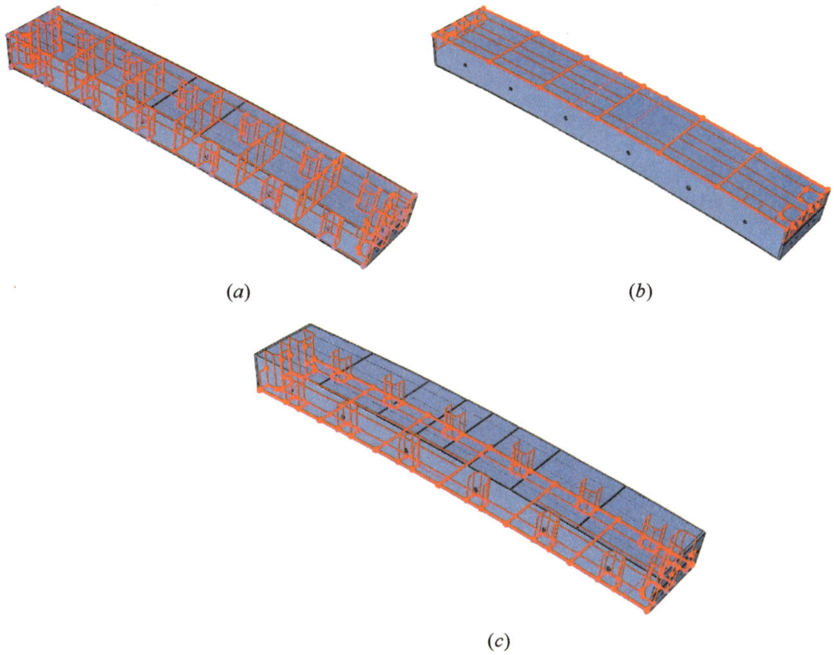

图 2-36　各部分间的绑定约束

(*a*) 混凝土与钢壳间绑定约束；(*b*) 主体与外弧板间绑定约束；(*c*) 主体与内弧板间绑定约束

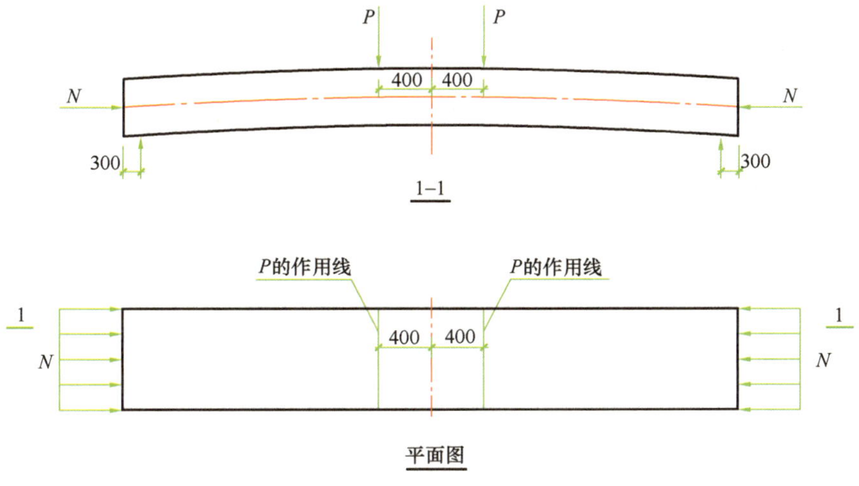

图 2-37　单体管片加载示意图

$$
\begin{cases}
y = \dfrac{nx}{n-1-x^{n}} & x \leqslant 1 \\
y = \dfrac{x}{\alpha_{c}(x-1)^{2}+x} & x > 1
\end{cases}
$$

$$
x = \frac{\varepsilon}{\varepsilon_{ck}},\ y = \frac{\sigma}{f_{ck}}
$$

式中，f_{ck} 表示混凝土单轴抗压强度标准值；ε_{ck} 表示与 f_{ck} 相对应的压应变，可采用规

范推荐公式 $\varepsilon_{ck}=(700+172\sqrt{f_{ck}})\times10^{-6}$。混凝土的应力-应变关系如图 2-38 所示。

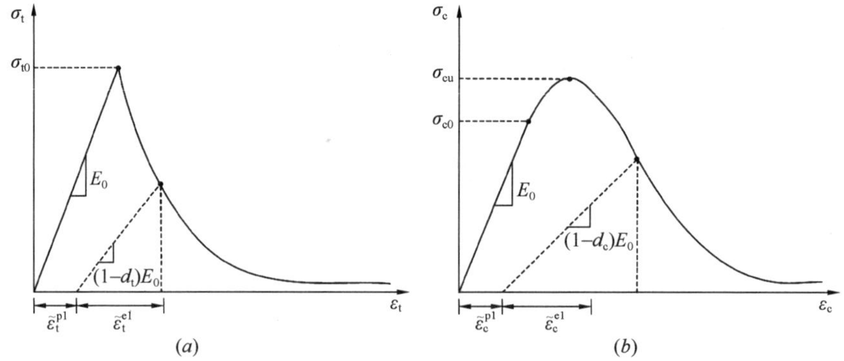

图 2-38　混凝土受拉（左）受压（右）应力-应变关系

（a）受拉应力-应变关系曲线；（b）受压应力-应变关系曲线

2.3.2　试验结果与有限元结果对比

1. 荷载-跨中位移曲线对比

由图 2-39 可以看出，数值模拟结果与试验的荷载-位移曲线都基本为线性，反映了管片的受力特性。当荷载增加到 1220kN 时，数值模拟的跨中位移为 15.08mm，试验实测位移为 18.08mm，数值分析的最终位移比试验位移小 3mm。说明模型的抗弯刚度大于实际构件的抗弯刚度。在有限元模型中，管片表面钢板与内部充填混凝土之间采用了刚性连接，没有考虑钢板与混凝土之间的滑移。当荷载增加到 650kN 时，两条曲线都出现了转折点。从管片加载表中可以看出，当竖向力 P 增加到 650kN 时，开始施加轴向力 $N=$ 150kN，由于管片为弧形，轴向力的施加对管片受力有利，使得管片挠度减小。

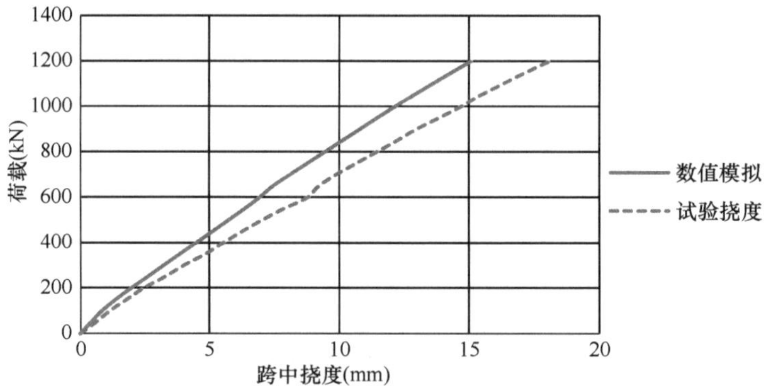

图 2-39　荷载-跨中位移曲线

2. 环板钢板测点应变

图 2-40 中 C7、C8、C9 代表数值分析结果，C7′、C8′、C9′代表试验实测结果。环面钢板测点应变随荷载的增加基本呈线性变化，在荷载值为 100kN，两条曲线都有拐点，对比底部钢板的荷载-应变关系曲线可知，此时的应变为 100$\mu\varepsilon$ 左右，超过混凝土的极限拉应变，混凝土开始开裂，抗弯刚度下降。荷载增加到 650kN 时，开始施加轴向 $N=$

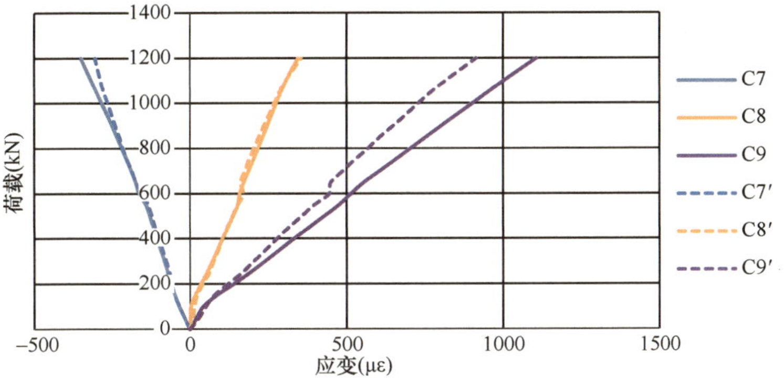

图 2-40　环板荷载-应变关系图

（C7 数值分析值，C7′为试验值，余同）

150kN，曲线整体上移，数值模拟的结果与试验结果有着相同的变化趋势，且误差较小。C7、C8 测点实验值与数值模拟值基本吻合，C9 测点误差相对较大。荷载为 1220kN 时，C7 测点应变为−320$\mu\varepsilon$ 左右，C8 测点应变为 350$\mu\varepsilon$ 左右，C9 测点应变为 1000$\mu\varepsilon$ 左右，均未超过 2000$\mu\varepsilon$，钢板仍处于弹性阶段。

3. 顶面钢板测点应变

管片的上表面处于受压区，管片的应变为负。由图 2-41 可知，顶面钢板测点应变随荷载的增加基本呈线性，数值模拟的结果与试验结果有着相同的变化趋势，且误差较小。

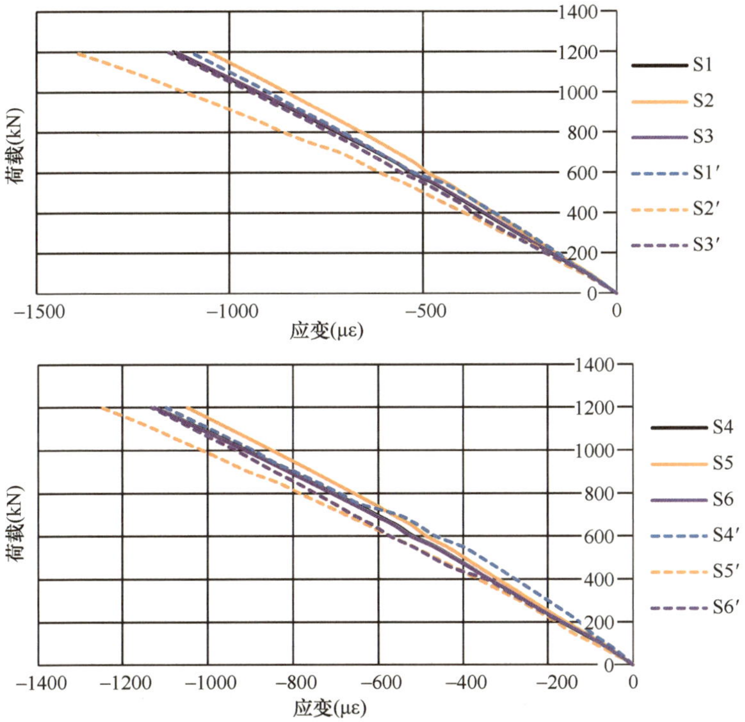

图 2-41　顶面钢板测点荷载-应变关系

（S1 为数值分析值，S1′为试验值，余同）

S1、S3、S4、S6 测点基本重合，S2、S5 测点误差相对较大，荷载为 1220kN 时，S1、S3、S4、S6 测点应变为－1100$\mu\varepsilon$ 左右，S2、S5 测点最大应变为－1400$\mu\varepsilon$ 左右，钢板仍处于弹性阶段。

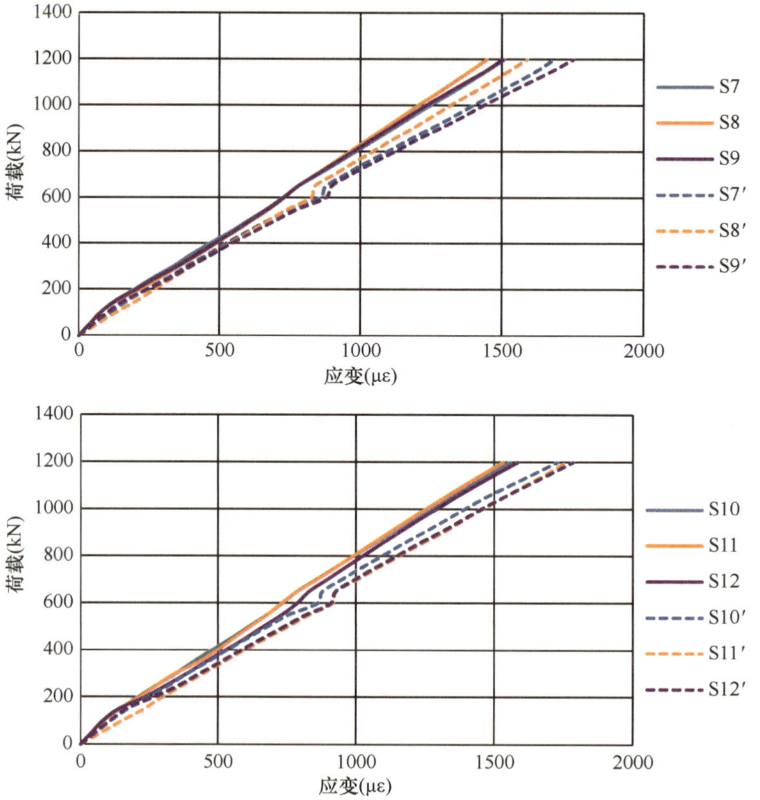

图 2-42　底面钢板测点应变

（S7 为数值分析值，S7′为试验值，余同）

4. 底面钢板测点应变

管片在荷载作用下，底部处于受拉状态。由图 2-42 可知，底面钢板测点应变随荷载的增加基本呈线性，在荷载值为 100kN 附近，两条曲线都有拐点，此时的应变为 100$\mu\varepsilon$ 左右，超过混凝土的极限拉应变，混凝土开始开裂，抗弯刚度下降。数值模拟结果均略小于试验实测值，最大相差 200$\mu\varepsilon$ 左右，荷载为 1220kN 时，各测点应变值均处在 1600$\mu\varepsilon$ 左右，均未超过 2000$\mu\varepsilon$，钢板仍处于弹性阶段。

2.3.3　抗弯刚度

1. 理论抗弯刚度

试件的截面尺寸如图 2-43 所示。

根据截面分布可以得到试件的理论抗弯刚度（不考虑钢板屈曲）。

（1）忽略混凝土的作用时，仅计算纯钢部分，试件抗弯刚度 $EI=5.32\times10^5\text{kN}\cdot\text{m}^2$。

（2）当考虑混凝土作用时，试件抗弯刚度 $EI=9.4\times10^5\text{kN}\cdot\text{m}^2$。

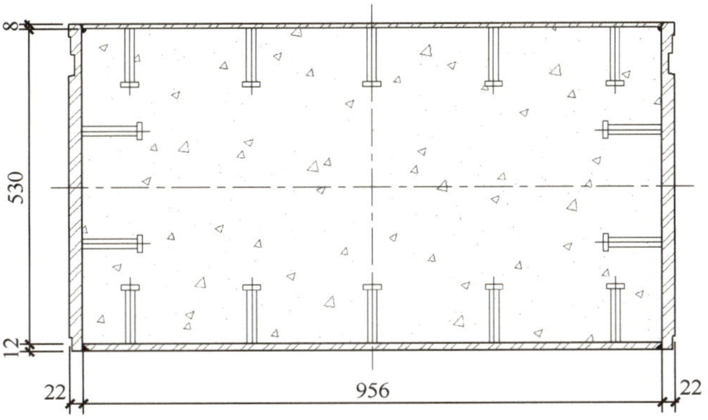

图 2-43　试件截面

2. 实际抗弯刚度

纯弯曲情况下，弯矩与曲率之间的关系为：

$$\frac{M}{EI}=\frac{1}{\rho}$$

根据梁的变形几何关系有：

$$\frac{1}{\rho}=\frac{\varepsilon_a-\varepsilon_b}{h}$$

其中，M 为跨中弯矩，ρ 为曲率半径，ε_a 为底部钢板应变，ε_b 为顶部钢板应变，ε_a 与 ε_b 上下对应，h 为截面高度，EI 为抗弯刚度。

选用应变 S5 与 S11 作为参考，绘制曲率半径与弯矩的关系。

工况 A-1-1 的曲率半径与弯矩的关系如图 2-44 所示。

试件初始的抗弯刚度为 $EI=5.1\times10^5\text{kN}\cdot\text{m}^2$。整个加载过程中刚度基本保持不变。

工况 A-1-2 的曲率半径与弯矩的关系如图 2-45 所示。

试件初始的抗弯刚度为 $EI=4.5\times10^5\text{kN}\cdot\text{m}^2$。整个加载过程中刚度基本保持不变。

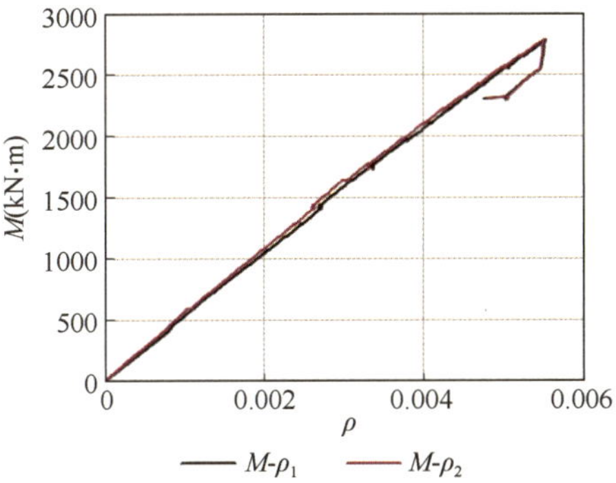

图 2-44　A-1-1 曲率半径随弯矩的变化

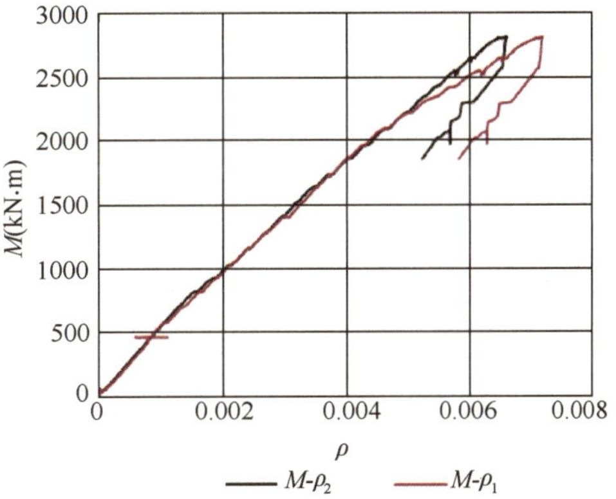

图 2-45　A-1-2 曲率半径随弯矩的变化

2.4 小　　结

（1）通过不同结构方案的对比，选用方案 A 可以满足隧道的受力要求，布置在管片环面的钢板避免了环面混凝土的开裂，满足结构的受力要求。

（2）试件的初始抗弯刚度约为 5.1×10^5kN·m^2、4.5×10^5kN·m^2，试件刚度接近于钢结构部分的抗弯刚度。在复合管片设计中，应考虑管片整体刚度的降低，合理评估混凝土对结构整体刚度的贡献度。

（3）所采用的有限元分析模型可较好地模拟管片的力学性能，可用来分析衬砌结构的受力状态，对结构进行精确分析。

（4）所采用的浇筑孔与排气孔的布置方案可满足复合管片充填混凝土的浇筑需求，超声波监测结果表明管片达到密实的效果。

参考文献

[1] 俞玉寅. 国内首创——二次抛物线形下承式矩形钢管混凝土拱桥的施工[J]. 建筑施工，2002，2：122-123.

[2] 夏培秀. 钢板夹芯混凝土组合梁力学性能与破坏机理研究[D]. 哈尔滨工程大学：哈尔滨工程大学，2012.

[3] 洪伯潜. 约束混凝土结构在井筒支护中的研究和应用[J]. 煤炭学报 . 2000，25(2)：150-154.

[4] Bowerman H，Chapman JC. Bi-Steel steel-concrete-steel sandwich construction[J]. In：Composite construction in steel and concrete IV. American Society of Civil Engineers. 2002，5：656-667.

[5] 高云，石启印，李爱群，秦卫红. 新型外包钢-混凝土组合梁受扭的非线性有限元分析[J]. 混凝土，2008，6：32-35.

[6] 伍忠林. 矩形钢管混凝土桁架拱桥及其静力性能分析[D]. 长安大学，2011.

第 3 章

管片接头的力学性能

3.1 引 言

盾构隧道衬砌结构是由若干管片通过环向螺栓与纵向螺栓拼装而组成。管片接头的设计是盾构隧道设计过程中一项重要的工作。与管片本体相比，接头是管片的薄弱环节，接头的存在使管片刚度具有不均匀性，对管片的力学性能有很大影响。因此，接头性能在很大程度上决定了隧道结构的刚度与变形。同时接头的变形特性决定着隧道的防水性能，决定着整条隧道设计的成败。众多学者主要从理论研究、数值模拟、试验研究三个方面对管片接头展开了详细的研究。

在理论研究方面，由于梁-弹簧模型应用广，成为国内外规范推荐的计算模型[1,2]，受到了研究者的青睐。在梁-弹簧模型中，采用转动弹簧、轴向弹簧及剪切弹簧来模拟管片之间的连接作用。由于接头的剪切刚度和轴向刚度对结构受力影响很小，结构的转动刚度直接决定着衬砌的受力特性。因此，针对梁弹簧模型的研究又集中在抗弯刚度的试验[3]。针对管片的数值模拟，又可分为曲梁-弹簧模型与直梁-弹簧模型，1998 年，朱合华、陶履彬通过对两种梁的研究发现，直梁是曲梁的一种特殊情况，当剖分单元取足够小时，完全可以由直梁-弹簧模型取代曲梁-弹簧模型，从而将复杂问题简单化[4]。

为了体现衬砌管片变形的非连续性，朱合华等引进非线性介质力学数值分析的古德曼（Goodman）单元思想，对梁-弹簧模型加以改进，提出梁-接头不连续模型。梁-接头不连续模型，采用双结点模拟管片接头，既可以模拟接头内力与变形的线性关系，也可以模拟其非线性关系。还可以将管片内力与接头内力分离开来，有助于研究接头螺栓的受力性态[5]。

2003 年，黄钟晖推导了盾构法隧道管片平面型接头受力模型，通过该模型可以得到表征接头抗弯性能的 M-θ 曲线、接头转角及张开量，而且，能够确定接头面接触受压区的受力状态，从而可以从接头受力张开以及接头面混凝土接触受压两个方面全面判断接头是否处于安全状态。通过三维有限元模拟验证了该模型在弹性阶段可以较好地反映纵缝接头的受力状态[6]。

2006 年，朱伟等同样引进古德曼单元的思想，将梁-接头不连续单元推广到三维，提出壳-弹簧模型。在通缝拼接时，计算结果同梁-弹簧模型基本一致；错缝拼装时，该模型更能反映真实情况，很好地反映了管片的局部拼装效应[7]。2013 年，彭益成等利用梁-接头单元模型，分别用于管片接头和环间接头处，并给出相应的刚度矩阵和计算流程。通过与盾构隧道接头原型试验的比较，验证了壳-接头模型能模拟接头弯曲、剪切和弯矩传递特性，特别是能真实地反映接头剪切时的滑动摩擦特性和弯矩传递特性[8]。

2013 年，师永翔和赵武胜基于大直径盾构隧道管片接头的结构形式，采用理论分析方法对接头抗弯作用进行了研究，提出了环内接头的抗弯刚度公式，计算结果与接头试验结果的对比表明，该方法具有良好的精度，通过对比目前常用的几种计算模型得出，梁-弹簧模型能够较好地预测我国沿海软土地区大直径盾构隧道管片、接头内力状态[9]。

2013 年，董新平对采用斜直螺栓、不设传力衬垫的盾构管片接头提出了管片接头破坏分析模型，并对简化模型在受荷破坏全过程的解析解进行了推导和验证[10]。

2014 年，吴全立等通过对采用斜直螺栓、不设传力衬垫构造形式的盾构管片接头在破坏过程中表现的非线性转动刚度变化特征的研究，主要发现：在接头尺寸和材料指标一定时，接头临界张开弯矩、屈服弯矩及极限弯矩三个指标均由接头轴力决定。在一定范围内，增大管片接头轴力，可以提高接头的抗弯承载力[11]。

接头性能对整条隧道有重要的作用，也是隧道防水的重要环节。

圆形隧道中，管片接头主要以承受弯矩与轴力为主，而在非圆形隧道如矩形盾构隧道中主要以承受弯矩与剪力为主。表 3-1 表示了国内圆形隧道常用的接头形式。从第 1 章矩形盾构法隧道的受力分析可以看出，衬砌需要承受较大的弯矩与剪力，同时管片外侧螺栓需要承受较大的拉力。为了提高管片接头抗剪的可靠性，在管片连接板上布置了凸榫与凹槽，同时采用内外双排的螺栓布置方式，接头结构形式如图 3-1 所示。通过控制凸榫与凹槽、螺杆与螺栓孔之间的间隙来控制剪力的传递，而凹凸榫能承受的剪力远远大于螺栓的抗剪承载力。通过双排螺栓与凹凸榫的组合，可有效地提高接头的抗剪承载力，增加其抗剪能力储备，进而提高接头连接的可靠性。这种连接形式同地上钢结构中的连接类似。钢结构中如设有精制螺栓连接，孔径比杆径大 0.3～0.5mm，粗制螺栓连接孔径比杆径大 1.0～1.5mm[12]。盾构隧道是通过预制管片的拼装而组成的，为了能够在盾构有限的空间中实现管片的拼接，螺栓孔孔径与螺栓的间隙通常控制在 3mm 以上，如图 3-2 所示。

通过以上分析可以看出，管片中采用的螺栓连接与地上钢结构的螺栓连接控制误差是不同的。在螺栓孔与螺杆的间隙超过规范规定值，螺栓不能满足精制螺栓精度要求的条件下，接头抗剪承载力的评估成为设计中的难点。螺栓群在剪力作用下，可能发生剪力分配不均匀的情况，最不利工况可能为部分螺栓承受全部剪力而逐渐破坏的工况。提高管片接头的抗剪承载力，增加其抗剪储备能力也是增加工程整体可靠度的一个措施。为了把握这种螺栓群与凹凸榫槽组合的接头受力特性，开展了相关的试验进行验证。

各种常用管片接头类型　　表 3-1

接头类型	概念图	主要特点	工程应用
弯螺栓	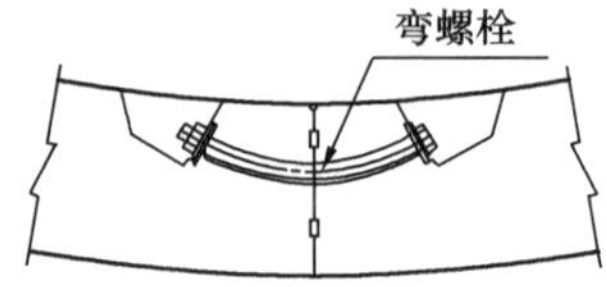	①对拉螺栓，安装简单； ②造价便宜； ③接头刚度比较小，在软弱地层中应用时应加以注意	主要应用于小或中等直径的隧道，国内应用最多的接头形式，如小型输水隧道、地铁隧道
斜螺栓	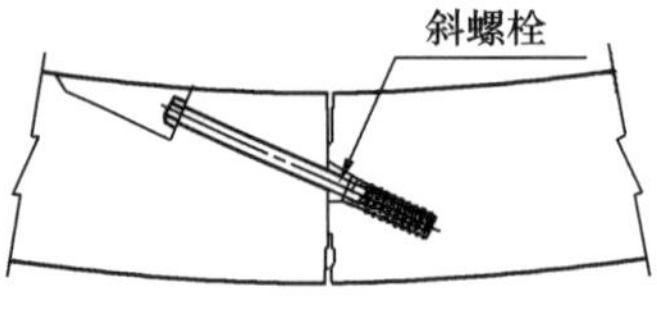	①一端预埋螺母，对管片损伤少； ②管片防腐蚀性、耐久性能好； ③施工精度要求高	主要应用于大直径公路隧道，如单洞双线，单洞三线、单洞双向四车道等公路隧道
单排直螺栓	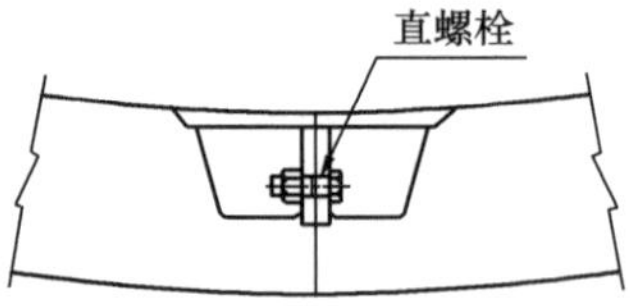	①螺栓安装简单，施工快捷； ②可采用球墨铸铁制作螺栓安装手孔	主要应用于中等直径的隧道，如地铁隧道

续表

接头类型	概念图	主要特点	工程应用
双排直螺栓	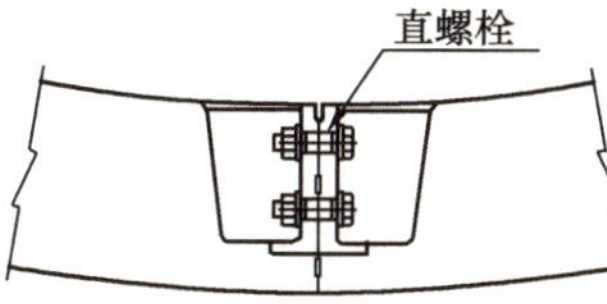	①螺栓安装手孔较深，对管片损伤大； ②可得到高承载力的管片接头	主要应用于需要高承载力接头的隧道，如输水隧道

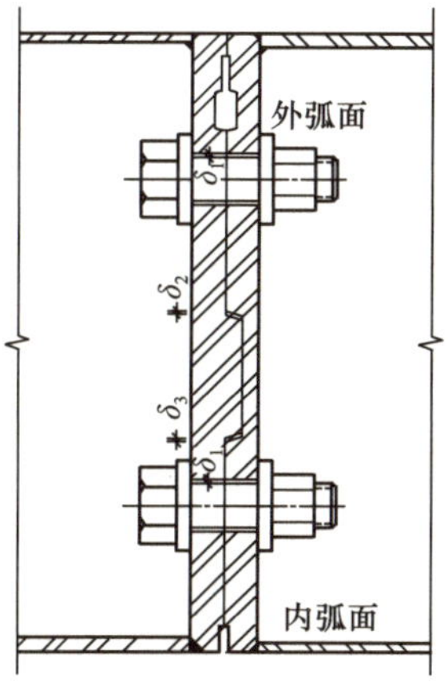

图 3-1　拼装后凸榫与凹槽的位置关系图

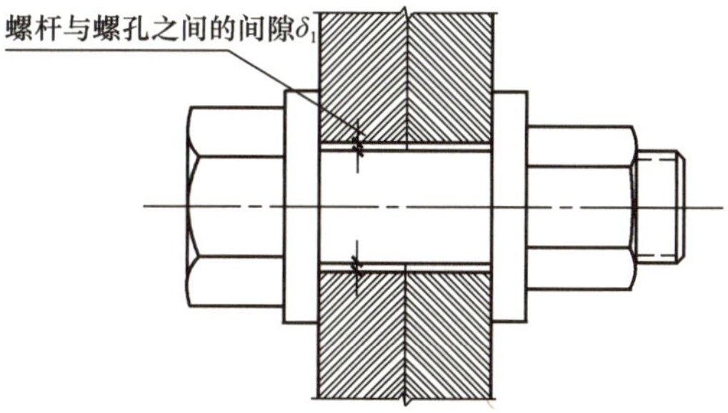

图 3-2　盾构隧道中螺栓孔径与螺杆间隙示意图

3.2　复合管片接头抗弯性能试验研究

3.2.1　试验目的

接头是盾构隧道衬砌环结构的薄弱环节，其力学性能显著影响着衬砌结构的整体力学行为。矩形盾构法隧道的接头需要承受较大的弯矩，需要测试管片接头的抗弯能力。通过抗弯试验可确定管片接头的抗弯刚度，为优化管片结构设计提供基础性研究，可验证结构计算和接头设计中计算参数选取的合理性，以取得更好的技术与经济效益。同时，管片接头的螺栓预紧力的大小决定着管片接头刚度的大小，需要通过试验确定螺栓合理的拧紧力矩值，以取得更好的隧道施工质量。

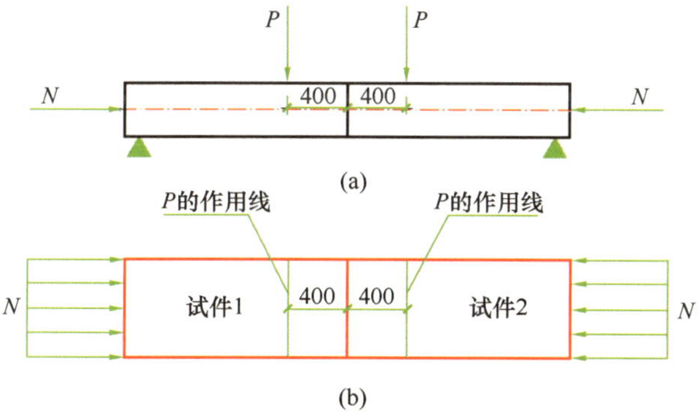

图 3-3　接头抗弯试验示意图

（*a*）立面图；（*b*）平面图

3.2.2　试验概况

试验管片的长度为 2250mm，高度为 550mm，采用直线形管片，管片的构造与实际使用的管片相同。设计方案中，采用了两侧手孔、直螺栓的形式。管片接头的尺寸如图 3-3 所示。试件构造如图 3-4、图 3-5 所示。

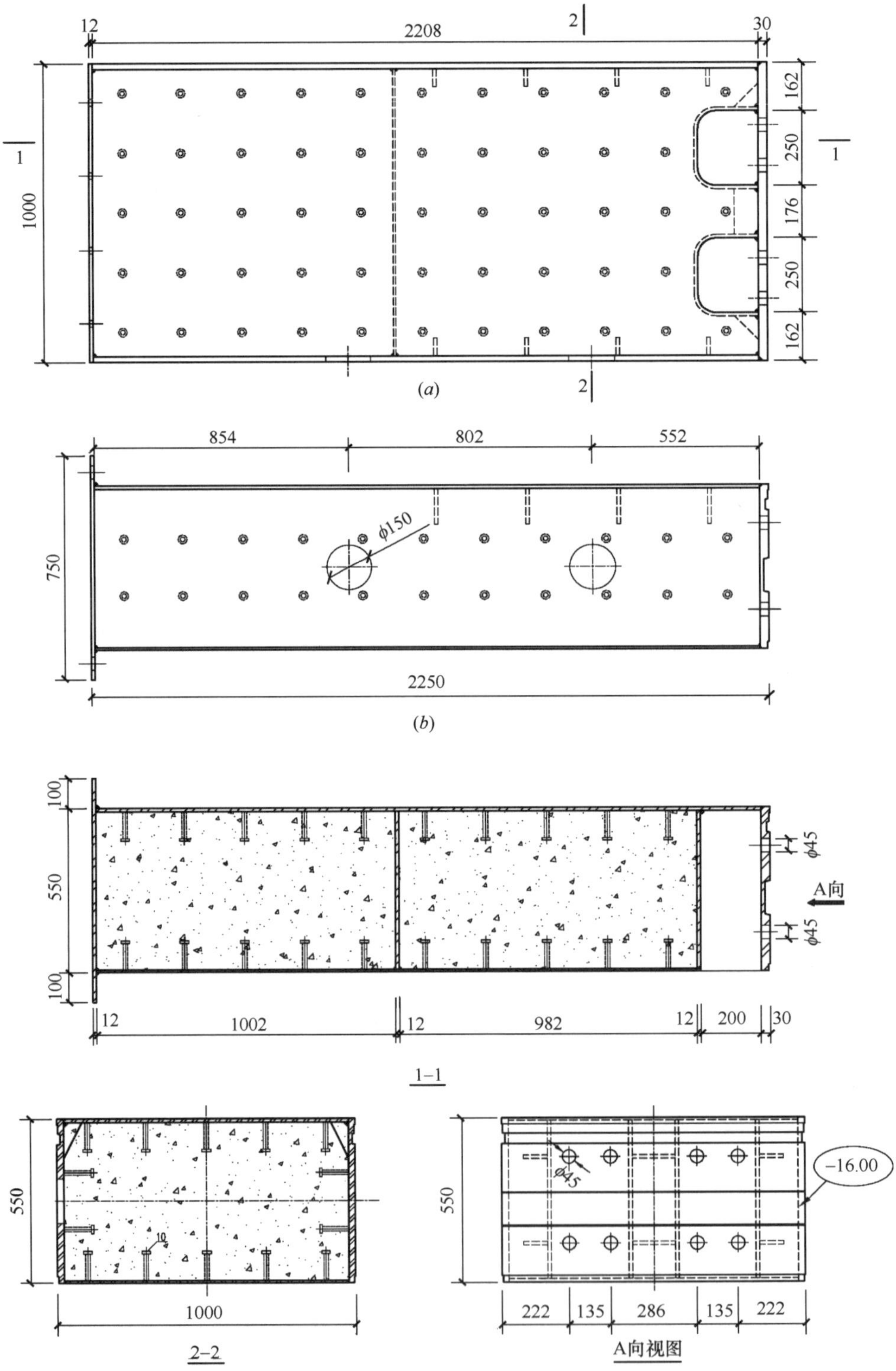

图 3-4 具有凹槽试件构造图

(a) 平面图；(b) 立面图

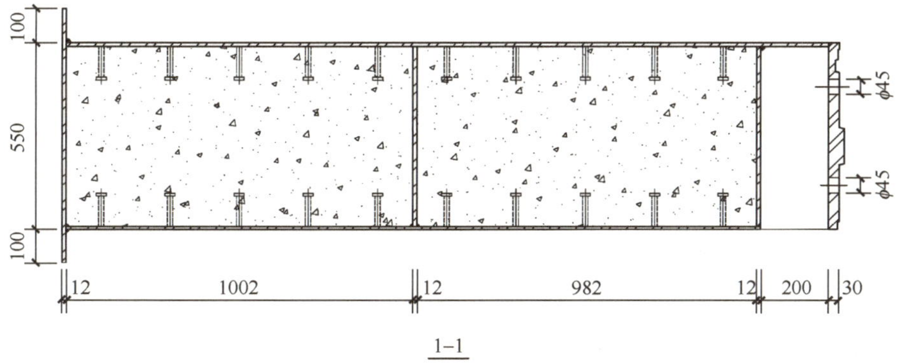

图 3-5　具有凸榫试件构造图

3.2.3　试件制作

试件制作完成，拼装后如图 3-6 所示。

图 3-6　方案 A 试件

3.2.4　试验方法与工况

实际构件所受内力如表 3-2 所示。

实际构件内力　　表 3-2

拱顶接头	弯矩（kN·m）	131
	轴力（kN）	459
	剪力（kN）	742
拱腰接头	弯矩（kN·m）	1087
	轴力（kN）	1125
	剪力（kN）	45

本试验采用静力加载方法进行。

（1）加荷方法：

横向荷载——采用千斤顶分配梁系统加荷；

水平荷载——采用张拉千斤顶对拉梁系统加载，千斤顶的加载值采用传感器进行量测。

（2）试验管片的支承方式：铰接。

（3）管片的加载方案如图 3-7 和表 3-3 所示。

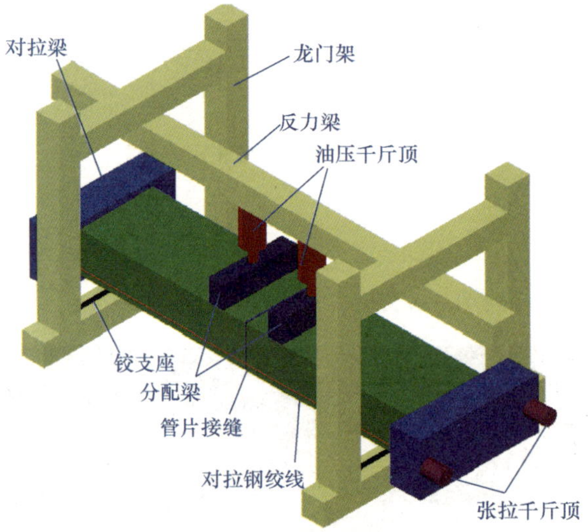

图 3-7　加载示意

试　验　工　况　　　　**表 3-3**

工况编号	试验类型	试件类型	荷载类型	荷载位置	轴向力 N（kN）	竖向力 P（kN）	
						设计值	加载终值
7-1-1	纵缝接头抗弯试验	拱腰试件	纯弯	拱顶荷载	459	88	176
7-2-1			拱腰弯剪荷载	拱腰荷载	0	725	725
7-3-1			安装误差（弯剪）		0	725	725
7-4-1			0.4 倍螺栓扭矩（弯剪）		1125	725	725
7-5-1			0.1 倍螺栓扭矩（弯剪）		1125	725	725
7-6-1			0.6 倍螺栓扭矩（弯剪）		1125	725	破坏
7-6-2	纵缝接头抗弯试验	拱腰试件	0.6 倍螺栓扭矩（弯剪），水平力和竖向力同步加载	拱顶荷载	1125	725	725
7-6-3			0.6 倍螺栓扭矩（弯剪），水平力和竖向力分开加载	拱腰荷载	1125	725	725
7-6-4			0.6 倍螺栓扭矩（弯剪），安装误差，水平力和竖向力分开加载		1125	725	725
7-6-5			0.6 倍螺栓扭矩（弯剪）		1125	725	破坏

工况 7-1-1 的试件加载完成后，将试件翻身，进行后续工况的试验。

为了研究拼装误差对接头受力的影响，在工况 7-3-1 与工况 7-6-4 中，分别在试件的东面垫置 6mm 和 3mm 的垫片，使东侧接缝有初始张角，如图 3-8 所示。

除工况 7-1-1 外，其余工况接头均为弯剪复合受力状态，以达到模拟接头的真实受力状态。加载方案如图 3-9 所示，在两个位置上施加竖向力 P，但加载位置距接头距离不同。受力简图如图 3-10 所示，可实现接头的弯剪受力状态。

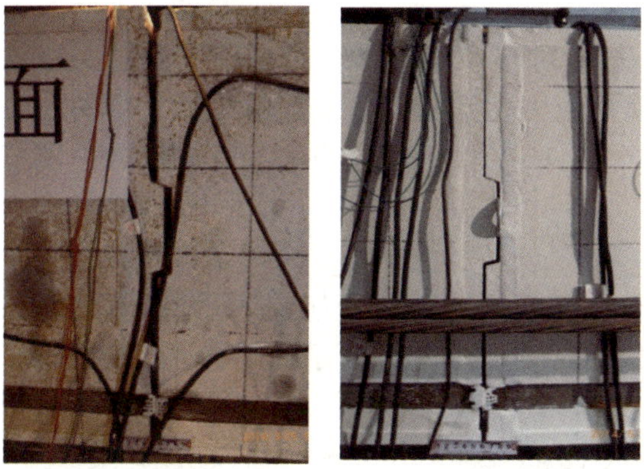

(a)　　(b)

图 3-8　考虑拼装误差条件下的张角图

(a) 东面垫 6mm；(b) 东面垫 3mm

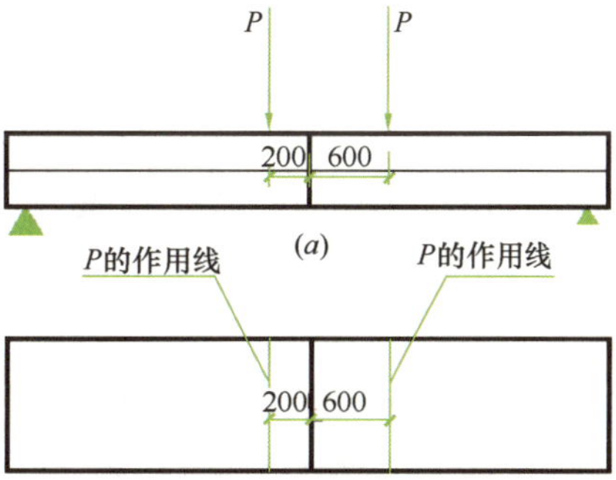

(b)

图 3-9　弯剪加载示意图

(a) 立面图；(b) 平面图

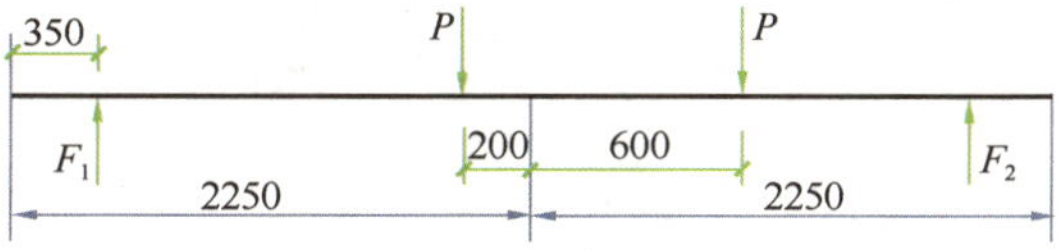

图 3-10　受力简图

由受力平衡得：

$$F_2 = \frac{P(2.25 - 0.35 - 0.2 + 2.25 - 0.35 + 0.6)}{4.5 - 0.35 \times 2} = \frac{4.2P}{3.8}$$

$$F_1 = 2P - F_2 = \frac{3.4P}{3.8}$$

$$M = F_2(2.25 - 0.35) - P \times 0.6 = 1.5P$$

$$V = \frac{F_1 \times (2.25 - 0.35 - 0.2) - F_2 \times (2.25 - 0.35 - 0.6)}{0.8} = 0.105P$$

当 M 为设计弯矩 1087kN·m 时，$P=725$kN，剪力 $V=0.105P=76\text{kN}>45\text{kN}$。

(4) 荷载施加及记录：

所有工况中，采取分级加载法。工况 7-1-1 试验时，先分级施加竖向力 P 至荷载设计值，然后将轴向力 N 加载到设计值 459kN，再分级将竖向力 P 加载至加载终值。分级加载时每级加载 50kN（参考值），每级加载的稳压时间为 2min。因为有两个张拉千斤顶施加轴力，所以每个千斤顶的轴力值为设计值的一半。工况 7-2-1、7-3-1 试验时，分级施加竖向力 P 至荷载设计值，不再施加轴向力 N 加载。分级加载时每级加载 50kN（参考值），每级加载的稳压时间为 2min。7-6-2 工况试验时，同时施加水平力和竖向力，待水平力和竖向力达到设计值后，保持水平力不变，施加竖向力至螺栓屈服。分级加载时每级加载

50kN（参考值），每级加载的稳压时间为 2min。其余工况试验时，先分级施加竖向力 P 至荷载设计值，然后将轴向力 N 加载到设计值 1125kN，再分级将竖向力 P 加载至加载终值。分级加载时每级加载 50kN（参考值），每级加载的稳压时间为 2min。

钢板或螺栓出现屈曲后，加载时间应持续 5min，在此时间内观察挠度、张角开展，继续对管片进行分级加载，每级加载持续时间仍为 5min，观察试验现象，至管片挠度或张角过大后，停止加载。

当构件达到破坏状态时立即终止试验。衡量破坏状态标准分为三种：受压区钢板屈曲、受拉区混凝土裂缝宽度超过 0.1mm、螺栓应力达到屈服强度。本次试验中的破坏标准要满足钢板屈服和螺栓屈服，并要记录每个条件达到时的相关测量数据。

3.2.5 试验场地及加载系统

加载系统：200t 油压千斤顶 2 台，50t 张拉千斤顶 2 台，反力架及分配梁，如图 3-11 与图 3-12 所示。在试件的支座部位分别采用图 3-13 与图 3-14 所示的固定与铰接支座，以模拟接头简支梁的受力状态。

图 3-11 张拉千斤顶

图 3-12 试验加载

图 3-13 固定铰支座

图 3-14 可动铰支座

3.2.6 测量内容与测量点布置

螺栓应力测量传感器拟采用箔式应变计，型号拟取为 B×3AA-120。在应变计粘贴部位，先用细砂皮打光，清洁干净后紧接着用 502 胶水把箔式应变计粘贴在螺栓上，焊接好引出线后逐一加以编号。经检测达到绝缘标准后用 703 胶水初步密封，应变计粘贴、密封后用导线在环向螺栓上铣出的凹槽中引出，并逐一加以编号。应力测试螺栓的制作方法如图 3-15 所示。每根螺栓均布置 2 个对称应变测点。

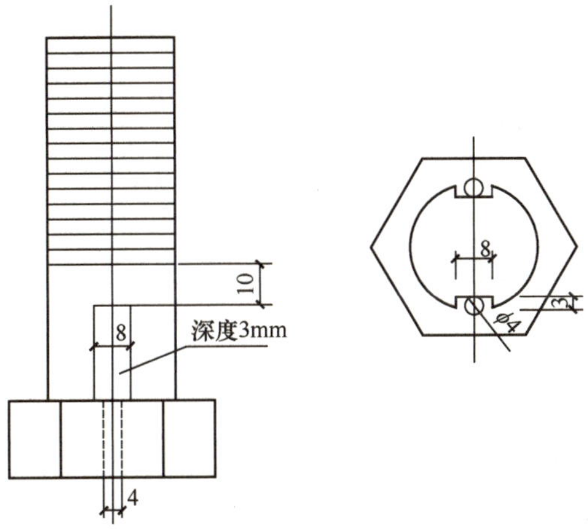

图 3-15　螺栓加工图

试验测试内容包括钢板应变 12（上下面）+20（侧立面）点、手孔处应变 24 点、螺栓应变 16 点，构件挠度测点 4 点，张角测点 4 点。具体的应变及挠度测点布置如图 3-16～图 3-18 所示。

挠度测量选用量程、精度恰当的电子位移传感器。将它们用万向磁性支架固定进行测量。

在试件上、下面用墨线打出垂直、水平分格线，形成 100mm×100mm 矩形网格。观

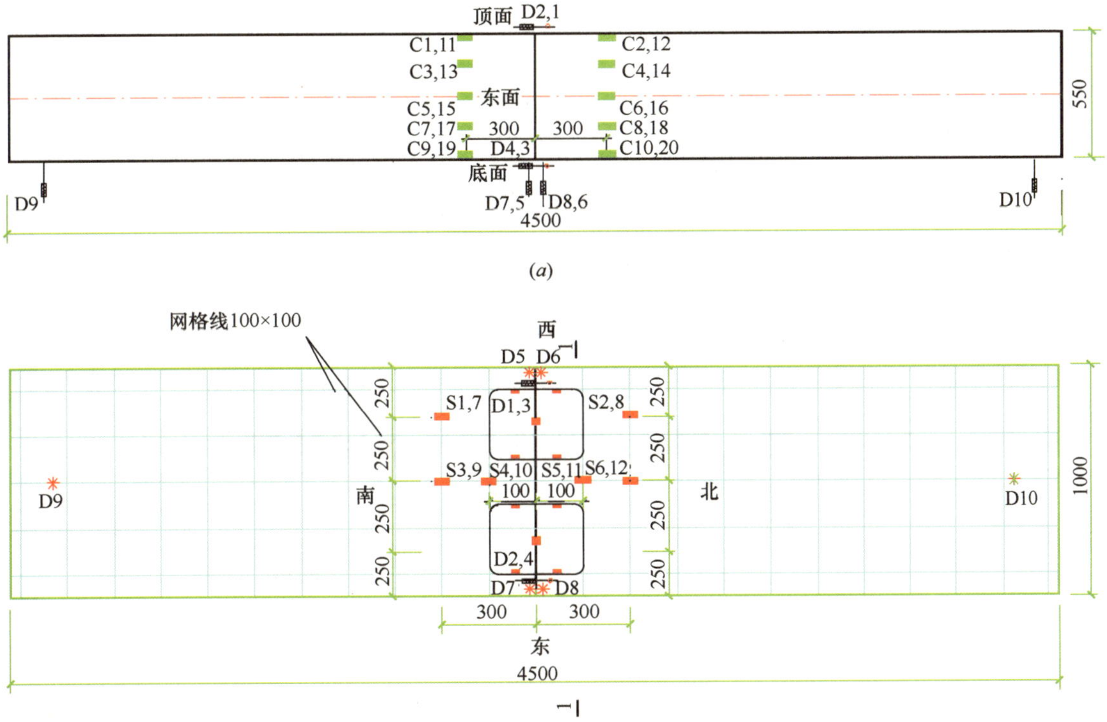

(*a*)

(*b*)

图 3-16　接头抗弯测点示意图

（*a*）立面图；（*b*）平面图

察试验过程中管片钢板的变形。

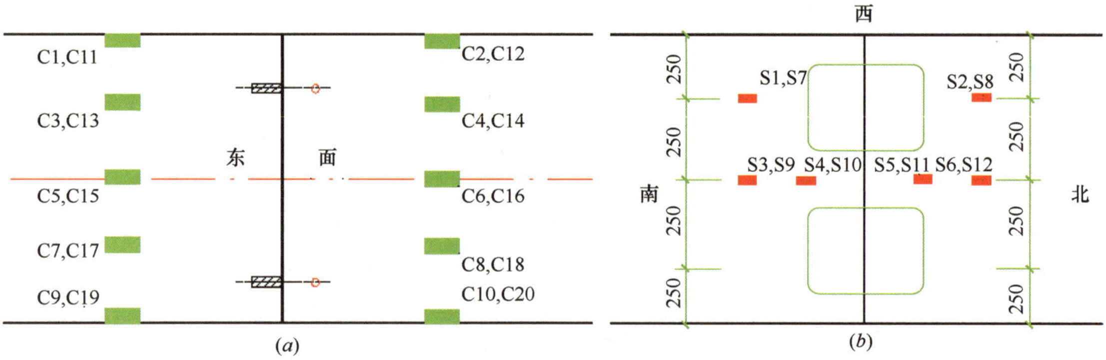

图 3-17 钢板应变片布置

(a) 沿管片厚度应变片；(b) 沿管片宽度应变片

(侧面应变片布置，C1 位于东面，C11 位于西面)(钢板应变片布置，S1 位于顶面，S7 位于底面)

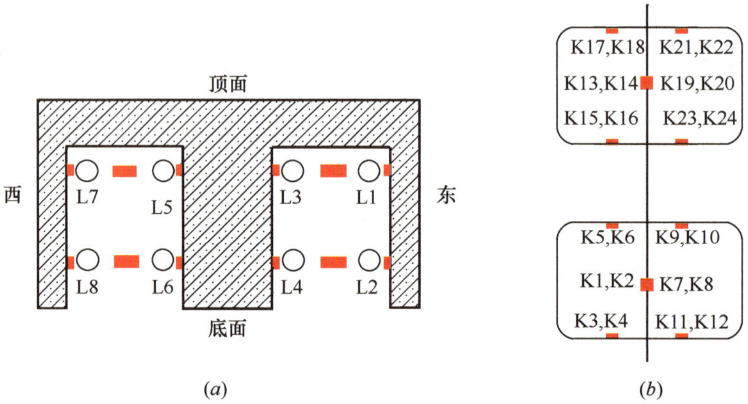

图 3-18 螺栓及螺栓手孔板应变片布置

(a) 螺栓应变片布置图；(b) 螺栓手孔应变片布置图

(K1 应变在上，K2 应变在下，其余同，位置同螺栓高度)

复合管片接头抗弯性能的试验结果将在有限元分析章节中一并进行表达。

3.3 复合管片接头抗剪性能试验研究

3.3.1 试验目的

通过管片接头试验，了解纵缝的抗剪性能，得到纵缝的径向刚度变化规律。本次管片接头为螺栓群及与凹凸榫槽承受管片的剪力，受力复杂，需要通过接头抗剪性能试验确定接头的抗剪承载力。

3.3.2 试件尺寸

试件的尺寸如图 3-19～图 3-22 所示。

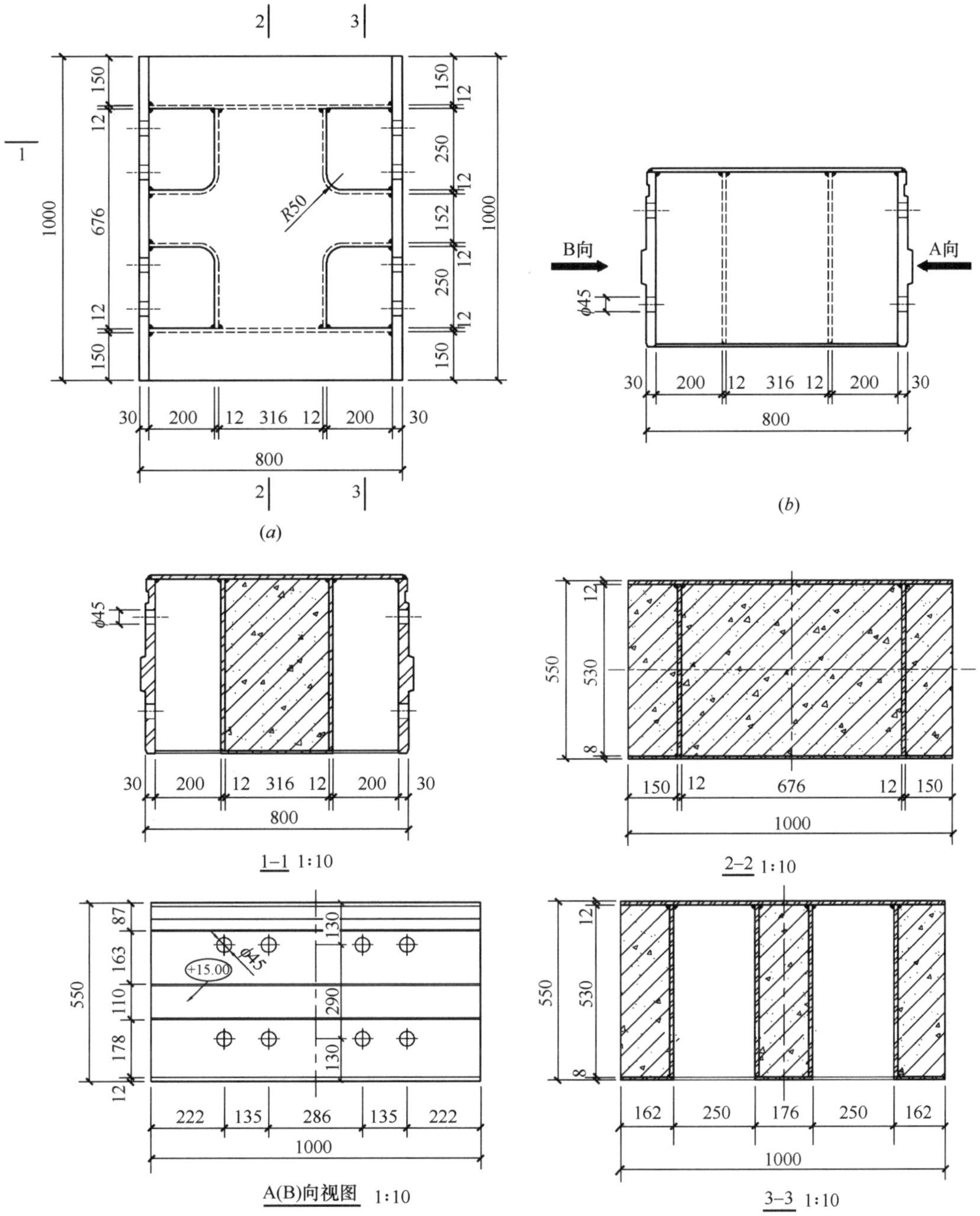

图 3-19 试件 1 构造图

(a) 平面图；(b) 立面图

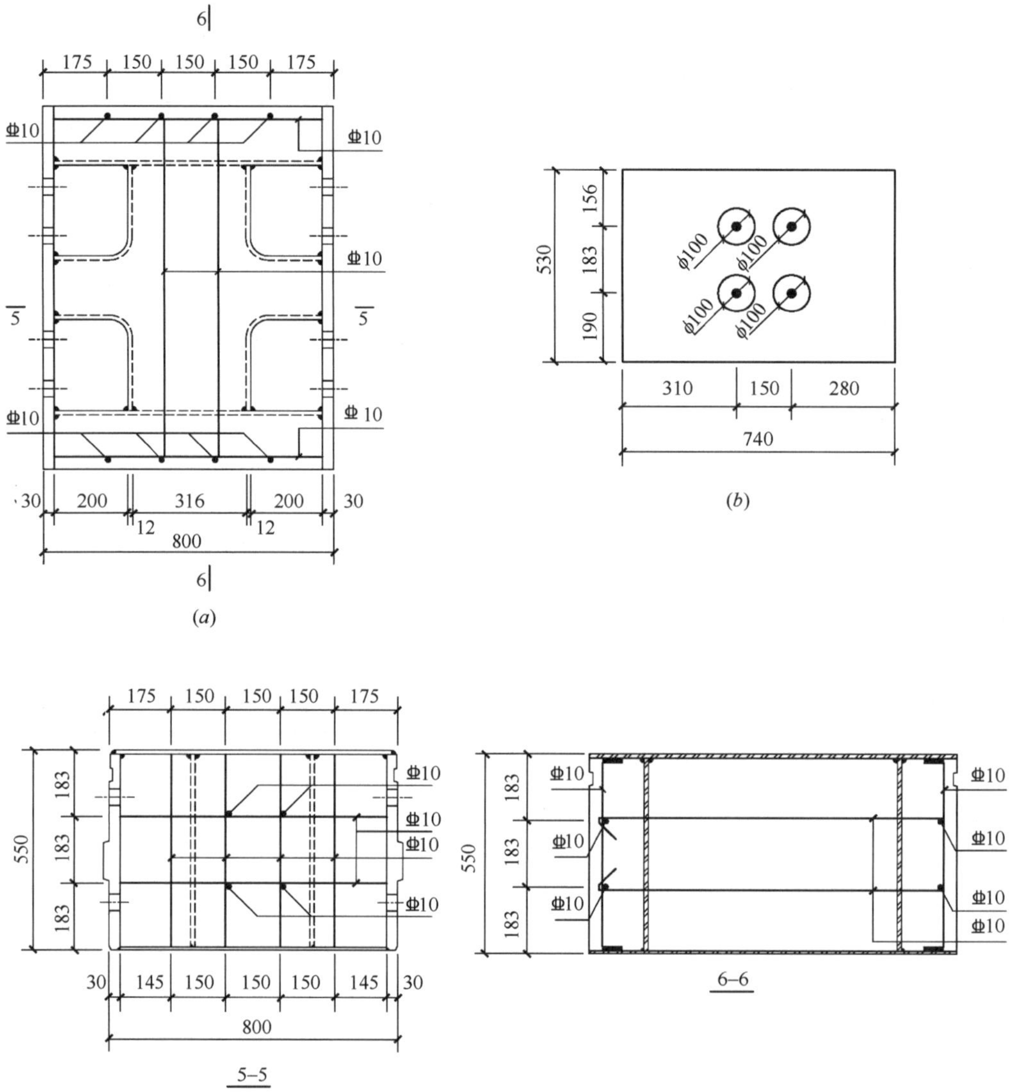

图 3-20 试件 1 配筋图

(*a*) 配筋平面图；(*b*) 肋板加工图

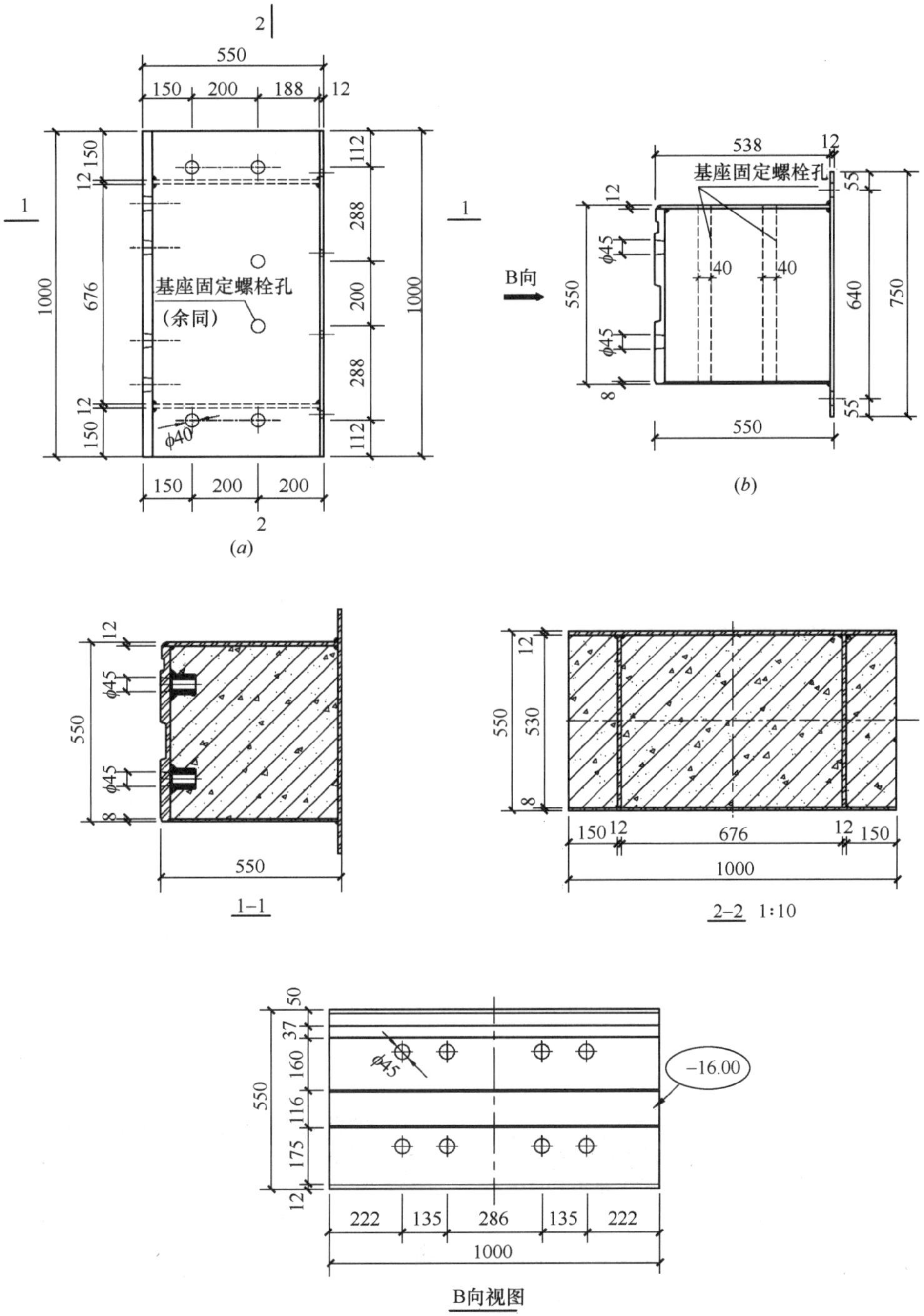

图 3-21　试件 2 构造图

(*a*) 平面图；(*b*) 立面图

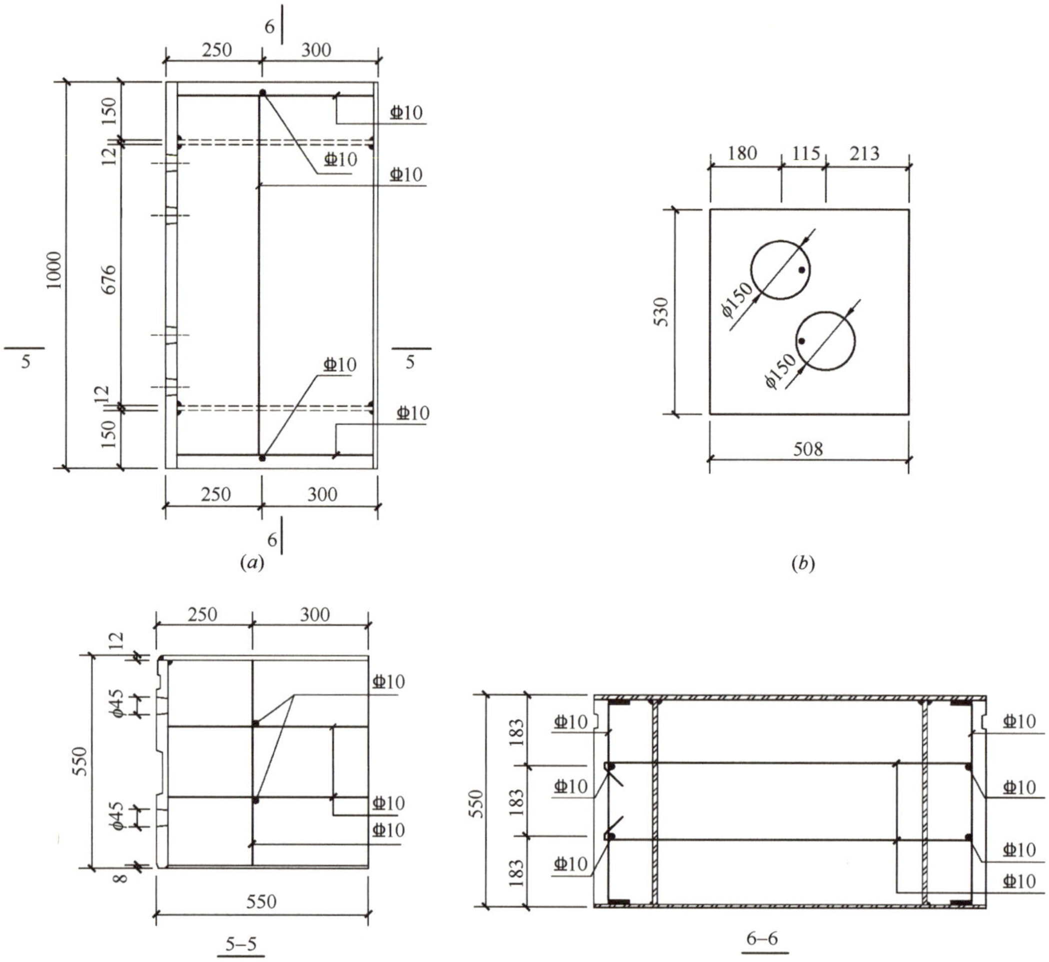

图 3-22　试件 2 配筋图

(a) 配筋平面图；(b) 肋板加工图

3.3.3　试件制作

试件的制作如图 3-23、图 3-24 所示。

图 3-23　试件 1 钢结构及浇筑完成后的试件

图 3-24　试件 2 钢结构及浇筑完成后的试件

3.3.4　试验方法与工况

（1）实际构件所受内力如表 3-4 所示。

实际构件内力　　　　**表 3-4**

拱顶接头	弯矩设计值	92	kN·m
	轴力设计值	297	kN
	剪力设计值	624	kN
拱腰接头	弯矩设计值	919	kN·m
	轴力设计值	993	kN
	剪力设计值	5	kN

（2）本试验采用静力加载方法进行。

（3）加荷方法与管片的支承同接头抗弯试验。管片的加载如图 3-25 所示。

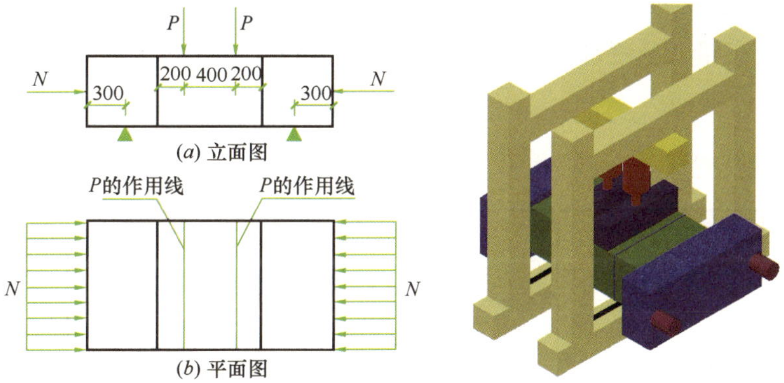

图 3-25　加载示意图

（a）立面图；（b）平面图

试验时，将接头拼接好，当荷载加到相应值时，停止加载。然后将螺栓去掉，重新进行加载至试件破坏。这样可以得到螺栓、凹凸榫共同受力的接头抗剪刚度，以及凹凸榫的极限抗剪强度，全面了解接头的抗剪性能。具体的试验工况如表 3-5 所示。

试 验 工 况 表 3-5

工况编号	试验类型	荷载类型	轴向力 N (kN)	竖向力 P (kN)		备 注
				设计值	加载终值	
1-1-1～2	纵缝接头抗剪试验	复合抗剪	297	624	1250	
1-2-1～2		考虑安装误差	0	624	624	松掉两个螺栓，同时有安装误差
1-3-1～2		凹凸榫抗剪	297	624	>1250	将螺栓全部松掉

（4）荷载施加及记录：

采取分级加载法。

工况 1-1-1～2 试验时，先分级施加竖向力 P 至荷载设计值，然后将轴向力 N 加载到设计值 297kN，再分级将竖向力 P 加载至加载终值。分级加载时每级加载 50kN（参考值），每级加载的稳压时间为 2min。本次试验采用两个张拉千斤顶进行轴力的施加，每个千斤顶的轴力值为设计值的一半。

工况 1-2-1～2 试验时，分级施加竖向力 P 至荷载设计值，不再施加轴向力 N 加载。分级加载时每级加载 50kN（参考值），每级加载的稳压时间为 2min。

工况 1-3-1～2 试验时，先将轴力施加到设计值，然后再分级将竖向力 P 加载至加载终值。分级加载时每级加载 50kN（参考值），每级加载的稳压时间为 2min。

当构件达到破坏状态时立即终止试验。衡量破坏状态的标准为：受压区钢板屈曲、螺栓应力达到屈服强度。本次试验中的破坏标准要同时满足上述两个条件，并要记录每个条件达到时的相关测量数据。

3.3.5 试验场地及加载系统

采用与 3.2.5 节相同的试验场地与加载系统。

3.3.6 测量内容与测量点布置

试验测试内容包括接头错动测点 8 点、螺栓应变 16 点。具体的测点布置如图 3-26 与图 3-27 所示。接头错动量测量选用量程、精度恰当的电子位移传感器，用万向磁性支架固定后进行测量。

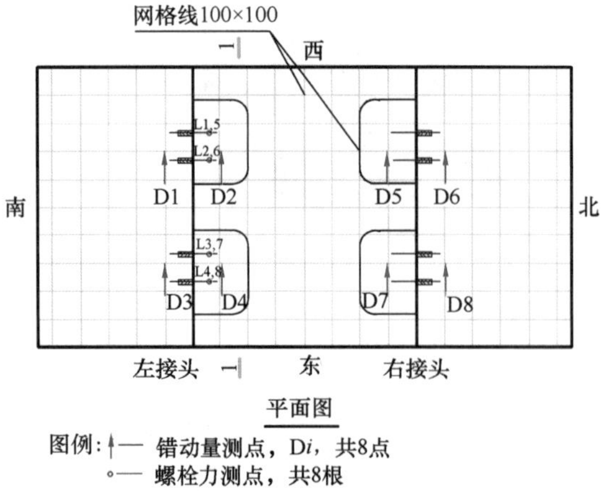

图 3-26 接头抗剪测点示意图

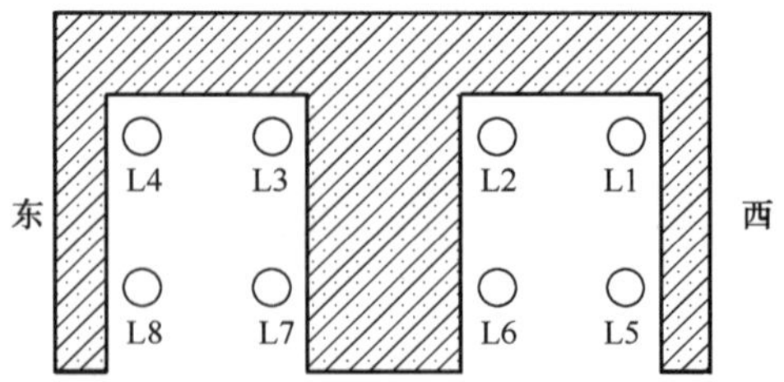

图 3-27 螺栓应变片布置

3.4　复合管片接头抗剪性能试验结果

针对两组试件按照同样的方法开展了实验，本文主要展示第一组试件的试验结果，在总结中对第二组试件的试验结果进行表述，工况 1-1-1 的试验结果如下所述。

3.4.1　接头抗剪试验现象

从图 3-28 可以看出，在试验前后，接缝两侧的管片之间发生了错动。变形主要发生在凹凸榫部位。在试验前凹凸榫下部未接触，试验后凹凸榫下部已接触。

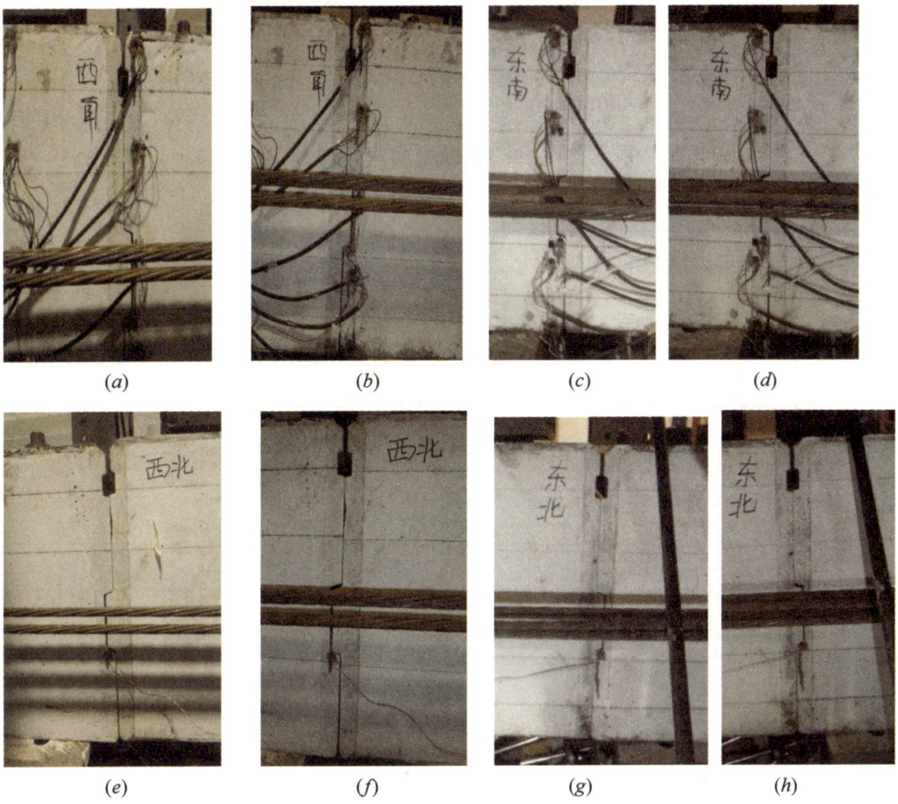

图 3-28　接缝试验前后对比图

(*a*) 西南接缝试验前；(*b*) 西南接缝试验后；(*c*) 东南接缝试验前；(*d*) 东南接缝试验后；
(*e*) 西北接缝试验前；(*f*) 西北接缝试验后；(*g*) 东北接缝试验前；(*h*) 东北接缝试验后

3.4.2　接头错动量

在试件每个接缝两侧各布置 2 个挠度测点，共 8 个测点。测点距接缝距离为 100mm。数据处理时，用 D2－D1 算出左接头西侧的错动量，由 SW 表示；用 D4－D3 算出左接头东侧的错动量，用 SE 表示；用 D5－D6 算出右接头西侧的错动量，用 NW 表示；用 D7－D8算出右接头东侧的错动量，用 NE 表示。错动量以中间块向下为正。错动量测点布置如图 3-29 所示。

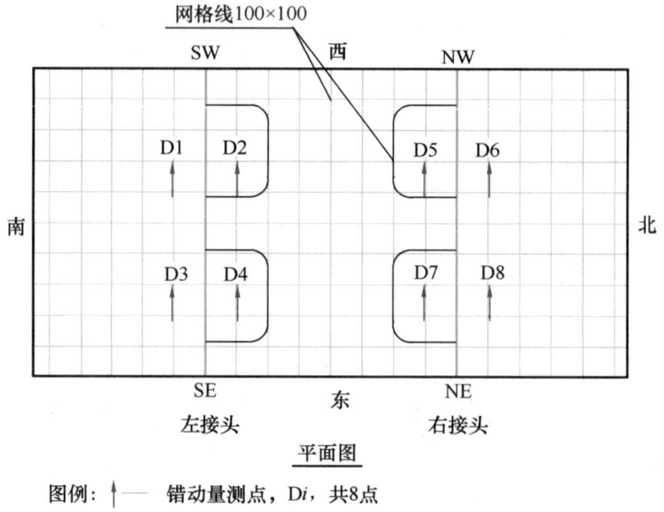

图 3-29　错动量测点布置

1. 左接头

试验测得的接头错动量如图 3-30 所示。

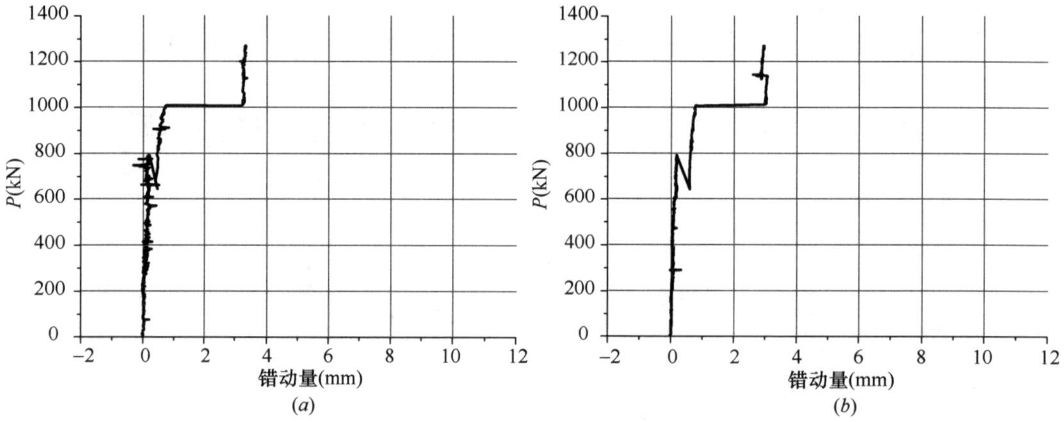

图 3-30　左接头荷载-错动量曲线

(*a*) 西侧（SW）；(*b*) 东侧（SE）

（1）左接头西侧

在竖向荷载施加到设计荷载之前，错动量很小，达到设计荷载时，错动量为 0.2mm；施加轴力后，错动量略有减小，为 0.17mm；继续施加竖向荷载，错动量依旧很小，在 $P=795$kN 时，错动量达到 0.21mm，试件突然滑动，产生了一定卸荷效应，待竖向荷载再次施加到 $P=795$kN 时，接头错动量达到 0.47mm；之后施加竖向荷载，错动量变化不大，到 $P=1011$kN 时，错动量达到 0.78mm，接头再次突然产生相对滑移，错动量达到 3.25mm；继续施加竖向荷载，到 $P=1272$kN 时，错动量达到 3.35mm。

（2）左接头东侧

表现出与西侧同样的变化，在具体测量数值上有微妙差异。

2. 右接头

试验测得的接头错动量如图 3-31 所示。

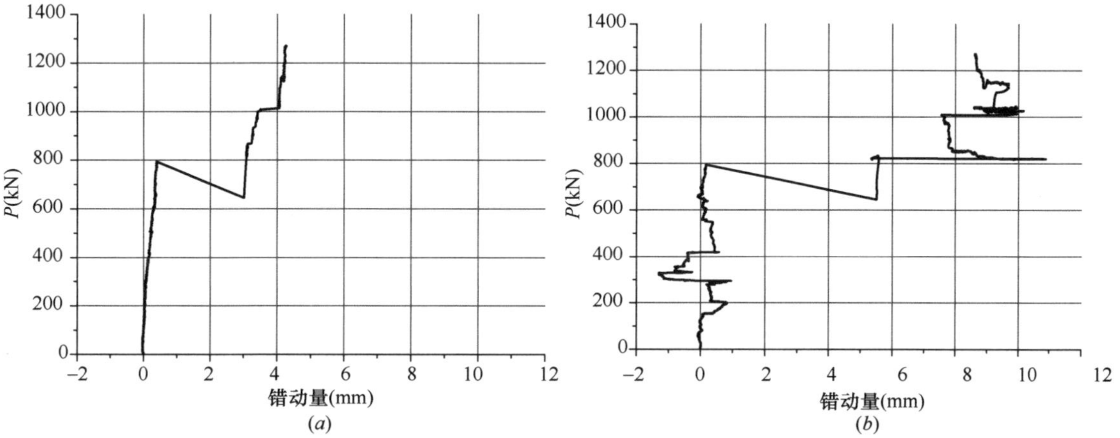

图 3-31　右接头荷载-错动量曲线

(a) 西侧 (NW)；(b) 东侧 (NE)

(1) 右接头西侧

在竖向荷载施加到设计荷载之前，错动量很小，达到设计荷载时，错动量为 0.36mm；施加轴力后，错动量略有减小，为 0.35mm；继续施加竖向荷载，错动量依旧很小，在 P=795kN 时，错动量达到 0.39mm，试件突然滑动，产生了一定卸荷效应，待竖向荷载再次回到 P=795kN 时，接头错动量达到 3.07mm；之后施加竖向荷载，错动量变化不大，到 P=1011kN 时，错动量达到 3.51mm，接头再次突然产生相对滑移，错动量达到 4.05mm；继续施加竖向荷载，到 P=1272kN 时，错动量达到 4.26mm。

(2) 右接头东侧

该组测试数据表现出一定的不稳定性。事后分析可能由于位移计的固定问题，导致该侧错动量测量发生波动。

从以上分析中可以得到：在抗剪设计荷载作用下，测点的最大错动量为 0.36mm，满足接头抗剪承载力的要求。

3.4.3　螺栓应变

在每根螺栓两侧均布置 2 个对称应变测点。试验主要是测定螺栓的轴力，所以数据处理时取 2 个应变测点的平均值。各测点测得的原始数据整理如图 3-32 所示，横轴表示各测点测到的应变值，正号表示拉应变，负号表示压应变。各测点应变值均未计入试验加载前的螺栓初始应变，即此应变均是螺栓的应变相对加载前的增量。

从图 3-32 可以看出：随着荷载的增加，螺栓的应变值差别较大，说明在抗剪荷载作用下，螺栓的受力是不均匀的。从应变分布看，位于两侧的 5 号与 8 号螺栓所承受的荷载较大，而位于中间的 6 号与 7 号螺栓所承受的荷载较小。在设计荷载作用下，螺栓的最大应变为 407$\mu\varepsilon$，可以满足隧道的受力需求。

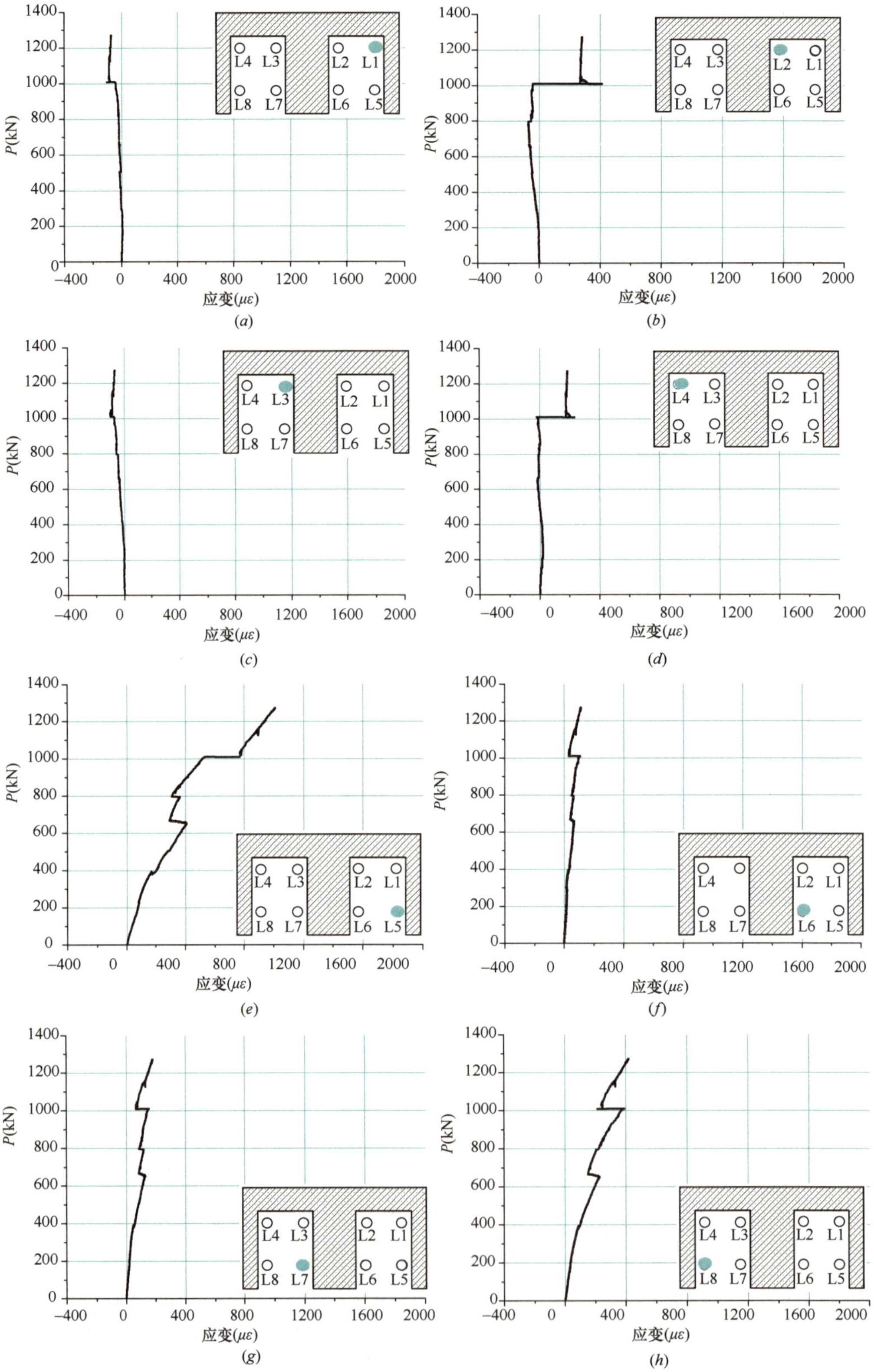

图 3-32　螺栓应变随荷载 P 的变化

(*a*) L1；(*b*) L2；(*c*) L3；(*d*) L4；(*e*) L5；(*f*) L6；(*g*) L7；(*h*) L8

3.5　数　值　分　析

3.5.1　有限元模型简介

在盾构隧道组合管片接头试验中，针对不同的螺栓预紧力值、不同轴力与横向力施加方式，设计了多个工况，解析采用工况如表 3-6 所示。接头承受的荷载分为纯弯与弯剪两大类。工况为纯弯荷载时，横向荷载对称布置；工况为弯剪荷载时，横向荷载不对称布置。二者力的作用线如图 3-33 所示。

试　验　工　况　　表 3-6

荷载类型	工况编号	手孔朝向	螺栓初始轴向力值与标准值之比	轴向力 N（kN）	横向力 F（kN）	
					设计值	加载终值
弯剪荷载	7-1-2	下	0.6	459	88	725
	7-2-1	上	1.0	0	725	725
	7-4-1	上	0.4	1125	725	725
	7-5-1	上	0.1	0	725	725
	7-6-1	上	0.6	1125	725	破坏
	7-6-2	上	0.6	1125	725	725
	7-6-3	上	0.6	1125	725	725

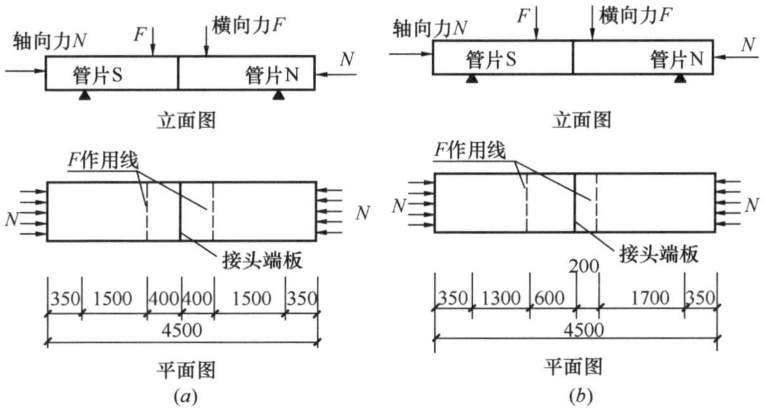

图 3-33　加荷示意图

(*a*) 纯弯；(*b*) 弯剪

为了进一步了解盾构隧道组合管片接头在不同工况下的力学性能，对接头试验过程进行了有限元模拟，接头有限元简化模型如图 3-34 所示。

管片 S、管片 N 位置对称，尺寸一致。手孔朝上布置时，各板厚度如下：顶板 8mm，底板 12mm，两侧板 22mm，手孔侧壁 12mm。将手孔位置处圆弧倒角简化为直角，这样可以简化网格划分的难度，提高计算速度，同时不会影响计算精度。

试验中，螺栓采用 10.9 级螺栓，规格为 M39，将垫圈、螺母、螺栓作为整体建模。管片及螺栓尺寸如图 3-35 所示，端板尺寸及连接如图 3-36 所示。

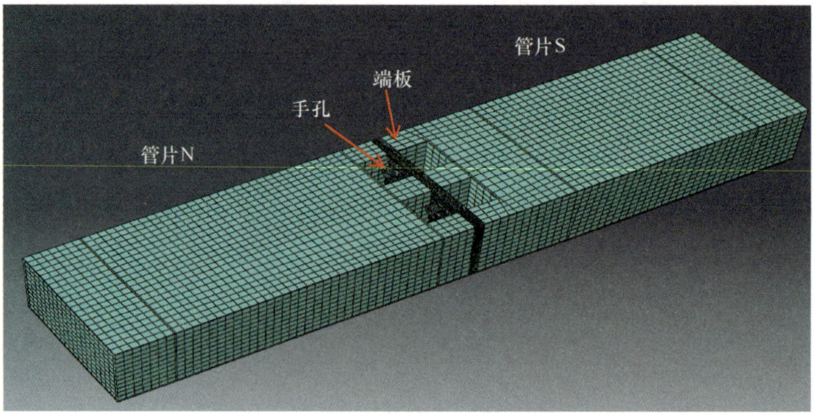

图 3-34　接头有限元模型示意图

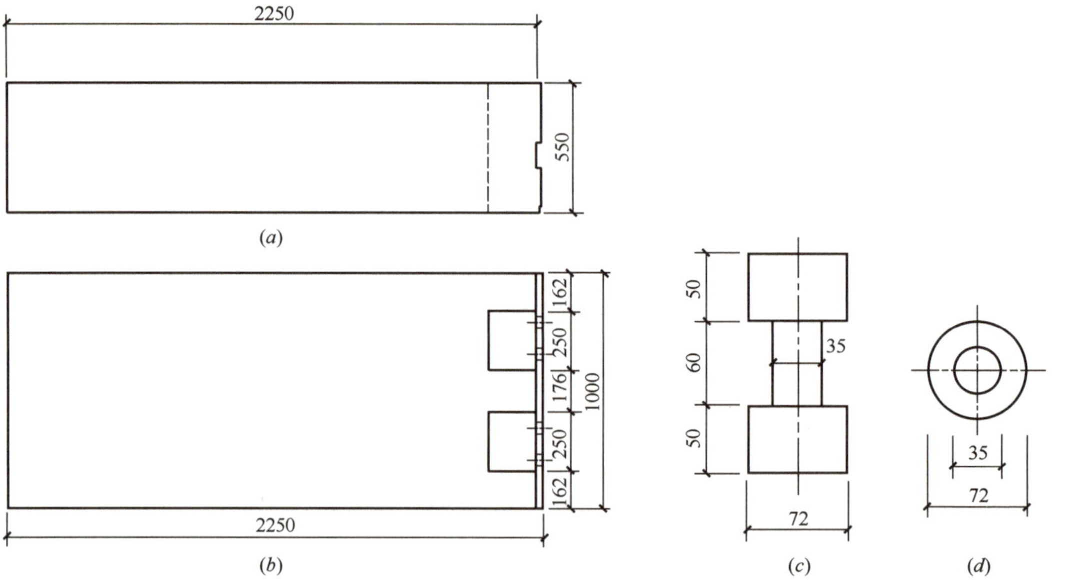

图 3-35　管片及螺栓尺寸图

（a）管片立面图；（b）管片平面图；（c）螺栓立面图；（d）螺栓平面图

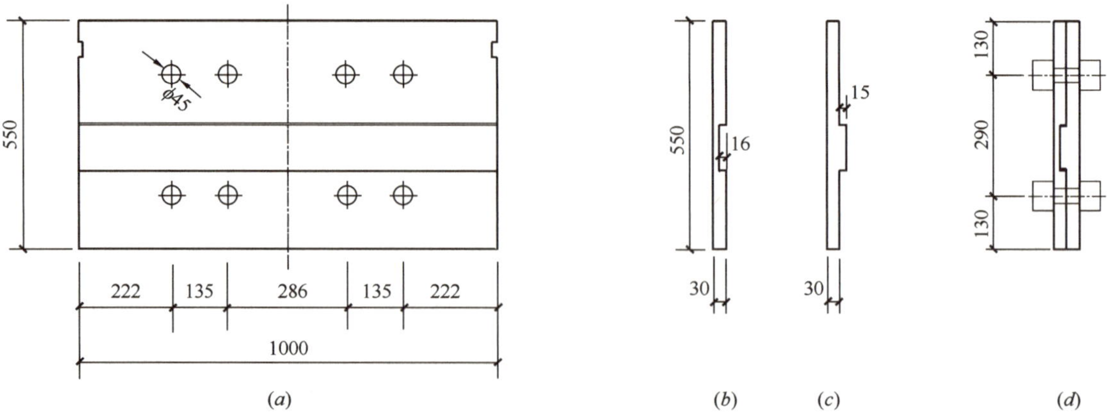

图 3-36　接头有限元模拟端板尺寸

（a）端板简化图；（b）端板（凹槽）；（c）端板（凸榫）；（d）螺栓拼装

3.5.2　材料参数

Q345 钢屈服强度为 345MPa，泊松比为 0.3，弹性模量为 2.06×10^{5} MPa。混凝土屈服强度设为 32.4MPa，泊松比为 0.2，弹性模量为 3.45×10^{4} MPa。螺栓材料本构模型为有强化段的双折线模型，屈服强度设为 936MPa，泊松比为 0.3，抗拉强度为 1040MPa，达到抗拉强度时的塑性应变为 0.1。

3.5.3　约束条件、网格划分情况

管片约束采用铰接，有限元模拟中实现的方式为在一侧管片上对应试验约束位置施加 x、y、z 方向的位移约束，在另外一侧管片上对应位置只施加 x、y 方向的约束，不施加轴向约束。

螺栓、端板单元尺寸为 10mm，管片中，混凝土与钢板的单元尺寸为 50mm。网格划分后的结果如图 3-37 所示。

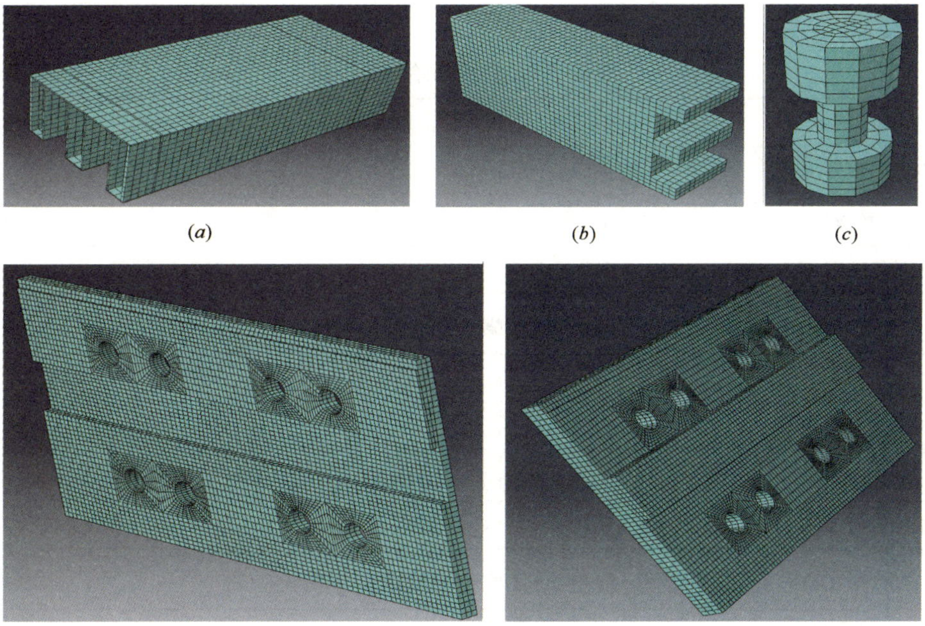

(a)　(b)　(c)

(d)　(e)

图 3-37　有限元网格

(a) 管片钢板网格；(b) 混凝土网格；(c) 螺栓网格 (d) N 端板网格；(e) S 端板网格

3.5.4　荷载设置

荷载布置的位置与大小与试验相同。横向荷载设置方式为将横向荷载折算为均布荷载施加在模型对应位置，单个管片上施加荷载的面积为 12000mm^2。轴向荷载设置方式为将轴向荷载折算为均布荷载施加在模型两端部。

根据试验中扭紧螺栓时实际测得的螺栓轴力设置螺栓初始轴向力值。各模型螺栓初始轴向力值如表 3-7～表 3-13 所示。对试件进行翻身，调整手孔的朝向，实现正负弯矩的施

加，螺栓位置如图 3-38 所示。

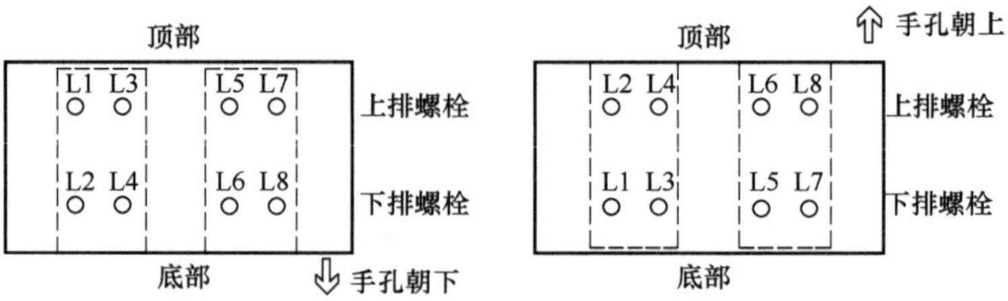

图 3-38　螺栓布置图

模型 7-1-2 螺栓初始轴向力值　　表 3-7

螺栓编号	L1	L2	L3	L4
初始轴向力(kN)	329	417	320	393
螺栓编号	L5	L6	L7	L8
初始轴向力(kN)	221	389	284	319

模型 7-2-1 螺栓初始轴向力值　　表 3-8

螺栓编号	L1	L2	L3	L4
初始轴向力(kN)	896	715	713	879
螺栓编号	L5	L6	L7	L8
初始轴向力(kN)	870	858	782	752

模型 7-4-1 螺栓初始轴向力值　　表 3-9

螺栓编号	L1	L2	L3	L4
初始轴向力(kN)	209	267	204	217
螺栓编号	L5	L6	L7	L8
初始轴向力(kN)	144	186	274	148

模型 7-5-1 螺栓初始轴向力值　　表 3-10

螺栓编号	L1	L2	L3	L4
初始轴向力(kN)	0	0	0	0
螺栓编号	L5	L6	L7	L8
初始轴向力(kN)	0	0	0	0

模型 7-6-1 螺栓初始轴向力值　　表 3-11

螺栓编号	L1	L2	L3	L4
初始轴向力(kN)	156	293	291	354
螺栓编号	L5	L6	L7	L8
初始轴向力(kN)	247	291	298	160

模型 7-6-2 螺栓初始轴向力值　　表 3-12

螺栓编号	L1	L2	L3	L4
初始轴向力(kN)	341	339	338	328
螺栓编号	L5	L6	L7	L8
初始轴向力(kN)	366	311	139	351

模型 7-6-3 螺栓初始轴向力值　　表 3-13

螺栓编号	L1	L2	L3	L4
初始轴向力(kN)	250	473	325	358
螺栓编号	L5	L6	L7	L8
初始轴向力(kN)	288	340	198	432

计算工况较多，选取试件 7-2-1 工况与试件 7-6-1 工况进行如下说明。

3.5.5　7-2-1 工况有限元计算结果分析

1. 弯矩-挠度曲线

试件的弯矩-挠度曲线如图 3-39 所示。在同等弯矩作用下，有限元分析结果较试验结果偏大，挠度与弯矩呈非线性关系。弯矩值达到施加记载最大值 1087.5kN·m 时，挠度为 9.64mm。有限元模拟中，挠度与弯矩初始阶段呈非线性关系，接头弯矩值达到 2000kN·m 后，挠度增加的速度加快。弯矩值达到 1087.5kN·m 时，挠度为 3.24mm；弯矩值达到 2000kN·m 时，挠度为 10.0mm。

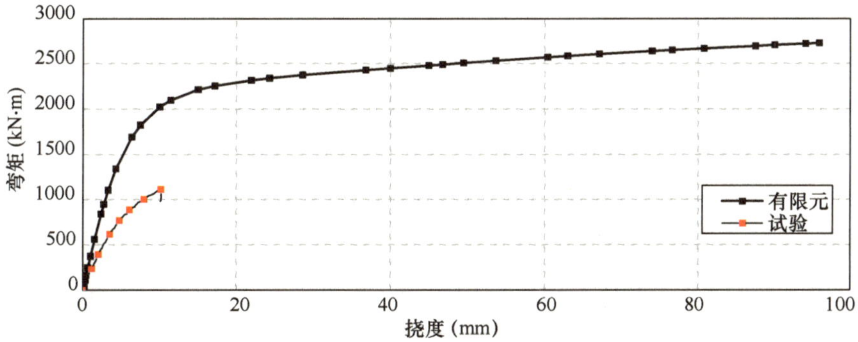

图 3-39　弯矩-挠度曲线

2. 弯矩-张角曲线

试件的弯矩-张角曲线如图 3-40 所示。张角与弯矩呈非线性关系，有限元分析所得到

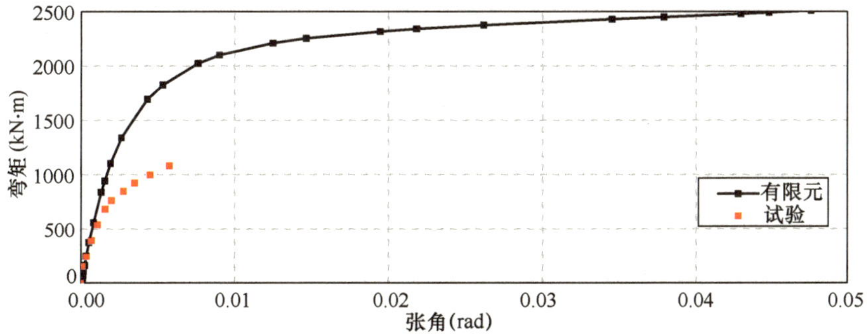

图 3-40　弯矩-张角曲线

的接头转动刚度大于试验所得到的转动刚度。试验中，弯矩值达到加载最大值1087.5kN·m时，张角为0.00592。有限元模拟中，挠度与弯矩初始阶段呈线性关系，接头弯矩值达到1300kN·m后，张角增加的速度加快。弯矩值达到1087.5kN·m时，张角为0.00189；当弯矩值达到最大值1300kN·m时，张角为0.00264。

3. 排螺栓弯矩-应力曲线

7-2-1试验测得下排螺栓应力与有限元计算得到的下排螺栓应力对比结果如图3-41所示。

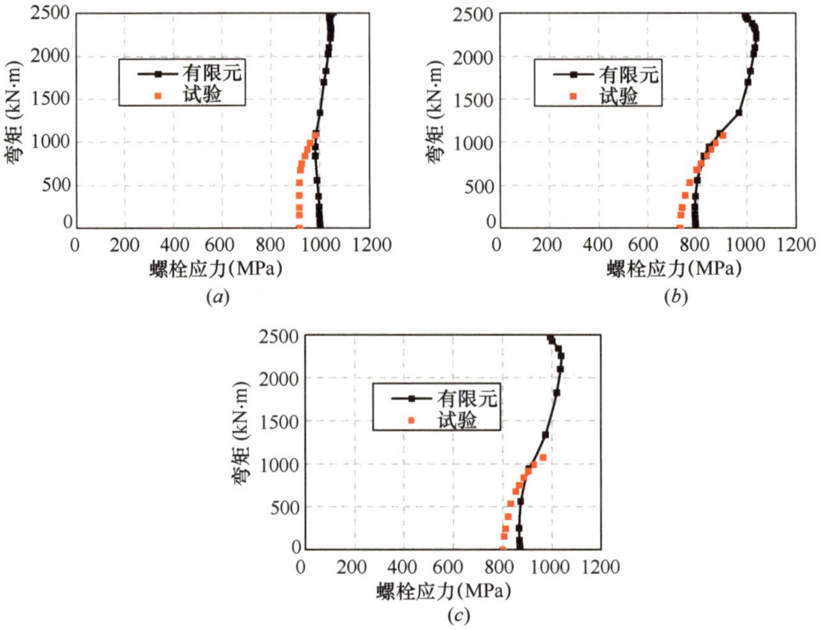

图3-41　下排螺栓弯矩-应力曲线

(*a*) L1；(*b*) L3；(*c*) L7

试验与有限元模拟中，下排螺栓达到屈服应力（936MPa）时，接头所承受的弯矩如表3-14所示。试验中，在接头承受的弯矩达到801kN·m时，L1螺栓应力达到屈服应力。

下排螺栓达到屈服强度时的弯矩值　　　　表3-14

试验 \ 螺栓编号		下排螺栓			
		L1	L3	L5	L7
7-2-1	有限元	0	1236	0	1100
	试验	801	未屈服	未屈服	1002

4. 上排螺栓弯矩-应力曲线

7-2-1试验测得上排螺栓应力与有限元计算得到的上排螺栓应力对比结果如图3-42所示。

试验与有限元模拟中，下排螺栓达到屈服应力（936MPa）时，接头所承受的弯矩如表3-15所示。试验中接头承受弯矩值达到加载最大值1087.5kN·m时，上排螺栓均未屈服。

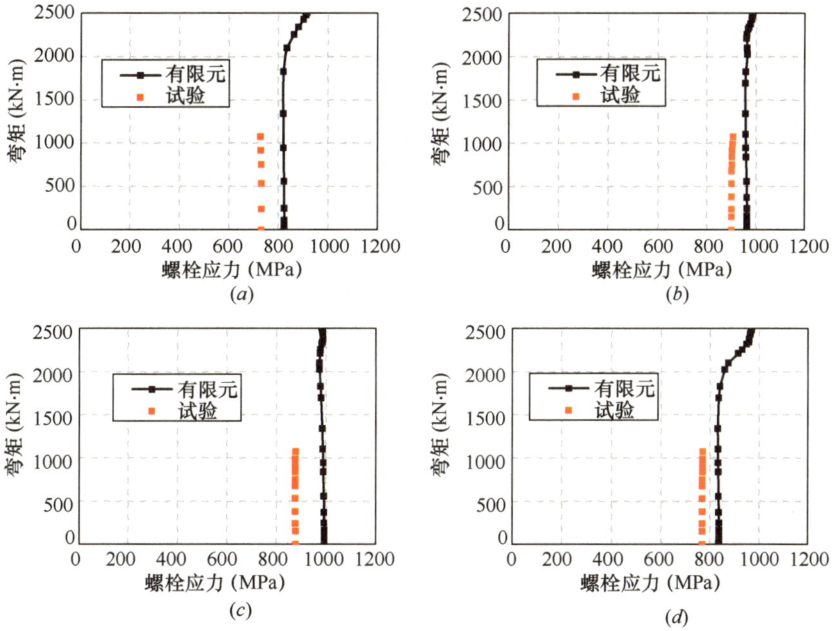

图 3-42 上排螺栓弯矩-应力曲线

(*a*) L2；(*b*) L4；(*c*) L6；(*d*) L8

下排螺栓达到屈服强度时的弯矩值 **表 3-15**

螺栓编号 / 试验		上排螺栓			
		L2	L4	L6	L8
7-2-1	有限元	2600	0	0	2255
	试验	未屈服	未屈服	未屈服	未屈服

5. 7-1-2 端板法线应力变化情况

施加螺栓初始轴力后的端板法向应力云图如图 3-43 所示。观测端板与螺栓直接接触侧，端板法向应力较大的位置在螺栓头与端板接触的范围内，由螺栓对端板的挤压引起。观测端板与端板相接触侧，法向应力较大的位置在螺栓孔附近，由端板之间相互挤压引起。端板的其余部分应力在 10MPa 内。端板与端板相接触侧范围较另一侧要大，压力在端板中扩散。

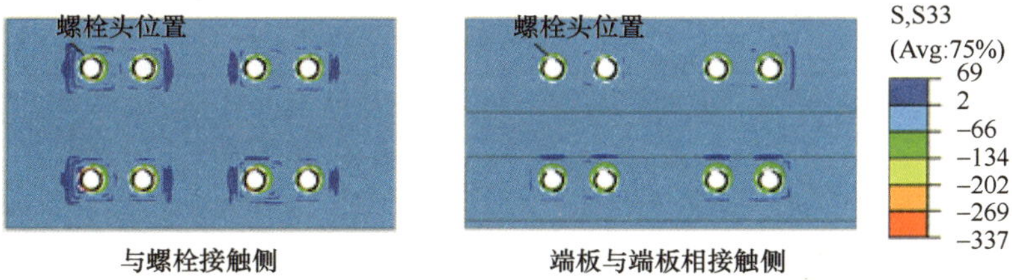

图 3-43 7-1-2 工况下施加螺栓初始轴力后端板法向应力云图

接头受到弯矩作用后，端板法向应力云图如图 3-44 所示。端板与螺栓接触侧较上一步，顶部有压应力，且压应力区连续。端板与端板相接触侧，顶部出现压力区，较另一侧范围小，但应力值大。下排螺栓孔附近压应力较前期有减小。

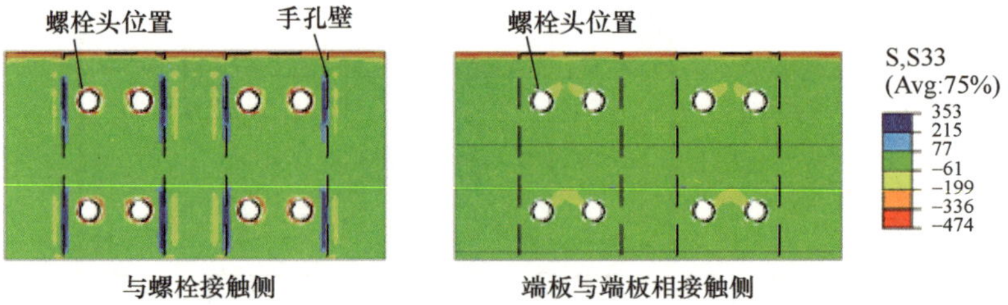

图 3-44　7-1-2 工况下排螺栓开始屈服时端板法向应力云图

这一变化产生的原因为，接头受到弯矩作用，两端板顶部相互挤压，出现压应力区。由于手孔朝下，则端板顶部与管片钢板的接触是连续的，所以压应力区连续。同时，端板下部张开，在端板与端板接触侧，端板的相互挤压减小。

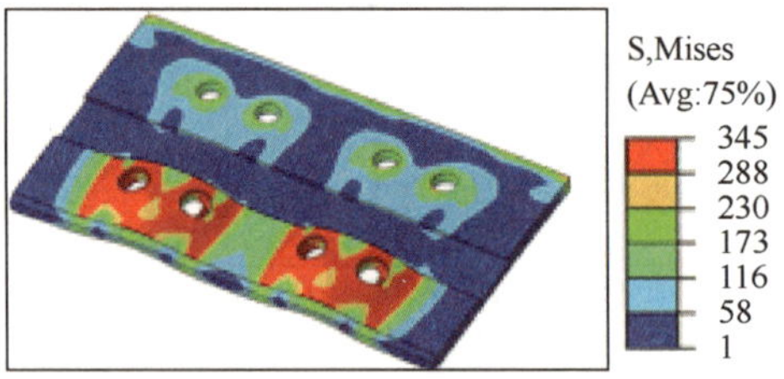

图 3-45　7-2-1 工况下端板屈服时 mises 应力云图

6. 端板 mises 应力云图

端板 mises 应力达到屈服强度时的应力云图如图 3-45 所示。端板屈服主要发生在下排螺栓附近，端板与手孔壁相接触处，以及同一手孔内两螺栓孔中心连线上。在端板下排螺栓附近，端板发生了向平面外的凸出。

3.5.6　7-6-1 工况有限元计算结果分析

1. 弯矩-挠度曲线

试件的弯矩-挠度曲线如图 3-46 所示。试验中，初始阶段挠度与弯矩呈线性关系，当接头承受的弯矩值达到 1600kN·m 后，挠度增加速度加快。弯矩值达到 1087.5kN·m 时，挠度为 11.585mm。保持横向荷载不变，施加轴力 1125kN 后，挠度为 11.160mm。当弯矩值达到 1580kN·m 时，挠度为 15.32mm。当接头弯矩值达到试验加载最大值 2200kN·m 时，挠度为 86.43mm。有限元模拟中，挠度与弯矩初始阶段呈线性关系，接头弯矩值达到 1500kN·m 后，挠度增加的速度加快。弯矩值达到 1087.5kN·m 时，挠度为 7.47mm。保持横向荷载不变，施加轴向力 1125kN 后，挠度为 5.42mm。弯矩值加载到 1500kN·m 时，挠度为 14.18mm。有限元模型较好地模拟了接头的受力性能。

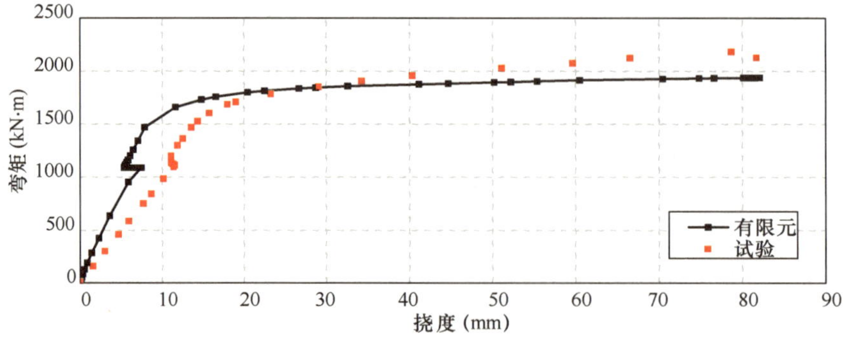

图 3-46　弯矩-挠度曲线

2. 弯矩-张角曲线

管片接头的弯矩-张角曲线如图 3-47 所示。试验中，在初始阶段张角与弯矩呈线性关系，接头承受弯矩值达到 1500kN・m 后，张角增长的速度加快。接头弯矩值达到 1087.5kN・m 时，张角为 0.00866。保持横向荷载不变，施加 1125kN 轴向力后，张角为 0.00782。当弯矩值为 1500kN・m 时，张角值为 0.01005；当弯矩值达到试验加载最大值时 2200kN・m，张角为 0.08094。

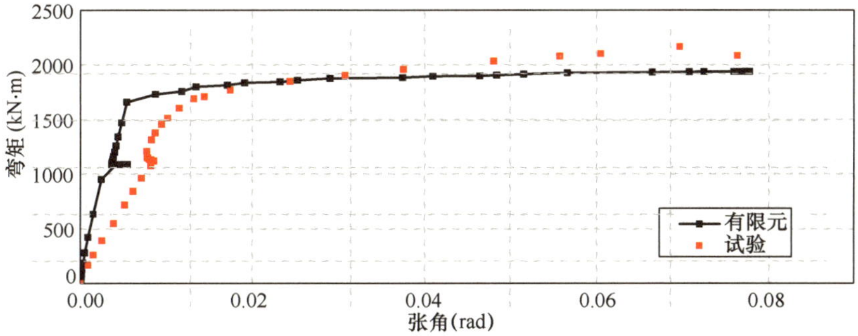

图 3-47　弯矩-张角曲线

有限元模拟中，挠度与弯矩初始阶段呈线性关系，接头弯矩值达到 951kN・m 后张角增加的速度加快。接头弯矩值达到 951kN・m 时，张角为 0.00244。弯矩值达到 1087.5kN・m 时，张角为 0.00415。保持横向荷载不变，施加 1125kN 轴向力后，张角为 0.00366。当弯矩值达到最大值 1659kN・m 时，张角为 0.00512。

3. 下排螺栓弯矩-应力曲线

7-6-1 试验测得下排螺栓应力与有限元计算得到的下排螺栓应力对比结果如图 3-48 所

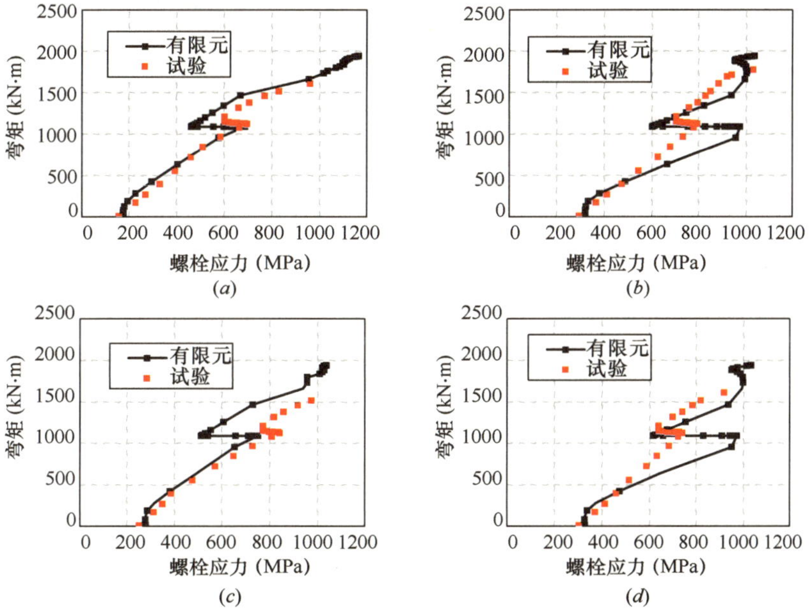

图 3-48　下排螺栓弯矩-应力曲线

(*a*) L1；(*b*) L3；(*c*) L5；(*d*) L7

示。试验中，接头承受弯矩值达到 1467kN·m 后，下排螺栓相继开始屈服（表 3-16），有限元模拟中，接头承受弯矩值达到 1468kN·m 后，下排螺栓相继开始屈服。

下排螺栓达到屈服强度时的弯矩值 表 3-16

试验 \ 螺栓编号		下排螺栓			
		L1	L3	L5	L7
7-6-1	有限元	1647	1468	1659	1468
	试验	1588	1698	1467	1608

4. 上排螺栓弯矩-应力曲线

7-6-1 试验测得上排螺栓应力与有限元计算得到的上排螺栓应力对比结果如图 3-49 所示。

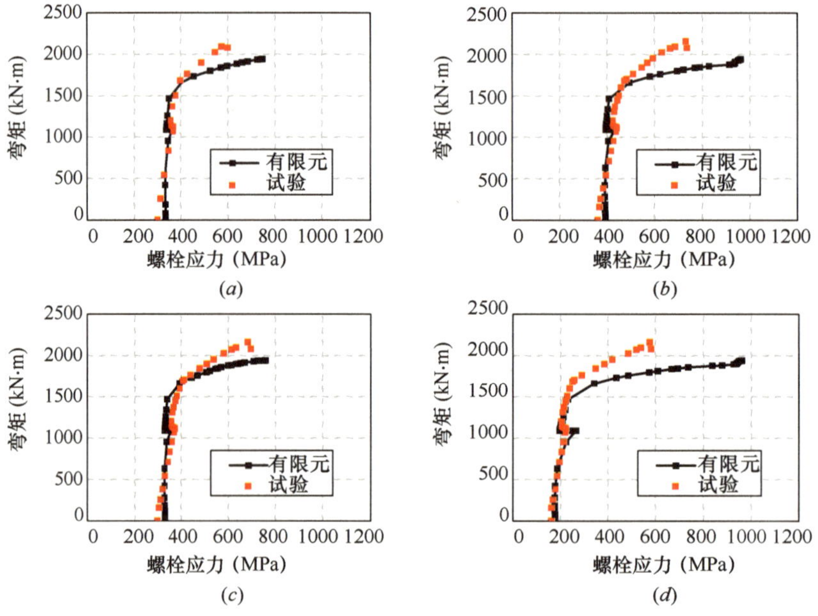

图 3-49 上排螺栓弯矩-应力曲线

(*a*) L2；(*b*) L4；(*c*) L6；(*d*) L8

试验中接头承受弯矩值达到 2205kN·m 时，L2、L4 开始屈服（表 3-17）。有限元模型中，上排螺栓在接头承受弯矩值达到 1900kN·m 时，L4、L8 达到屈服应力。

上排螺栓达到屈服强度时的弯矩值 表 3-17

试验 \ 螺栓编号		上排螺栓			
		L2	L4	L6	L8
7-6-1	有限元	未屈服	1890	未屈服	1899
	试验	2205	2205	未屈服	未屈服

3.5.7　有限元分析总结

1. 挠度

不同工况挠度与弯矩关系曲线如图 3-50 所示。工况 7-2-1 的初始挠度增速最慢，其次为工况 7-1-2、7-6-2，初始张角增长速度最快的为工况 7-4-1、7-5-1、7-6-1、7-6-3。接头能承担的弯矩值，最大为工况 7-2-1，其次为工况 7-1-2、7-4-1、7-6-1、7-6-2、7-6-3。接头能承受的弯矩最小的为工况 7-5-1。其中工况 7-2-1 由于螺栓材料屈服强度高于其他组，表现出能承受更好的弯矩。工况 7-5-1 能承受的弯矩值较其他组低，是由于未施加轴力。

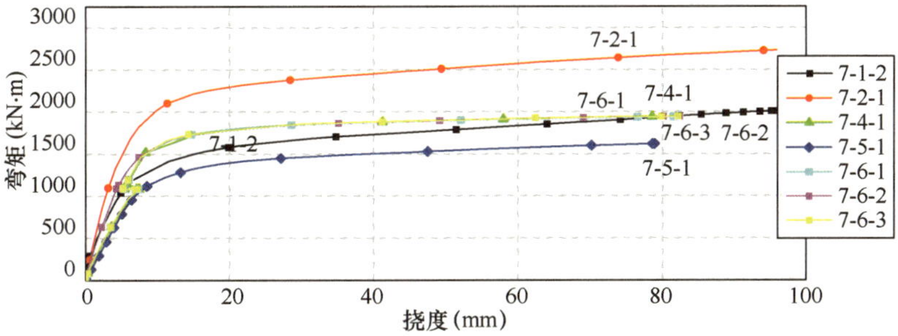

图 3-50　全工况弯矩-挠度对比

2. 张角

不同工况张角与弯矩关系曲线如图 3-51 所示。各条曲线的初始斜率为接头的转动刚度，由于各个工况中施加螺栓预紧力的不同，表现出不同的刚度。工况 7-5-1 由于没有施加轴力，其抗弯刚度最低。7-2-1 中螺栓的轴力最大，所以其接头刚度最大。

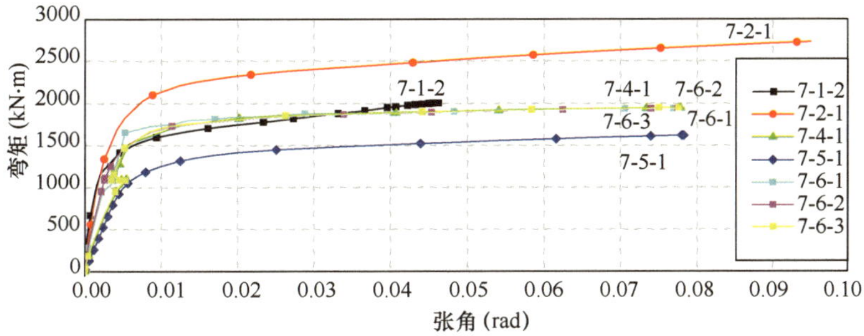

图 3-51　全工况弯矩-张角对比

3. 螺栓应力

下排螺栓应力随着接头承受的弯矩值的加大而增加。初期，螺栓应变增长较慢，此时端板之间相互挤压，螺栓—端板系统刚度较大。当端板间挤压力消失后，随着接头承受的弯矩值加大，螺栓应力增长较快。最终下排螺栓屈服，引起转角刚度退化，挠度增加的速度明显加快，使得接头破坏。上排螺栓应力在加载初期变化不大，当下排螺栓屈服不能承受更多的荷载后，上排螺栓应力增加的速度加快。部分工况下，上排螺栓会屈服。各工况中，除 7-2-1 是由于施加螺栓初始轴力导致螺栓屈服外，下排螺栓屈服时间均早于上排螺栓。

4. 螺栓初始轴力对承载力的影响

有限元模型中，螺栓的预加载轴力值按照试验值进行施加。扭紧后的螺栓实际被加载的轴力值与设计值（616.6kN）有差距。利用试验中螺栓杆处布置的应变片，可以计算出螺栓在被扭紧后的真实轴向应力值，从而得到真实轴力值，如表 3-18 所示。其中，工况 7-2-1 轴力最大，为 1.31 倍标准设计预紧力。工况 7-1-2、7-6-1、7-6-2、7-6-3 轴力水平相当，接近 0.50 倍标准设计预紧力值。工况 7-4-1 轴力较小，为 0.33 倍标准设计预紧力值。工况 7-5-1 轴力为 0。

扭紧后螺栓实际轴力　　表 3-18

试验编号	扭紧后螺栓实测应力平均值（MPa）	扭紧后螺栓实测轴力平均值（kN）	实际轴力值与设计预紧力值（616.6kN）之比	实际轴力值与设计预紧力值（616.6kN）之比
7-1-2	345.5	329.0	0.53	0.62
7-2-1	828.0	808.1	1.31	1.31
7-4-1	211.2	206.1	0.33	0.33
7-5-1	0.0	0.0	0.00	0.00
7-6-1	267.6	261.2	0.42	0.40
7-6-2	322.0	314.2	0.51	0.48
7-6-3	344.2	332.8	0.54	0.43

接头螺栓初始轴力值对接头挠度、接头转角初始转动都有较大影响。接头螺栓初始轴力越大，接头挠度、转角增长较慢。在施工过程中，应对螺栓施加扭矩的数值进行控制，以控制隧道衬砌的变形。

参考文献

[1] 上海市工程建设规范．J 11197—2008 道路隧道设计规范[S]．上海：上海市建筑建材业市场管理总站，2008.

[2] トンネル標準示方書(シールド工法)[S]．日本：日本土木学会，2006.

[3] 张厚美，叶均良，过迟．盾构隧道管片接头抗弯刚度的经验公式[J]．现代隧道技术，2002，39(2)：12-16.

[4] 朱合华，陶履彬．盾构隧道衬砌结构受力分析的梁-弹簧系统模型[J]．岩土力学，1998，19(2)：26-32.

[5] 朱合华，杨林德，陈清军，桥本正．盾构隧道管片接头衬砌系统的两种受力设计模型[C]．工程力学增刊，1996，395-399.

[6] 黄钟晖．盾构法隧道管片衬砌纵缝接头受力模型的研究[J]．地下空间，2003，23(3)：296-305.

[7] 朱伟，黄正荣，梁精华．盾构衬砌管片的壳-弹簧设计模型研究[J]．岩土工程学报，2006，28(8)：940-947.

[8] 彭益成，丁文其，朱合华，赵伟，金跃郎．盾构隧道衬砌结构的壳-接头模型研究[J]．岩土工程学报，2013，35(10)：1823-1829.

[9] 师永翔，赵武胜．大直径盾构隧道管片接头抗弯性能研究[J]．现代隧道技术，2013，50(1)：

115-122.
[10] 董新平，解枫赞．一类盾构管片接头破坏历程的解析解[J]. 岩土工程学报，2013，35(10)：1870-1875.
[11] 吴全立，王梦恕，董新平．盾构管片接头非线性转动刚度研究[J]. 土木工程学报，2014，47(4)：109-114.
[12] 夏志斌，姚谏．钢结构——原理与设计[M]. 北京：中国建筑工业出版社，2011.

第 4 章 复合衬砌的力学性能

4.1 引　　言

矩形盾构法隧道的研究在国内尚属首次，通过矩形盾构隧道整环结构足尺试验（下称“整环试验”），进一步探究结构在成环状态下的受力性能，为设计与施工提供参数。整环试验的目的如下：

（1）确定衬砌结构在不同荷载工况下的承载能力和变形特征；

（2）了解矩形盾构隧道结构在极限状态下的承载能力和变形特征，得到衬砌结构的破坏机制和破坏链；

（3）了解纵缝接头在整环结构中的变形规律，并校验接头密封防水设计能力及其适应性；

（4）对比试验数据和理论计算的结果，丰富矩形盾构隧道结构设计计算理论，探索合理的计算参数；

（5）建立矩形盾构隧道结构行为的非线性分析方法；

（6）验证衬砌结构设计的合理性和可行性；

（7）提出衬砌结构施工质量的控制指标和要求；

（8）评价衬砌结构在施工期和运营期的安全性和稳定性。

4.2 整环足尺试验设计

4.2.1 试验场地

试验场地选定为同济大学多功能振动试验室的地锚和反力墙试验区域。试验室的平面布置和试验区域如图4-1所示。

4.2.2 竖向加载系统

竖向加载系统采用对称张拉自平衡体系和竖向反力架进行混合加载，如图4-2所示。采用竖向加载系统不仅能很好地模拟外部荷载对结构的影响，还能考虑结构自身重力的影响。

对称张拉自平衡体系由缆索和张拉梁组成，采用对称加载方式。每组对点由2根张拉梁和2根钢缆索组成，一侧张拉梁上设张拉千斤顶，另一侧张拉梁上设锚具锚固，两侧张拉梁由钢缆索连接。竖向反力架由两榀龙门架及一根主梁组成，每榀龙门架由2根立柱及2根横梁组成。立柱高15m，横截面尺寸0.2m×0.2m；横梁长4.2m，横截面为槽钢，尺寸为0.45m×1m；主梁长8.2m，横截面为工字钢，尺寸为1m×1m。横梁两端分别与立柱相连，每端用10根M36对拉普通螺栓连接。主梁两端分别与横梁相连，每端用16根M36的对拉螺栓连接。各构件具体尺寸如图4-3～图4-5所示。分别对立柱抗拔承载力、横梁承载力、主梁承载力及各连接螺栓承载力进行验算，均满足试验荷载。

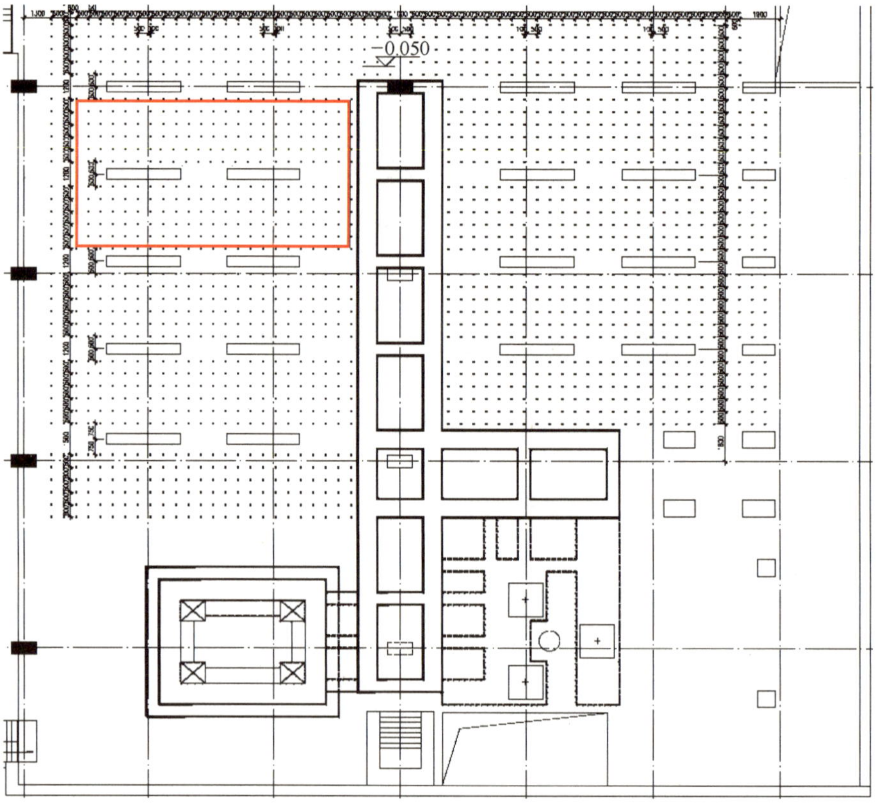

图 4-1　多功能振动试验室地锚和反力墙试验区平面示意图

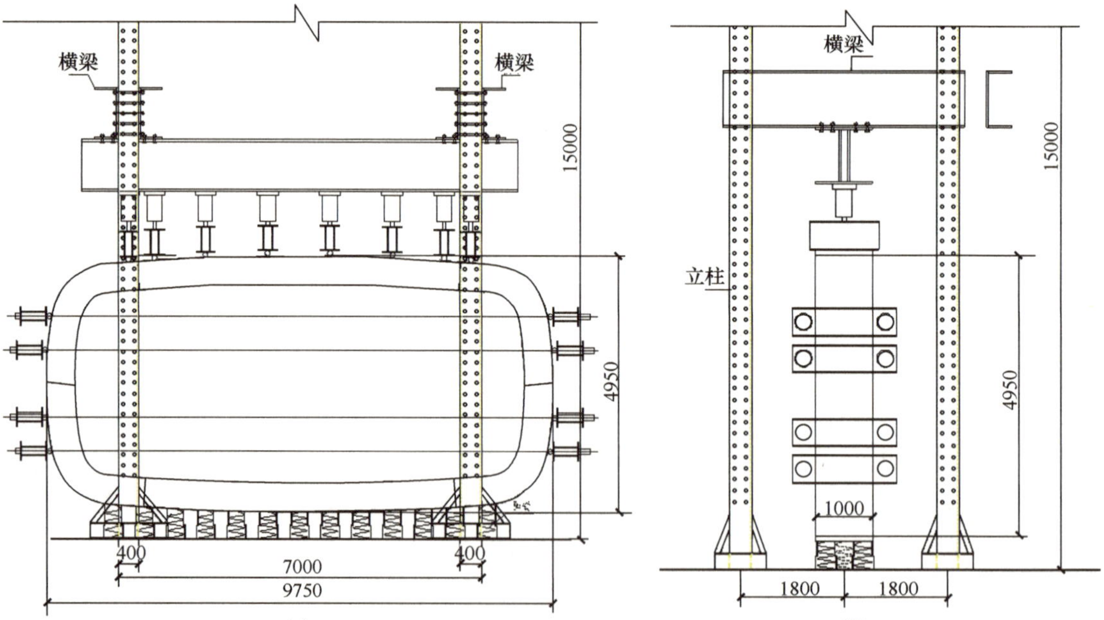

(a)　　(b)

图 4-2　竖向加载示意图

（a）正面；（b）侧面

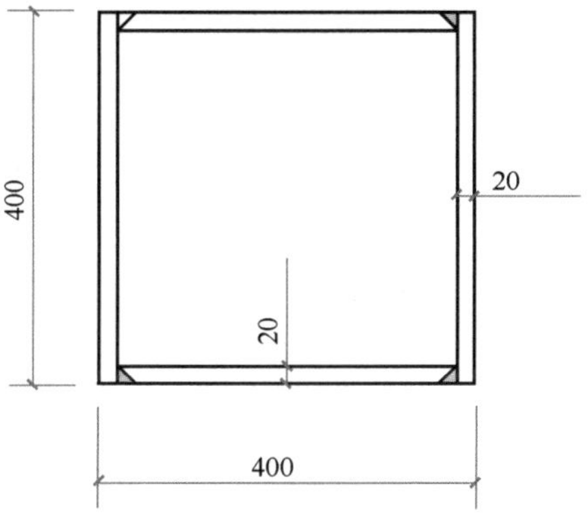

图 4-3　立柱横截面尺寸示意图

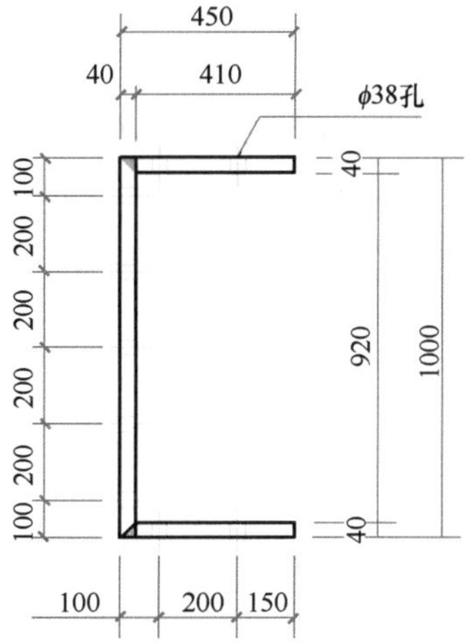

图 4-4　横梁横截面尺寸示意图

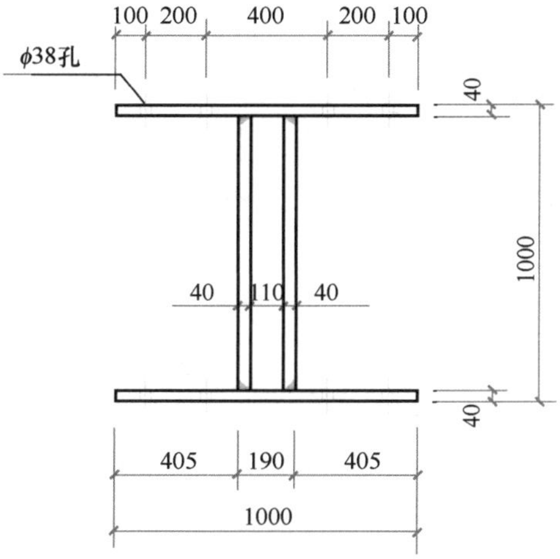

图 4-5　主梁横截面尺寸示意图

加载时结构上共 16 个加载点，侧边共 8 个加载点，每 2 个对称加载点由 2 个张拉梁、2 个张拉千斤顶和 2 根钢缆索组成；顶部共 8 个加载点，每个加载点由 1 个加载梁和 1 个千斤顶组成，千斤顶一端作用在加载梁上，一端连接竖向反力架，荷载通过加载梁均匀地沿环宽方向施加到结构上。

所有荷载分成 3 组，同组内每点荷载值相同，加载时完全同步。荷载分组如下：顶部 P_1 荷载 8 个加载点；侧边 P_2 上部荷载 4 个加载点；侧边 P_3 下部荷载 4 个加载点。荷载加载如图 4-6 所示。

4.2.3　支座反力系统

用支座弹簧群作为管片结构的底部支承，可模拟实际隧道底部的地基土与结构的相互作用。弹簧刚度系数依据地基土的性质确定。沿隧道的宽度方向（9.75m 中的 7.6m）共布置 38 个弹簧，采用如图 4-7 所示的梅花形布置。设计地基基床系数为 5000kN/m^3，总

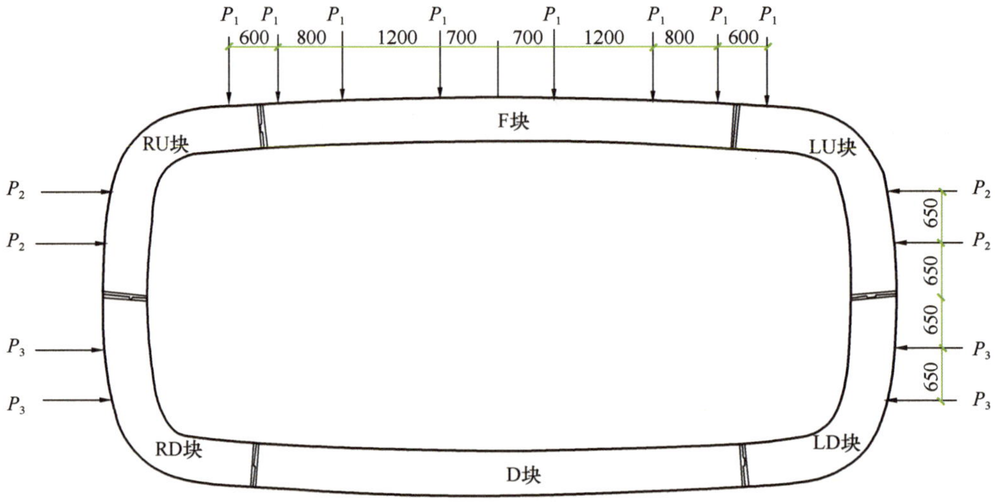

图 4-6　设计工况荷载分组

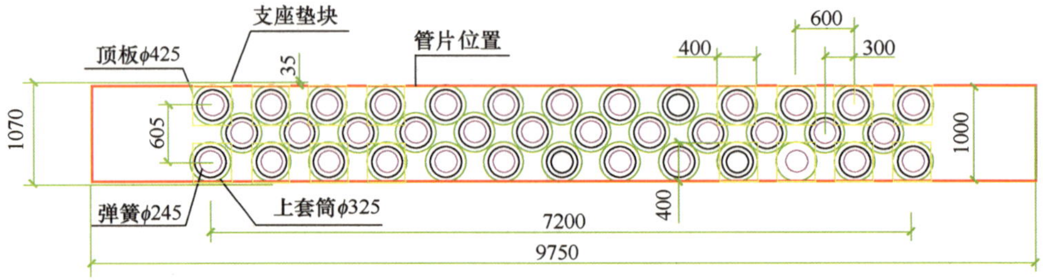

图 4-7　支座弹簧布置平面图

共 38 个并联弹簧，等效面积为 7.6m² 地基土，故等效总刚度为 $5000\text{kN/m}^3 \times 7.6\text{m}^2 = 38000\text{kN/m}$，单个弹簧的设计刚度为 1000kN/m。

支座弹簧线径 50mm，外径 245mm，自由高度 670mm，共 10 圈。根据理论验算和轴心抗压试验，刚度系数和极限承载力均满足试验要求。支座弹簧如图 4-8 所示。

图 4-8　支座弹簧示意图

4.2.4　试验试件

试验用矩形环外包尺寸 9750mm×4950mm，管片厚度 0.55m，环宽 1m。全环分为 6 块，分别为封顶块（F 块）、左上块（LU 块）、左下块（LD 块）、拱底块（D 块）、右下块（RD 块）、右上块（RU 块）。本次试验用矩形环外包尺寸与实际工程中完全一致，试件尺寸如图 4-9 所示。

4.2.5　荷载设计及控制程序

为了全面掌握衬砌结构的受力性能，采用不同的侧压力系数 λ（0.5、0.6、0.7，0.8）进行了多工况试验。最后针对侧压力系数 λ

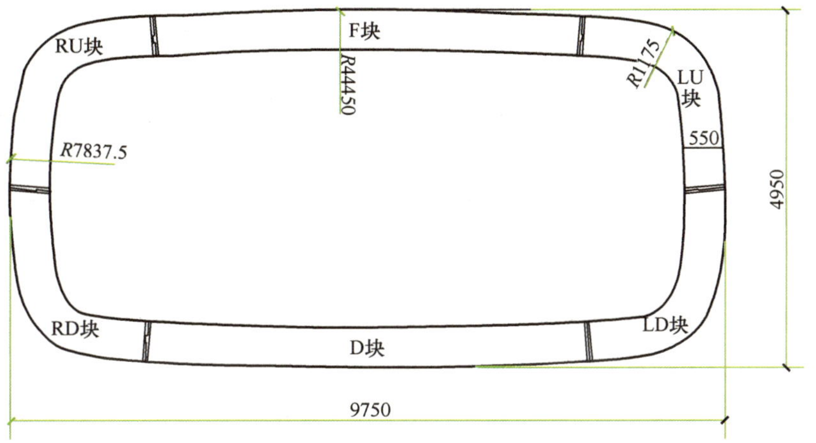

图 4-9　矩形环外包尺寸示意图

= 0.6 的工况，开展了整环极限荷载试验。试验采用单调加载方式，加载模式采用荷载控制。极限荷载试验结束时，荷载最大值 $P_1=540\text{kN}$，$P_2=250\text{kN}$，$P_3=315\text{kN}$。

1. 荷载模拟原则

设计中采用荷载结构法模型进行计算，将外部的水土荷载等效为分布荷载。试验中通过 16 点的集中荷载来模拟设计模型中的分布荷载，支座弹簧群模拟地基与结构的相互作用，如图 4-10 所示。

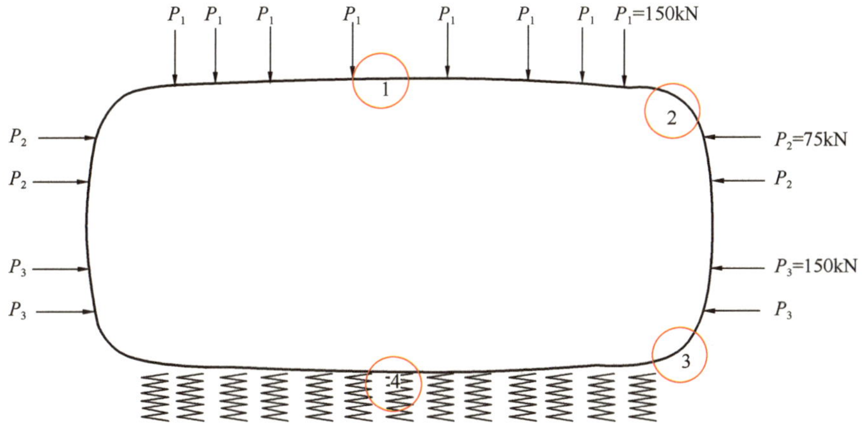

图 4-10　整环试验计算模型

比较设计模型和试验模型如图 4-10 中圆圈所示控制截面处弯矩、轴力及剪力的大小，通过控制截面内力等效原则确定试验中集中力的大小，如表 4-1 所示。

设计模型与试验模型控制截面内力比较　　表 4-1

控制截面	设计荷载			试验荷载		
	弯矩 M	剪力 Q	轴力 N	弯矩 M	剪力 Q	轴力 N
拱顶 1	804		194	746(0.93)		192(0.99)
顶拐角 2	456	460	635	460(1.01)	497(1.08)	715(1.13)

续表

控制截面	设计荷载			试验荷载		
	弯矩 M	剪力 Q	轴力 N	弯矩 M	剪力 Q	轴力 N
底拐角 3	467	528	675	438(0.94)	488(0.92)	763(1.13)
拱底 4	792		296	796(1.01)		257(0.87)

注：括号内数字为试验模型该项内力值与设计模型该项内力值之比。

由表 4-1 可知，试验模型计算所得控制截面内力均为设计模型相应内力的 85%～115%，表明试验荷载能较好地模拟设计荷载，在控制截面处荷载效应基本一致。

在极限工况试验中，首先按照荷载标准值将均布荷载等效成集中荷载，P_2、P_3 达到被动土压力之后保持不变，P_1 继续增大，直到结构达到极限状态，P_1 停止加载。

2. 试验加载制度

P_1、P_2 和 P_3 分 10 级同步加载至设计荷载，之后 P_1、P_2、P_3 再同步分 7 级加载，直到 P_2、P_3 达到被动土压力，然后 P_2、P_3 保持不变，P_1 继续加载至试验结束。

卸载时，P_1、P_2 和 P_3 同步卸载，分别按最大荷载的 0.9 倍、0.8 倍、0.7 倍、0.6 倍、0.5 倍、0.4 倍、0.3 倍、0.2 倍、0.1 倍卸载至 0。

4.2.6 测试内容及测点布置

1. 测试研究指标

(1) 衬砌环形状变化规律；

(2) 管片内力变化规律；

(3) 接缝变形规律；

(4) 接缝内力变化规律；

(5) 弹簧支座反力。

2. 测试内容

(1) 结构收敛变形；

(2) 管片正截面应变；

(3) 栓钉应变测点；

(4) 接缝抗弯和抗剪性能；

(5) 接缝螺栓轴力和应变；

(6) 接缝局部破坏；

(7) 弹簧支座变形；

(8) 结构表观现象；

(9) 结构无损检测；

(10) 全过程记录。

3. 测点布置原则

(1) 根据试验目的有针对性地布置测点；

(2) 根据计算分析结果，控制截面测点布置加密，其他位置适当布置；

(3) 根据计算结果数值的大小，选取适当的测试元件、仪器设备，以满足测试精度要求。

4. 测点布置及测试方法

（1）结构整体刚度

通过测试衬砌结构的结构收敛变形来计算结构整体刚度，采用拉线式 LVDT 位移计测量对点位移，量程 500mm，精度 0.01mm。拉线位移计固定在管片内弧面钢板测点位置，在对称点处设磁性挂钩，位移计和挂钩之间用位移丝连接。拉线位移计测点依据预分析中变形控制点设置，在矩形环长轴、短轴处及其附近，矩形环拐角处。

（2）管片正截面内力

通过测试同一截面的内外表面钢板的应力和端面钢板的应力来计算该截面内力。截面位置通过预分析选取为内力控制截面或者内力变化剧烈的截面。内力控制截面包括：封顶块和拱底块的中央截面，左上块、左下块、右上块、右下块的拐角处截面。内力变化剧烈的截面包括：封顶块和拱底块邻近中央的截面，左上块、左下块、右上块、右下块的拐角处附近。

钢板应变测量拟取为 BX3AA-120，应变极限 2%，灵敏系数 2.0。在应变计粘贴部位，先用细砂皮打光，清洁干净后紧接着用 502 胶水把箔式应变计粘贴在螺栓上，焊接好引出线后逐一加以编号。经检测达到绝缘标准后用 703 胶水初步密封。

（3）接缝抗剪性能

纵缝的抗剪性能主要通过纵缝的抗剪刚度来体现，通过测量对应荷载下接缝错台，即纵缝两侧相邻管片在结构径向的相对位移。通过纵缝处错台与剪力的关系可以估算此时纵缝处的抗剪刚度。拟取电子位移传感器，量程 50mm，精度 0.01mm。在一侧管片上用万向磁性支架固定，使位移计顶针垂直顶在另一侧管片上进行测量。

（4）接缝抗弯性能

纵缝的抗弯性能主要通过纵缝的抗弯刚度来体现，通过测量对应荷载下纵缝张角，即纵缝两侧相邻管片在结构环向的相对位移（即间隙变化）。通过纵缝处张角与弯矩的关系可以估算此时纵缝处的弯矩。拟取电子位移传感器，量程 100mm，精度 0.01mm。在纵缝一侧管片表面上焊接钢棍，另一侧管片上用磁性支架固定位移计，位移计顶针用位移丝与钢棍连接。

（5）接缝内力

通过测试近接缝处管片表面的应变、接缝处螺栓应力和轴力可以估算接缝处的弯矩和轴力。螺栓应力拟采用箔式应变计来测量，型号拟取为 BX3AA-120。在应变计粘贴部位，先用细砂皮打光，清洁干净后紧接着用 502 胶水把箔式应变计粘贴在螺栓上，焊接好引出线后逐一加以编号。经检测达到绝缘标准后用 703 胶水初步密封，应变计粘贴、密封后用导线在螺栓上铣出的凹槽中引出，每根螺栓在对称位置铣 2 个凹槽。

螺栓轴力拟采用定制的适合 M39 螺栓的压力传感器进行测量，量程 800kN，精度 0.1kN。试验时将螺栓穿过压力传感器后拧紧，压力传感器数据线从手孔中引出。

（6）接缝局部破坏

由于接缝处构造复杂，结构承受极限荷载时容易发生局部破坏，如接缝处压区钢板局部屈服翘曲、手孔内钢板局部屈服等。通过在手孔内钢板表面布置应变测点，可以有效地判断接缝处发生局部荷载的位置和荷载。

（7）弹簧支座反力

通过测试弹簧支座的压缩变形可以估算弹簧支座的反力，由各弹簧支座的反力可以推算出地基土对隧道结构的反力分布。通过在弹簧支座上设置拉线位移计，可以测得弹簧支座的实时变形。

（8）结构表观现象

结构表观现象观测是实际工程中判断结构受力状态的直接手段，因此在试验过程中观测不同荷载下的结构表观现象十分重要。本试验需要观测的表观现象主要为表面钢板翘曲。拟由工作人员在试验后进入试验场地，观测外表面钢板翘曲情况并拍摄照片，同时在记录纸上记录。在内外表面钢板上涂刷白色乳胶漆并绘制网格以便观测和记录。

（9）结构无损检测

采用无损的方法检测管片内部缺陷如裂缝、空洞等。拟采用超声波无损检测仪，可在结构表面检测探知钢板内表面与混凝土的接触情况，从而可知是否有碎裂、空洞或剥离。

（10）全过程记录

在试验过程中，采用高分辨率摄像机，专人负责记录试验全过程，包括整体现象和各接缝位置现象的记录，后期处理制作成视频，反映试验成果并作为验证的有力凭证。

（11）数据采集系统

不论是螺栓应力、混凝土应变还是接缝错台、接缝张角，都采用静态应变电测法。由箔式应变计、电子位移传感器将试件被测机械量（应变、位移等）转换成相应电信号后，接入DH3816静态应变数据采集仪。整套数据采集系统由传感器、DH3816静态数据采集仪、计算机与支持软件等组成。测试仪器的应变测量范围为$-2\times10^4\mu\varepsilon\sim2\times10^4\mu\varepsilon$，分辨率为1、零漂不大于$4\mu\varepsilon$/h，系统不确定度<0.5%、$\pm3\mu\varepsilon$。整套测试仪器具有正确、可靠、快速等特点。数据采集系统如图4-11所示。

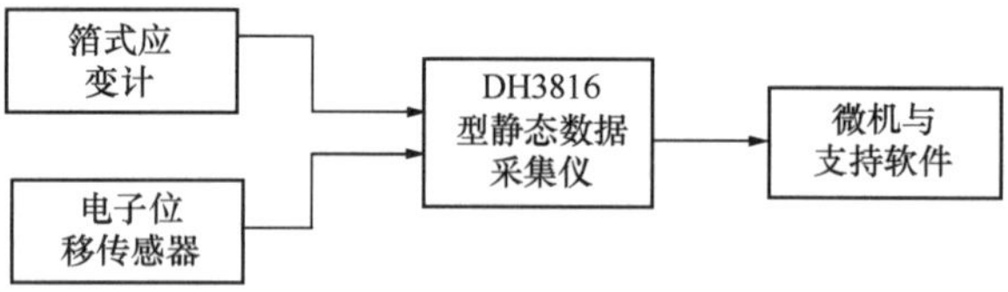

图4-11　测试数据采集与分析系统布置图

（12）测试系统汇总

整环试验测试测点共766个，其中拉线位移计36个，电子位移计30个，螺栓压力传感器8个，油压传感器4个，接缝摄像机4个，箔式应变计684个。测试采集系统由14台60通道DH3816型静态数据采集仪、1台交换机和1台计算机组成。相关的测点如表4-2所示。

测点汇总表　　**表4-2**

测点名称	测试传感器	量程	精度	数量（点）
结构收敛变形	拉线位移计	500mm	0.01mm	10
弹簧支座变形	拉线位移计	500mm	0.01mm	26
纵缝错动	电子位移计	50mm	0.01mm	12
纵缝张角	电子位移计	100mm	0.01mm	18
纵缝螺栓轴力	压力传感器	80t	0.1t	8
表面钢板应变	箔式应变计	$20000\mu\varepsilon$	$1\mu\varepsilon$	90
端面钢板应变	箔式应变计	$20000\mu\varepsilon$	$1\mu\varepsilon$	220

续表

测点名称	测试传感器	量程	精度	数量（点）
纵缝螺栓应变	箔式应变计	20000με	1με	96
纵缝手孔加密测点	箔式应变计	20000με	1με	192
环缝手孔加密测点	箔式应变计	20000με	1με	40
栓钉加密测点	箔式应变计	20000με	1με	44
油站压力传感器	油压传感器	700kN	0.1kN	4
纵缝端面摄影测量	摄像机	—	—	6
合计				766

4.3 试验现象

4.3.1 管片初始状态

试验开始时，各接缝拼装良好，无初始错动和张开。表面和端面钢板无明显变形。

4.3.2 试验过程记录

2014 年 9 月 14 日进行了矩形盾构整环极限工况（侧压力系数 0.6）试验，试验上午 9：27 开始，下午 14：43 结束，历时 5 小时 16 分钟。试验荷载分成三组，分别为 P_1、P_2 和 P_3。荷载最终加载值 $P_1=540\text{kN}$，$P_2=250\text{kN}$，$P_3=315\text{kN}$。如图 4-12 所示。

图 4-12　试验过程概况

P_1、P_2 和 P_3 分 10 级同步加载至设计荷载，之后 P_1、P_2、P_3 再同步分 7 级加载，直到 P_2、P_3 达到被动土压力。然后 P_2、P_3 保持不变，P_1 继续加载至试验荷载最大值。

4.3.3 管片加载终止时状态

在第 55 级荷载（$P_1=540\text{kN}$）时，通过顶部千斤顶露头可以判断，管片整体向下位移。腰部接缝有非常明显的张开，顶部接缝的张开也比较明显，如图 4-13、图 4-14 所示。

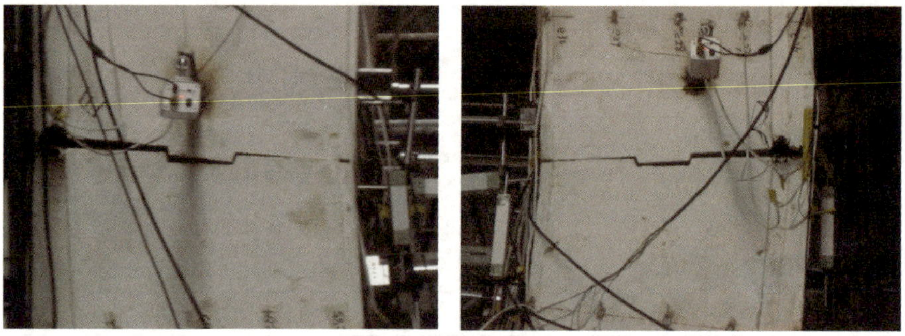

图 4-13　55 级荷载时腰部接缝照片

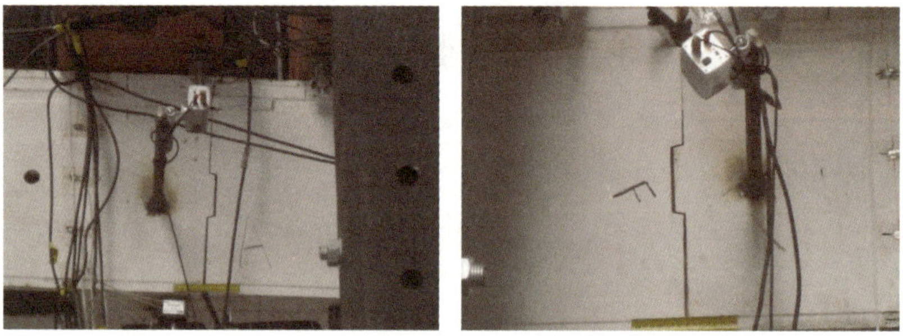

图 4-14　55 级荷载时顶部接缝照片

4.3.4　管片拆除后现象记录

1. 接缝螺栓

衬砌环 E 缝与 B 缝试验前后如图 4-15、图 4-16 所示。

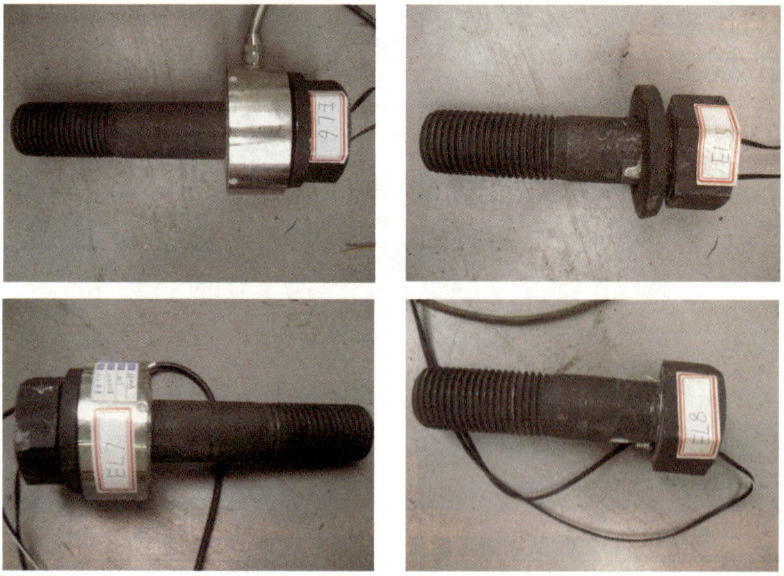

图 4-15　试验结束后 E 缝螺栓照片

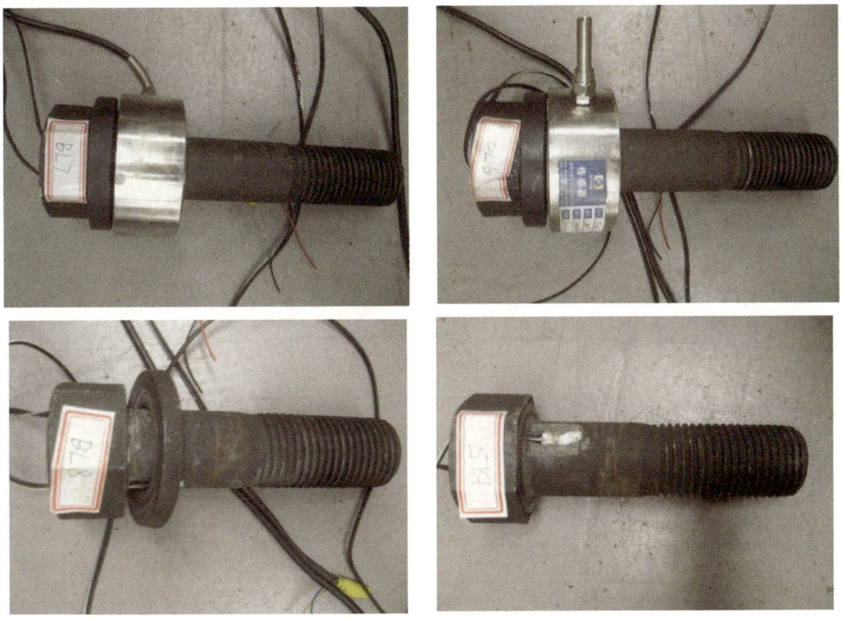

图 4-16　试验结束后 B 缝螺栓照片

从试验结束后拍摄的接缝螺栓照片来看，螺栓螺杆没有明显的变形或者螺纹滑丝现象。

2. 接缝端板

工况试验结束后观察到 RD 块与 LD 块腰部接缝端板近外弧面侧有鼓出现象，如图 4-17 所示。

图 4-17　试验结束后 RD 块与 LD 块腰部接缝端板照片

4.4 主要试验结果

4.4.1 结构收敛变形

整环试验共选取 10 个位置布置结构收敛变形测点，在竖向布置 7 个测点，在水平向布置 3 个测点。测点的位置和编号如图 4-18 所示。

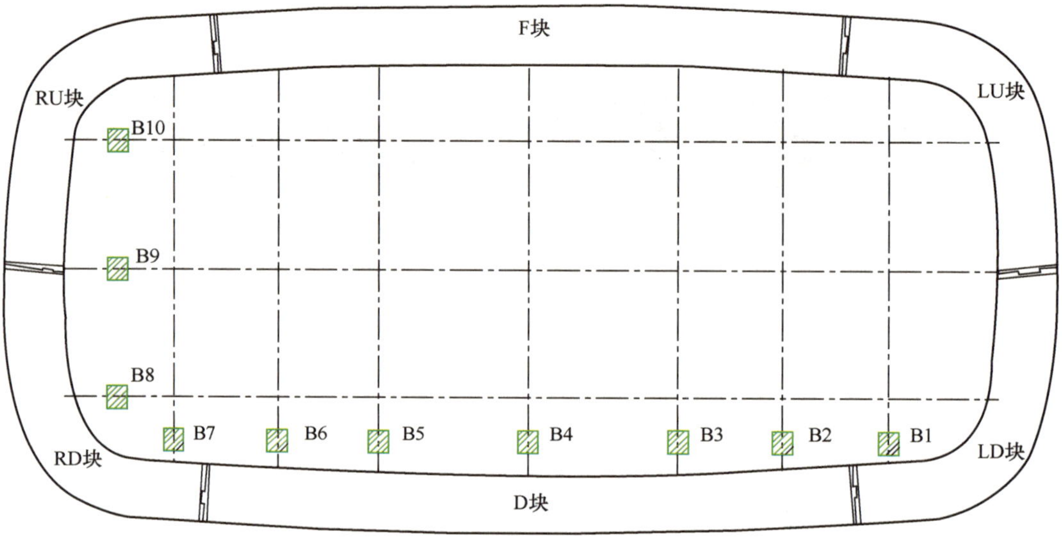

图 4-18 结构收敛变形测点示意图

1. 结构竖向收敛变形

管片竖向收敛变形共布置 7 个测点，编号为 B1～B7，测点位置如图 4-18 所示。

随着荷载的增大，结构顶板和底板之间的距离逐渐减小，B1～B7 测点负位移基本呈双线性增长趋势。在荷载到达第 39 级（P_1＝460kN）时，各测点变形达到弹性阶段最大，其中变形最大的测点为 B4，在 P_1＝460kN 时变形值为－68.33mm。在荷载到达第 55 级（P_1＝540kN）时，各测点变形值均达到最大，其中变形最大的测点为 B4，在 P_1＝540kN 时变形值为－154.76mm，在 P_1＝225kN（设计值）时变形值为－31.52mm。卸载后，各测点变形值呈线性回落，卸载到极限荷载的 85%（P_1 ＝ 450kN）时，B4 变形－150.48mm。各测点残余变形较大，有－30～－60mm 的残余变形，如图 4-19 所示。

2. 结构水平收敛变形

管片水平收敛变形共布置 3 个测点，编号为 B8～B10，测点位置如图 4-18 所示。

随着荷载的增大，两侧墙的相对距离逐渐增大，B8～B10 测点的正位移基本呈双线性增大趋势。在荷载到达第 39 级（P_1＝460kN）时，各测点变形值均达到弹性阶段最大。其中变形最大的测点为 B9，在 P_1＝460kN 时变形值为 39.48mm。在荷载到达第 55 级（P_1＝540kN）时，各测点变形值均达到最大，其中变形最大的测点为 B9，在 P_1＝540kN 时变形值为 129.61mm，在 P_1＝225kN（设计值）时变形值为 16.15mm，为 0.17%D（D

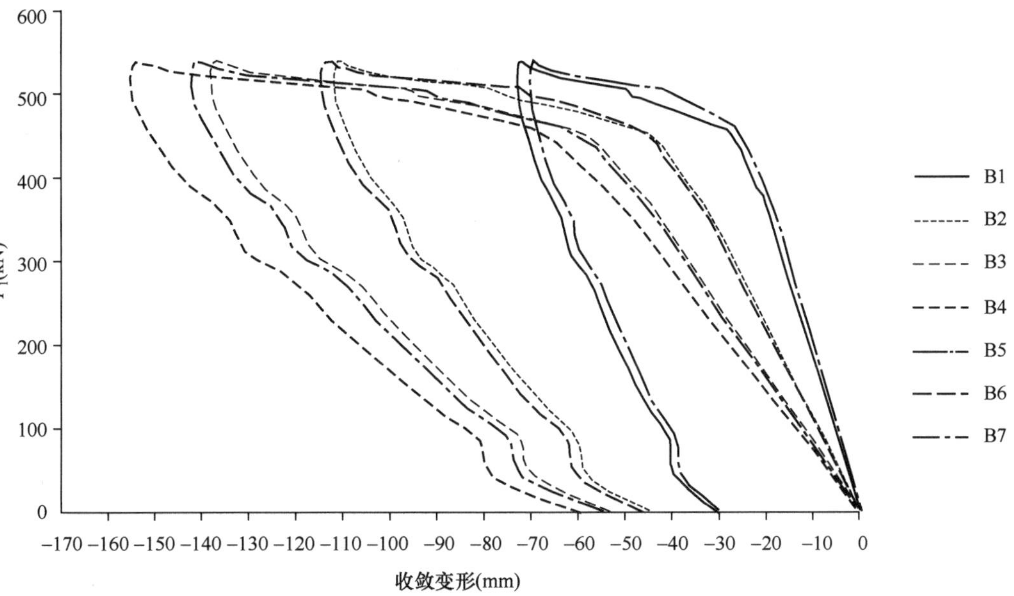

图 4-19　结构竖向收敛变形测点值

为隧道的水平宽度)。卸载后，各测点变形值基本呈线性回落，卸载到极限荷载的 85%（P_1=450kN）时，B9 变形 127.67mm。各测点残余变形较大，有 36～65mm 的残余变形，如图 4-20 所示。

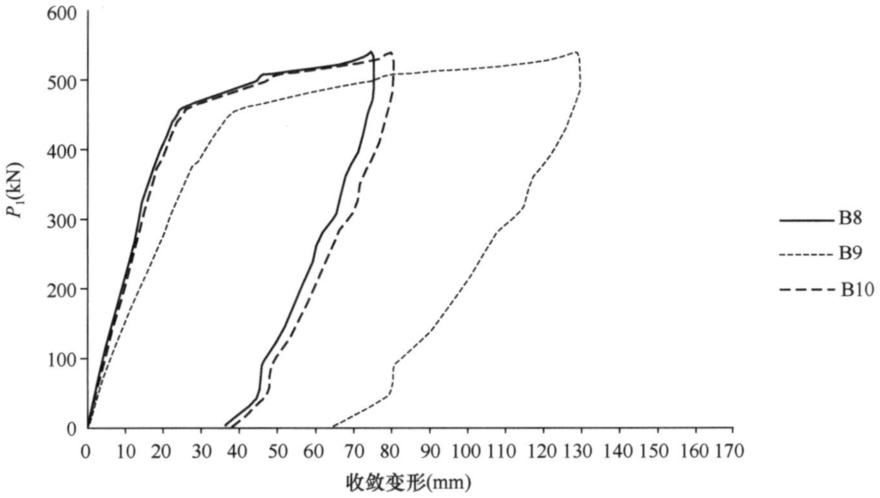

图 4-20　结构水平收敛变形测点值

4.4.2　管片正截面应变

整环试验共选取 22 个截面布置正截面应变，每个截面对应布置内外弧面应变和端面应变。全部 22 个截面都在对应两个端面分别布置 5 个端面应变测点。除第 10 号和第 14 号两个截面由于支座弹簧没有布置内外弧面应变测点外，第 11 号、12 号、13 号截面只布置了内弧面应变测点，其余 17 个截面在内外弧面各布置 3 个应变测点。同一截面上，端面应变测点编号从近外弧面侧开始，弧面应变从近背千斤顶面侧开始。管片正截面共计 111 个弧面应变测点，220 个端面应变测点，如图 4-21、图 4-22 所示，红线表示所选测量截面。

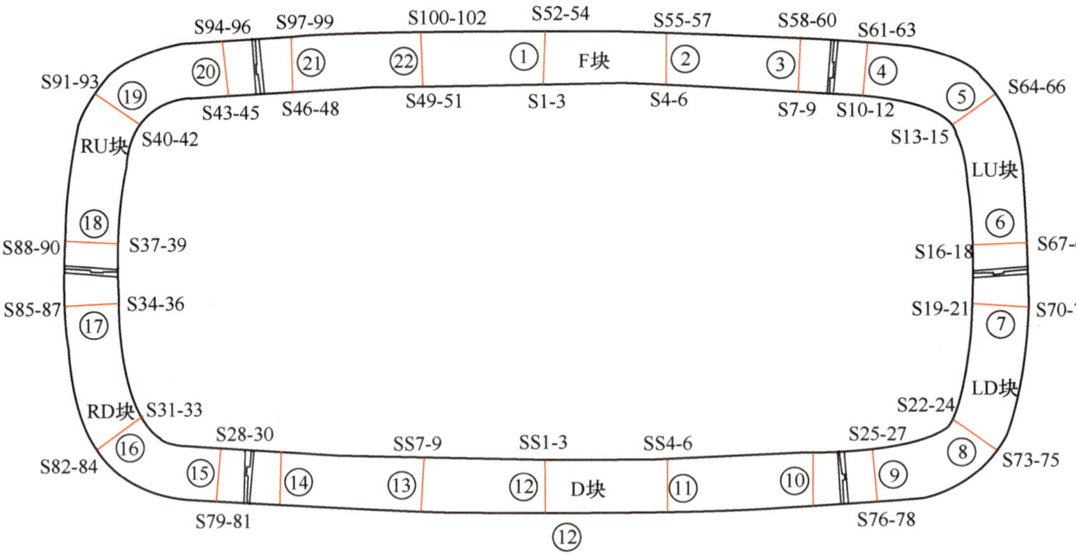

图 4-21　管片弧面应变测点示意图

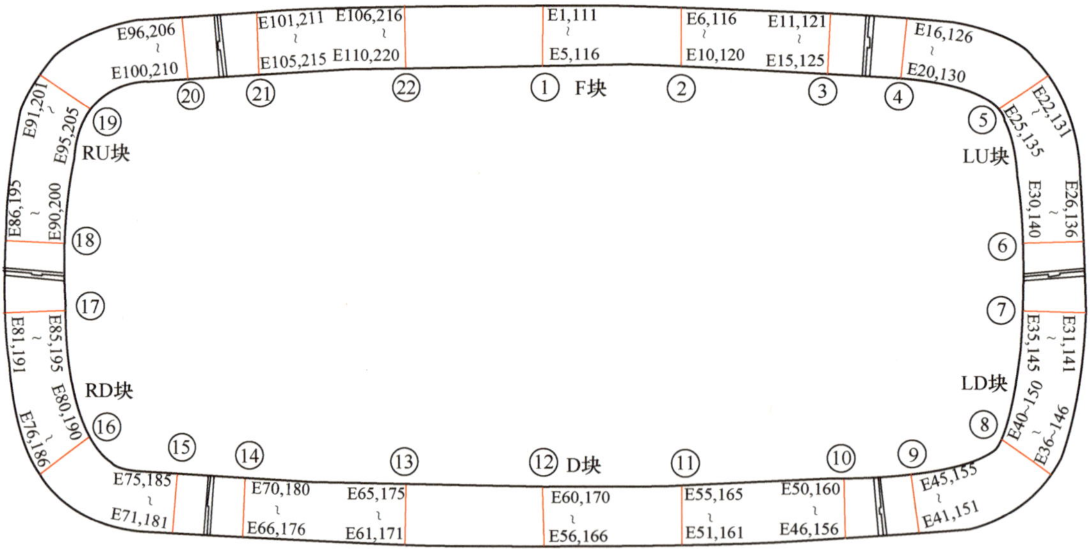

图 4-22　管片端面应变测点示意图

第 1 号截面位于 F 块，内弧面应变测点为 S1～S3，外弧面应变测点为 S52～S54，背千斤顶面端面应变测点 E1～E5，迎千斤顶面端面应变测点 E111～E115。

1. 外弧面应变

1 号截面外弧面测点荷载应变曲线如图 4-23 示。该截面在此处受压，随着荷载增加

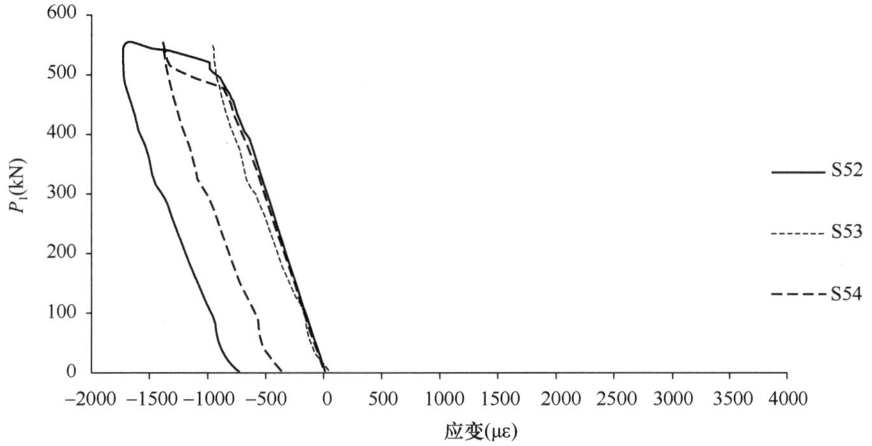

图 4-23　1 号截面外弧面荷载-应变曲线

应变不断发展。S52 号及 S54 号测点应变发展较快，且在第 55 级荷载（P_1＝540.05kN）时 S52 号测点钢板应变达到负的最大值－1721uε，超过屈服应变 1675με，钢板屈服。当卸载值 37 级荷载（P_1＝451.75kN）时，S52 号测点应变为－1685.2 με；当卸载至零时，S52 号及 S54 号测点有较大残余应变值，整个过程中该截面处于弹塑性阶段，且钢板屈服。

2. 内弧面应变

1 号截面内弧面测点荷载-应变曲线如图 4-24 所示，该截面在此处受拉，随着荷载增加应变不断发展，S1 号及 S3 号测点应变发展较快，且在第 51 级荷载（P_1＝522.49kN）时 S3 号测点钢板应变达到 1680.82με，超过屈服应变 1675με，钢板屈服；在第 53 级荷载（P_1＝532.73kN）时 S1 号测点钢板应变达到 1768.12με，钢板屈服；在第 55 级荷载（P_1＝540.05kN）时 S1 号测点钢板应变达到正的最大值 1825.33με。当卸载至 37 级荷载（P_1＝451.75kN）时，S1 号测点应变为 1680.82με；当卸载至零时，S1 号及 S3 号测点有较大残余应变值，整个过程中该截面处于弹塑性阶段，且钢板屈服。

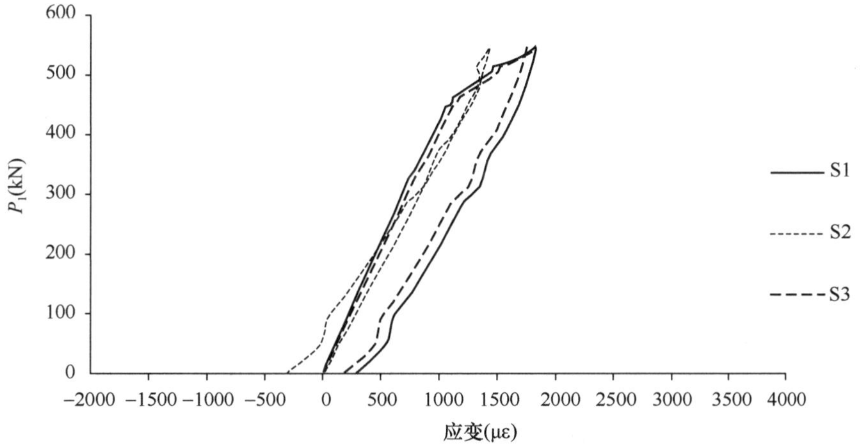

图 4-24　1 号截面内弧面荷载-应变曲线

4.4.3 管片接缝

整环结构共有 6 条纵缝，编号为 A～F 缝，每条纵缝有 8 个连接螺栓，编号分别为 L1～L8。每条纵缝沿管片宽度方向在内弧面布置 2 个错台测点和 2 个张开测点。B 缝和 F 缝沿管片宽度方向在外弧面各布置 2 个张开测点，A 缝和 F 缝在迎千斤顶面布置 1 个张开测点。测点位置和编号如图 4-25～图 4-27 所示。

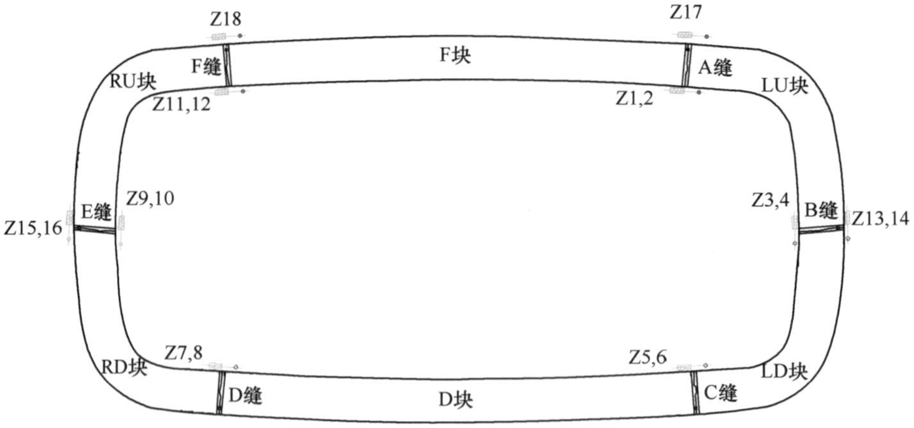

图 4-25 接缝张开测点编号和位置示意图

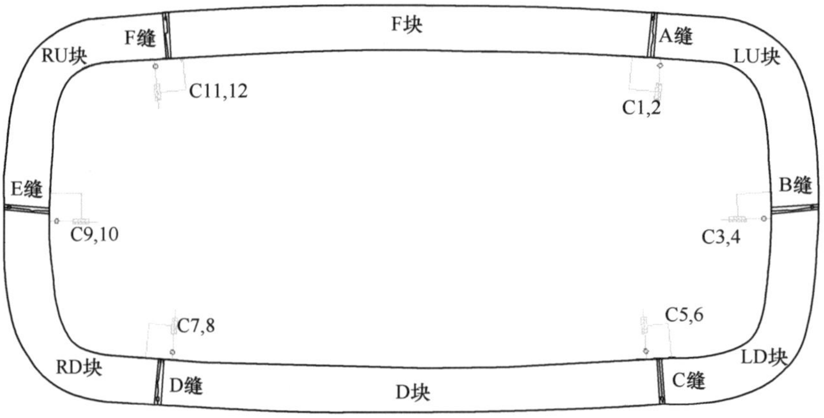

图 4-26 接缝错台测点编号和位置示意图

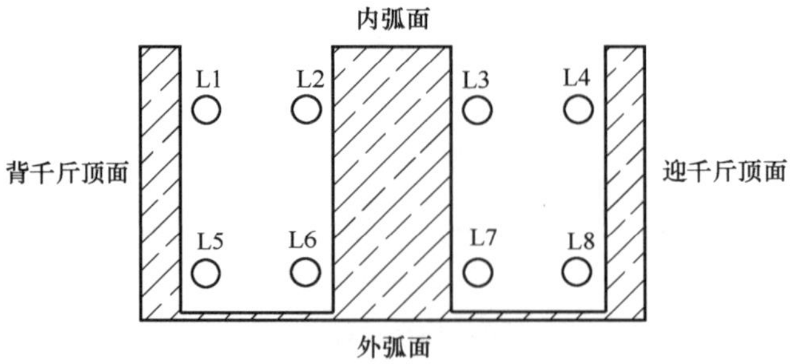

图 4-27 接缝螺栓测点编号和位置示意图

1. 接缝张开

随着荷载的增大，E 缝内弧面的张开呈负增长的趋势，表现为内弧面压紧。在第 55 级荷载（P_1 = 540.05kN）时，Z9 的负张开达到 −5.84mm，Z10 的负张开达到 −6.28mm。卸载到第 45 级（P_1 = 490.29kN）时，Z9 的负张开达到 −5.95mm，Z10 的负张开达到 −6.35mm。卸载到第 37 级（P_1 = 451.75kN）时，Z9 的负张开为 −6.18mm，Z10 的张开为 −6.27mm。卸载后，Z9 有 −2.88mm 的残余变形，Z10 有 −3.43mm 的残余变形。B 缝外弧面张开呈正增长的趋势，表现为外弧面张开。在第 55 级荷载（P_1 = 540.05kN）时，Z15 的张开达到 28.6mm，Z16 的张开达到 28.21mm。卸载到第 45 级（P_1 = 490.29kN）时，张开达到最大，Z15 的张开达到 28.8mm，Z16 的张开达到 28.41mm。卸载到第 37 级（P_1 = 451.75kN）时，Z15 的张开为 28.28mm，Z16 的张开为 27.92mm。卸载后，Z15 有 15.91mm 的残余变形，Z16 有 16.33mm 的残余变形。E 缝的荷载-位移曲线如图 4-28、图 4-29 所示。

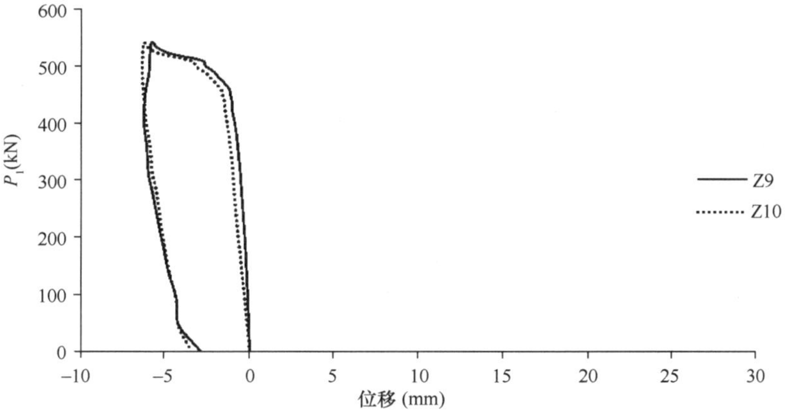

图 4-28　E 缝内弧面张开测点值

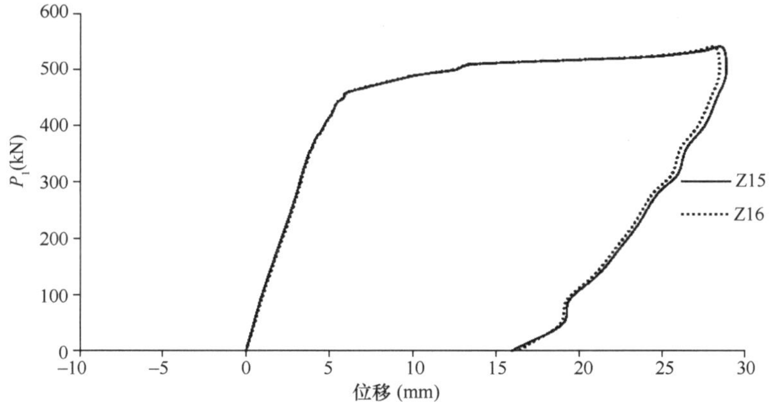

图 4-29　E 缝外弧面张开测点值

2. 接缝错动

随着荷载的增大，E 缝错台正向增大，错台值为正表示 RD 块相对于 RU 块向右运动。在第 55 级荷载（P_1 = 540.05kN）时，C9 测点值为 1.34mm，C10 测点值为

1.62mm；卸载至第 47 级荷载（P_1=490.29kN）时，C9 测点值为 1.35mm，C10 测点值为 1.65mm；卸载至第 37 级荷载（P_1=451.75kN）时，C9 测点值为 1.33mm，C10 测点值为 1.62mm。卸载后，C9 测点有 0.49mm 的残余变形，C10 测点有 0.68mm 残余变形。E 缝的错台与荷载的关系如图 4-30 所示。

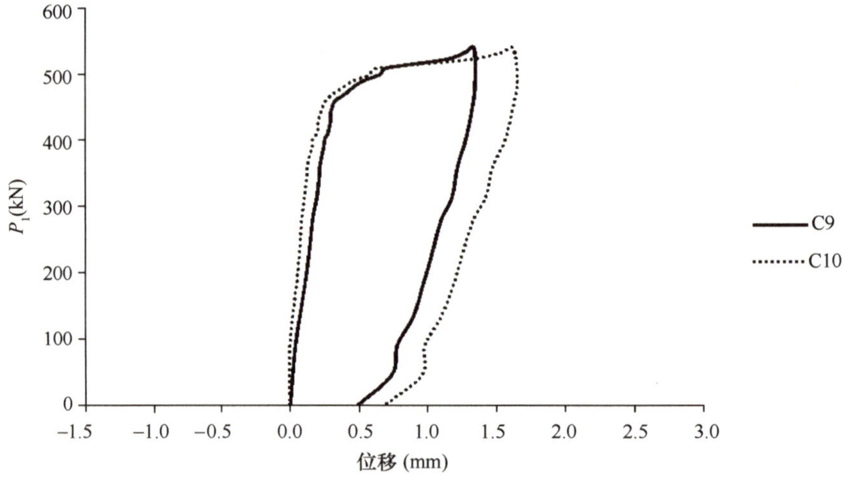

图 4-30　E 缝错台测点值

4.5　试验结果与分析

4.5.1　荷载-收敛变形关系

通过 10 个收敛变形测点得到衬砌环在各级荷载下的收敛变形值，在管片初始位置上按一定比例绘制收敛值可得到衬砌环的变形图。以下按荷载加载等级的变化来描述收敛变形情况，管片收敛变形随荷载变化呈现一定规律，一些连续变化荷载下管片的变形并不明显，故仅选取荷载 P_1=180kN（第 8 级）、P_1=225kN（第 10 级）、P_1=460kN（第 39 级）和 P_1=540kN（第 55 级）进行描述。收敛变形值为正表示测点相对远离，为负表示测点相对靠近。由于该荷载下管片位移相对较小，为清楚表示各部位变形，将图中显示变形量扩大 10 倍，图中数值为真实变形数值。图 4-31～图 4-34 为衬砌结构在荷载作用下的

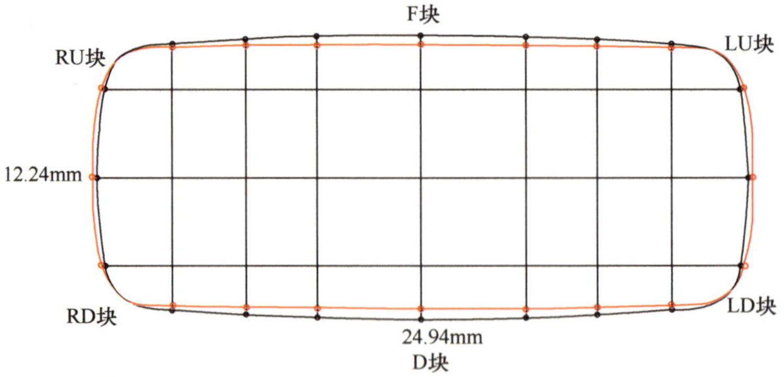

图 4-31　P_1=180kN 时整体收敛变形图

整体收敛变形图。竖向收敛值与水平收敛值的比值由 $P_1=180\text{kN}$ 时的 2.04，减小到 $P_1=540$ 的 1.19。随着荷载的增加，衬砌竖向与水平向的变形趋近一致。

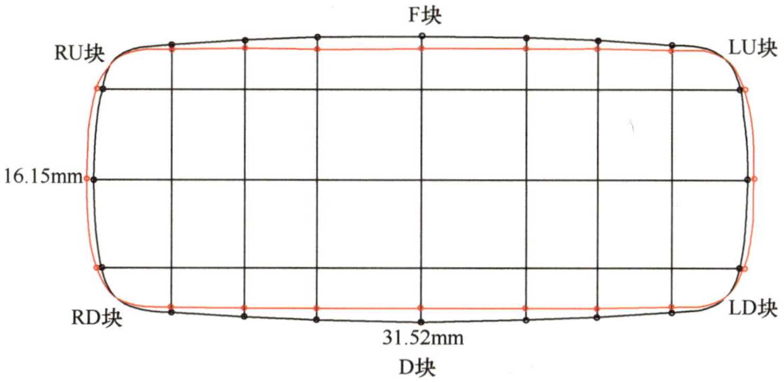

图 4-32　$P_1=225\text{kN}$ 时整体收敛变形图

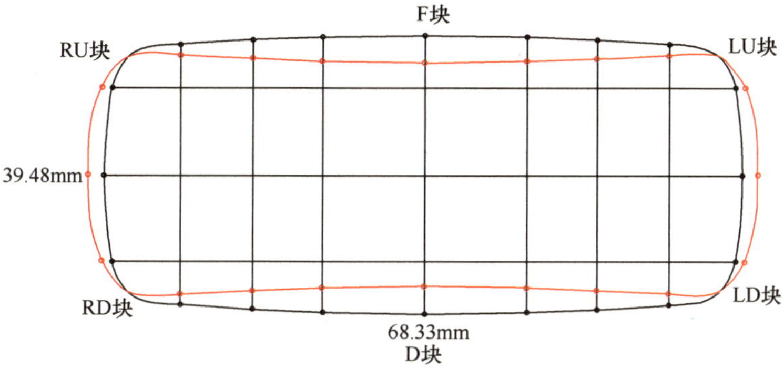

图 4-33　$P_1=460\text{kN}$ 时整体收敛变形图

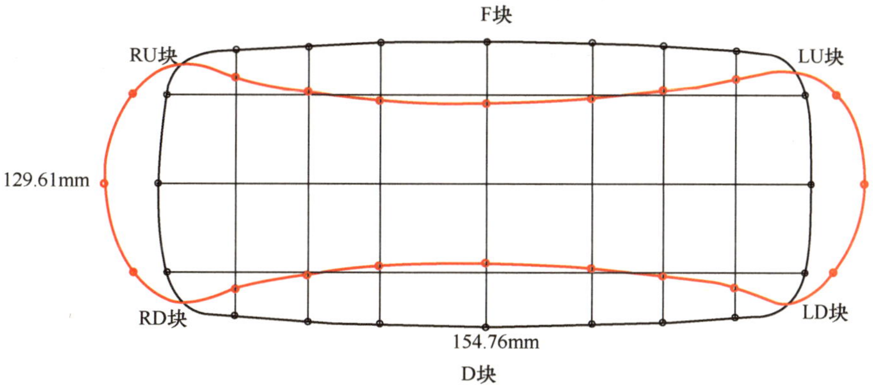

图 4-34　$P_1=540\text{kN}$ 时整体收敛变形图

当荷载卸载到 $P_1=450\text{kN}$ 时，管片结构收敛变形如图 4-35 所示。此时竖向收敛变形最大位置在顶底跨中，为 -150.48mm。水平收敛变形最大位置在腰部接缝处，为 127.67mm，竖向收敛值为水平收敛值的 1.18 倍。衬砌存在较大的塑性变形。

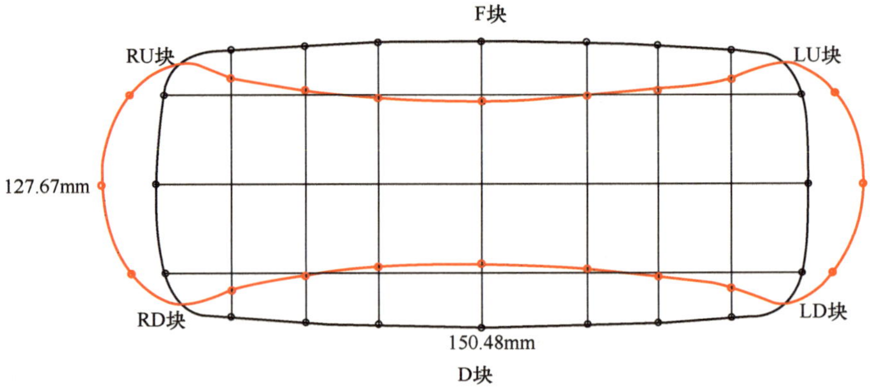

图 4-35　卸载到 $P_1=450\text{kN}$ 时整体收敛变形图

4.5.2　结构内力

由同一正截面的弧面钢板应变和端面钢板应变，可计算得到该截面的轴力和弯矩，假设管片正截面在受力过程中变形符合平截面假定，如图 4-36 所示。

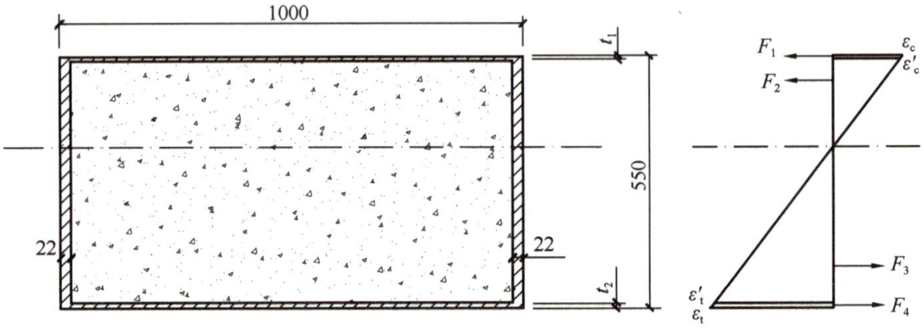

图 4-36　管片正截面内力计算简图

考虑混凝土只承担压力而不承担拉力，通过测点所得弧面钢板应变和端面钢板应变可表征出该截面应变分布，进而计算该截面的弯矩和轴力，可按下式计算（以外弧面受压为例）：

$$
\begin{cases}
F_1=\dfrac{(\varepsilon_c+\varepsilon'_c)\times t_1}{2}\cdot E_{钢}\,b\\
F_2=0.5\cdot\varepsilon'_c\cdot(h_1-t_1)\cdot[E_{钢}\,b_{端}+\eta E_{混}(b-b_{端})]\\
F_3=0.5\cdot\varepsilon'_t\cdot(h_2-t_2)\cdot E_{钢}\,b_{端}\\
F_4=\dfrac{(\varepsilon_c+\varepsilon'_c)\times t_2}{2}\cdot E_{钢}\,b\\
N=F_1+F_2-F_3-F_4\\
M=F_1\left(\dfrac{h-t_1}{2}\right)+F_2\left(\dfrac{h}{2}-t_1-\dfrac{h_1-t_1}{3}\right)+F_3\left(\dfrac{h}{2}-t_2-\dfrac{h_1-t_2}{3}\right)+F_4\left(\dfrac{h-t_2}{2}\right)
\end{cases}
$$

式中　b——管片宽度，取 1m；

h——管片厚度，取 0.55m；

t_1——管片外弧面钢板厚度，F 块与 D 块取 0.08m，其余块取 0.12m；

t_2——管片内弧面钢板厚度，F 块与 D 块取 0.12m，其余块取 0.08m；

$b_{端}$——管片端面钢板总厚度，取 0.044m；

ε_c——截面边缘平均压应变；

ε_t——截面边缘平均拉应变；

h_1——受压区高度，$h_1 = \dfrac{\varepsilon_c}{\varepsilon_c + \varepsilon_t} \cdot h$。

根据以上计算方法，可计算出各截面的弯矩与轴力，然后按照一定比例绘制在相应的测点上，并用样条曲线拟合得到试验状态下的弯矩与轴力图。在侧压力系数为 0.6 的条件下，分别得到了外部荷载为标准值、设计值及弹性极限时的弯矩与轴力图，如图 4-37～图 4-42 所示。

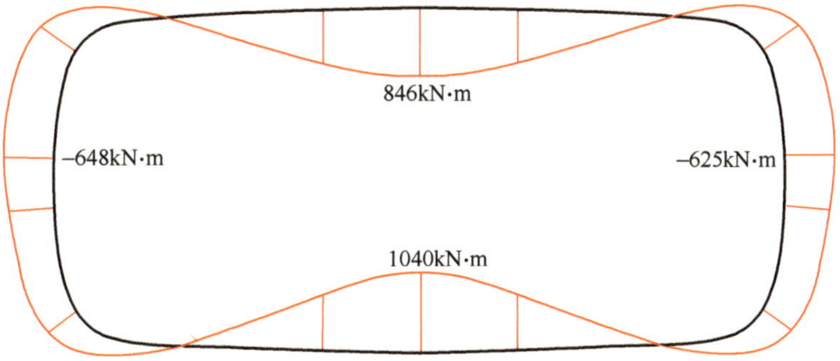

图 4-37　P_1＝180kN 时试验弯矩图

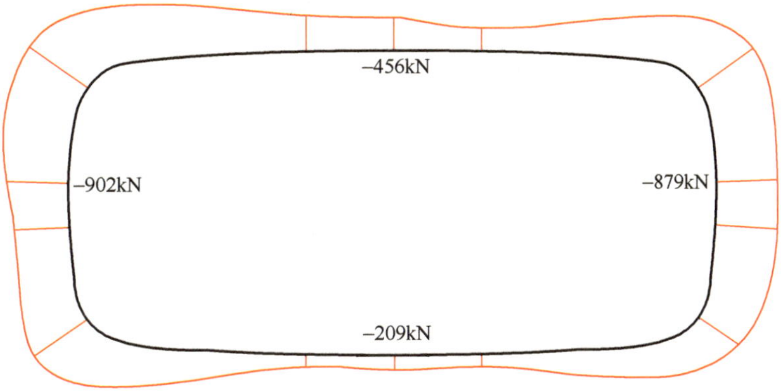

图 4-38　P_1＝180kN 时试验轴力图

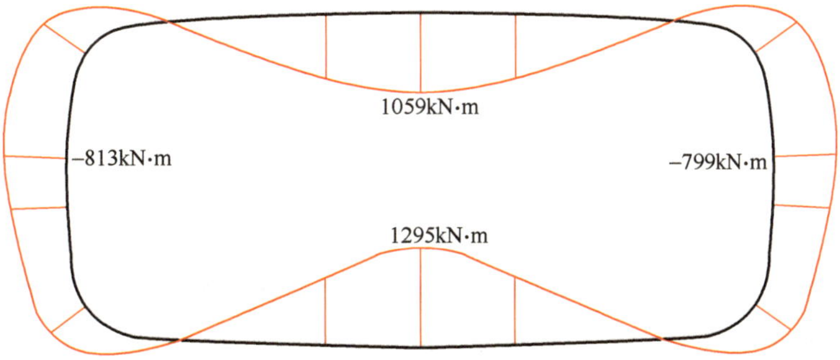

图 4-39　P_1＝225kN 时试验弯矩图

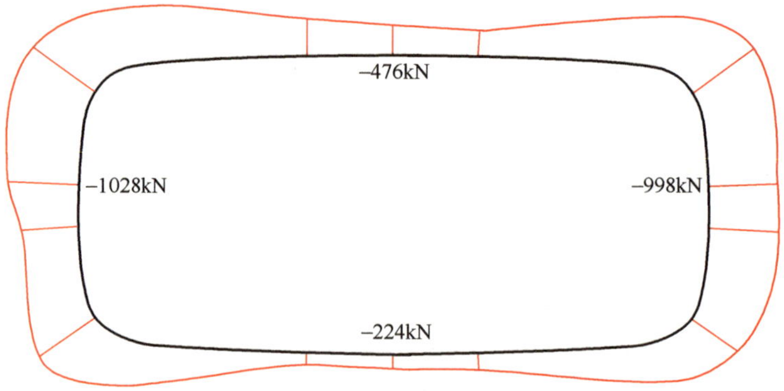

图 4-40　P_1 =225kN 时试验轴力图

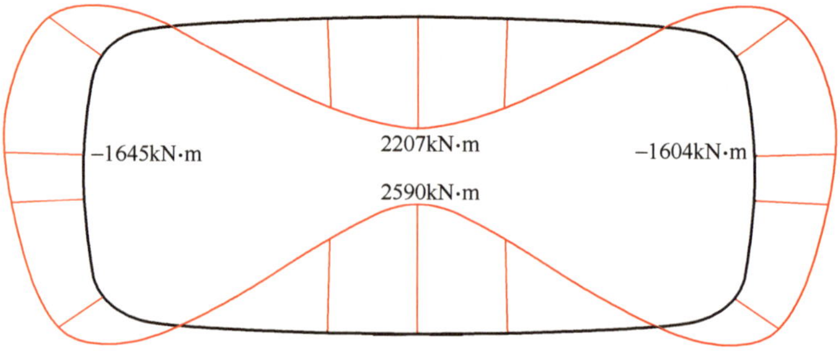

图 4-41　P_1 =460kN 时试验弯矩图

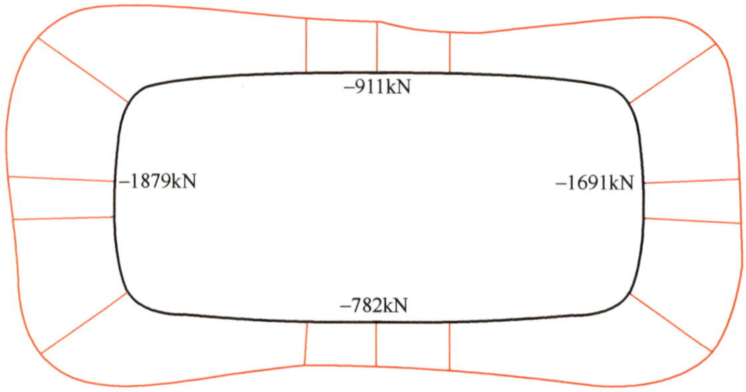

图 4-42　P_1 =460kN 时试验轴力图

4.5.3　接缝荷载-转角关系

通过同一接缝的内外弧面的张开测点以及转动中心，可以计算得到接缝荷载-转角曲线，转角为正表示接缝内弧面张开。承受正弯矩时，理论转动中心在防水条下缘；承受负弯矩时，理论转动中心在嵌缝处。除底部接缝外，接缝内外侧均布置有张开测点，转角按计算所得实际转动中心计算。底部接缝按理论转动中心计算转角。

随着荷载的增大，各接缝的转角绝对值均有所增大，A 缝、C 缝、D 缝和 F 缝内弧面张开，B 缝和 E 缝外弧面张开。内弧面张开的接缝转角值较小，外弧面张开的接缝即腰部接缝转角值较大，E 缝的转角略大于 B 缝的转角。结果表明顶部和底部接缝处于弯矩反弯点附近，反弯点位置在拐角块上，腰部接缝处承受负弯矩较大，且 B 缝的转动刚度略大于 E 缝，如图 4-43 所示。

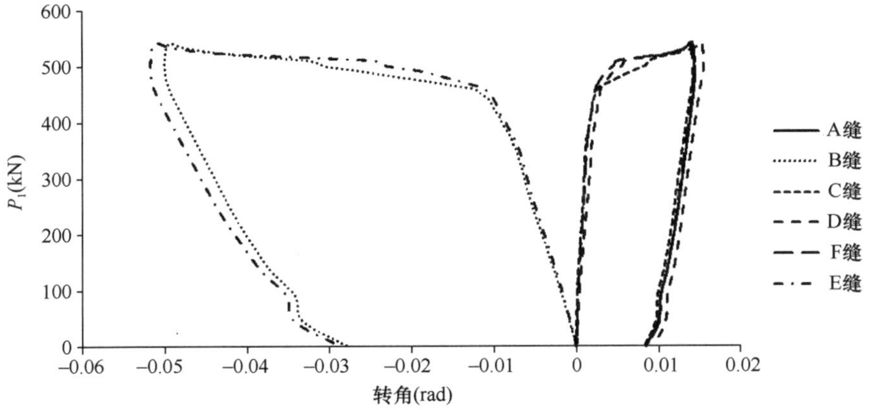

图 4-43　各接缝荷载-转角曲线图

图 4-44 表示了衬砌腰部接缝弯矩-转角曲线。二者表现出相同的力学特性，接头刚度的变化可分为两个阶段。随着荷载的增加接头的抗弯刚度在退化。

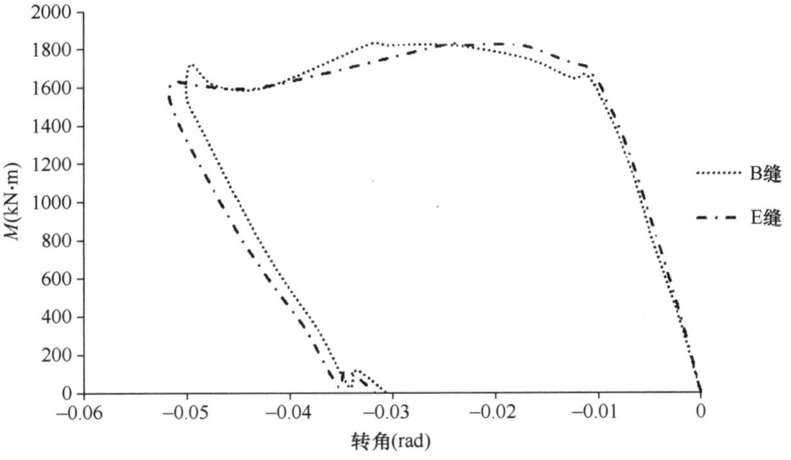

图 4-44　腰部接缝弯矩-转角曲线

4.5.4　支座弹簧反力

每个支座弹簧的刚度系数均为 1000kN/m，由支座弹簧的变形可以计算出此时支座弹簧对管片的反力。未布置变形测点的支座反力，可由邻近支座的反力值插值确定。在各级荷载下，各排支座弹簧的反力可以绘成分布曲线。

在 P_1＝180kN 时，设置变形测点的两排支座弹簧的反力如图 4-45 所示。两排弹簧的反力值在相应位置比较接近，背千斤顶面支座反力略大。两侧支座反力值均大于跨中支座

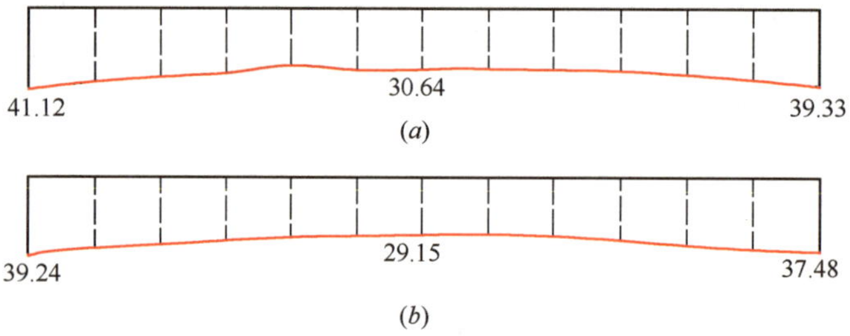

图 4-45 $P_1=180$kN 时支座弹簧反力分布图（kN）

（a）背千斤顶面；（b）迎千斤顶面

反力值。所有支座弹簧的计算反力值为 1259kN，此时顶部总荷载为 1444kN，荷载与反力总差值为 184kN，平均每个支座差值为 4.8kN。造成此差值的原因可能有：各支座劲度系数略有差异且支座导向套筒间存在摩擦力。

$P_1=225$kN（第 10 级荷载）、$P_1=460$kN（第 39 级荷载）、$P_1=540$kN（第 55 级荷载）的地层弹簧反力如图 4-46 所示。可以看出，随着荷载的增大，底部弹簧力的分布表现出不均匀性，呈马鞍形分布，说明了采用弹簧进行试验的合理性。采用弹簧的试验方法，更好地模拟了衬砌与土层之间的相互作用。

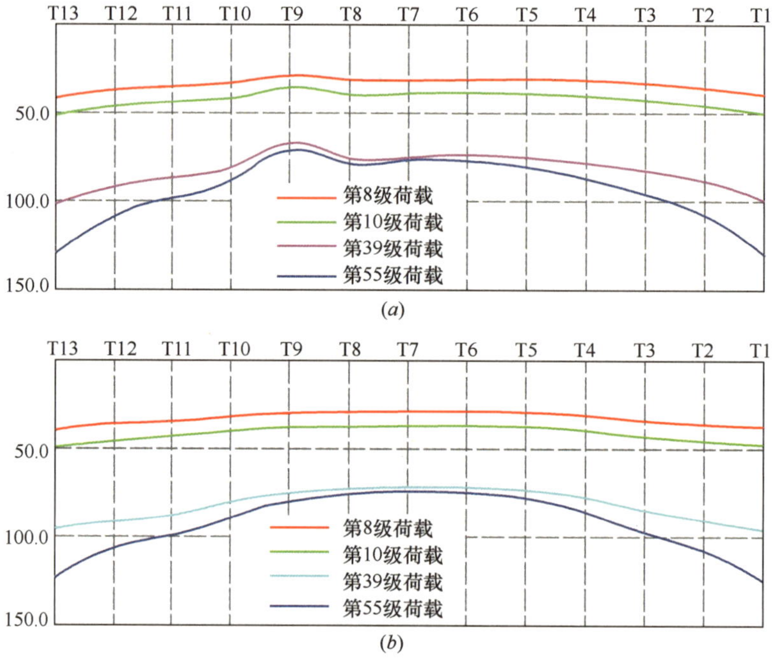

图 4-46 多级荷载作用下支座弹簧反力分布图（kN）

（a）背千斤顶面；（b）迎千斤顶面

4.6 数 值 分 析

4.6.1 有限元分析模型建立

建立与整环结构试验相同的有限元模型，通过数值分析掌握整环衬砌的力学性能。并将数值分析结果与有限元分析结果进行对比，验证模型的正确性。

采用大型通用有限元分析软件 ABAQUS，对衬砌结构进行三维、弹塑性分析。由于所研究的衬砌结构对称且荷载对称，为减小计算量，取半结构为研究对象，有限元模型如图 4-47 所示。有限元模型包括隧道衬砌结构管片（混凝土、隔板、钢板）、衬砌接缝（螺栓、端板）两部分，下文将分别介绍这两部分的模型建立过程。

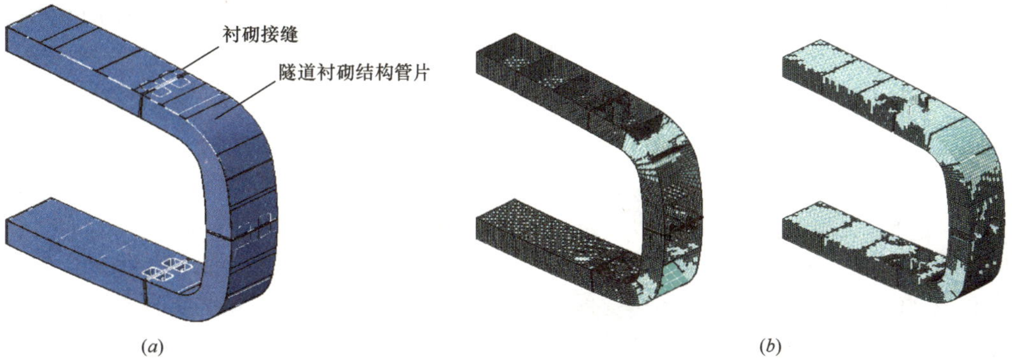

图 4-47　有限元分析模型

（a）有限元模型组成；（b）典型网格划分

1. 隧道衬砌结构管片模型

（1）单元类型级网格划分

隧道衬砌结构管片有限元模型中，对钢板、混凝土均采用 8 节点实体缩减积分单元 C3D8R。所有的部件均采用六面体网格划分，较之四面体网格或者混合网格，六面体网格求解精度高，单元数量少。由于六面体网格复杂的拓扑关系和物体表面边界一致性等限制，模型对网格进行了精细划分，以提高计算质量。

隧道衬砌结构管片有限元模型及网格划分如图 4-48 所示。

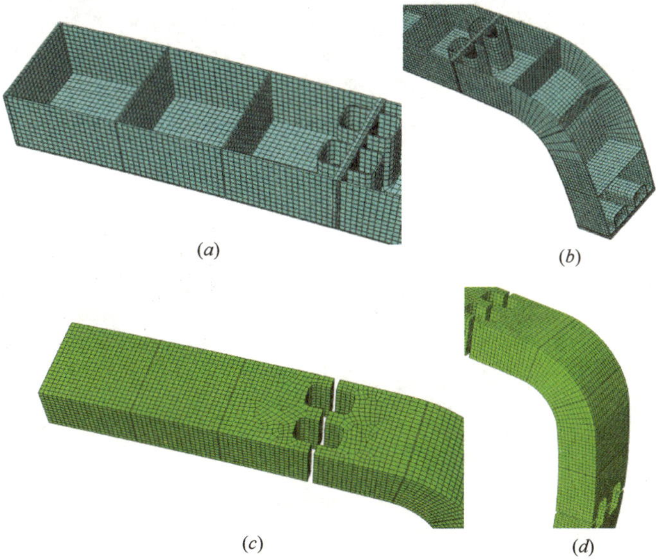

图 4-48　管片有限元模型及网格划分

（a）顶部管片钢箱；（b）腰部管片钢箱；（c）顶部管片混凝土；（d）腰部管片混凝土

（2）接触模拟

隧道衬砌结构管片有限元模型中，对管片不同部分间接触面进行如下处理：管片混凝土与外包钢箱接触使用绑定约束，管片混凝土与钢箱内隔板接触使用绑定约束，钢箱中钢板之间接触使用绑定约束，以模拟管片中钢、混凝土的相互作用。

绑定约束的作用是将模型部件接触表面固定在一起，使用主-从公式定义基于表面的约束，防止从属表面和主控表面分离或者产生相对滑动，平动与转动自由度都将被约束。管片模型中三个接触面施加绑定接触后，混凝土与钢板之间的滑移效应将被忽略，引起模型刚度略微偏大情况，但大大节约了运算时间。管片的接触模拟如图 4-49 所示。

图 4-49　管片有限元模型接触模拟

2. 隧道衬砌结构接缝模型

（1）单元类型及网格划分

隧道衬砌结构接缝有限元模型中，对钢板、螺栓、混凝土均采用 8 节点实体缩减积分单元 C3D8R。隧道衬砌结构接缝有限元模型及网格划分如图 4-50 所示。

（2）接触模拟

隧道衬砌结构接缝有限元模型中，端板与混凝土接触采用绑定约束，模拟管片接缝附近端板、混凝土的相互作用。螺栓垫片与端板接触面采用绑定约束，模拟螺栓对接缝的约束。绑定约束的作用是将模型部件接触表面固

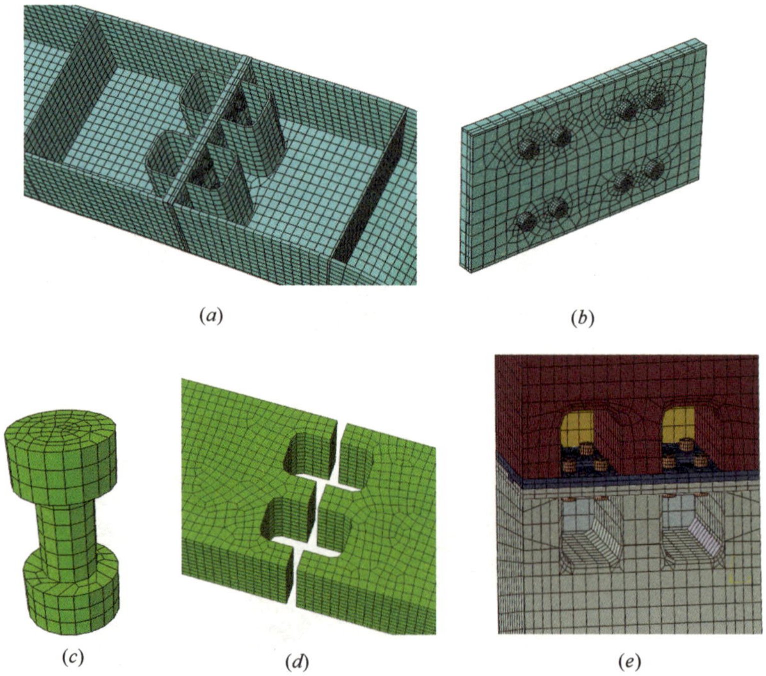

(a)　(b)　(c)　(d)　(e)

图 4-50　接缝有限元模型及网格划分

（a）接缝手孔；（b）端板、螺栓；（c）接缝螺栓；（d）接缝手孔混凝土；（e）内弧面接缝

定在一起，使用主-从公式定义基于表面的约束，防止从属表面和主控表面分离或者产生相对滑动，平动与转动自由度都将被约束。管片模型中施加绑定接触后，混凝土与端板之间的滑移效应将被忽略，引起模型接缝刚度略微偏大情况。

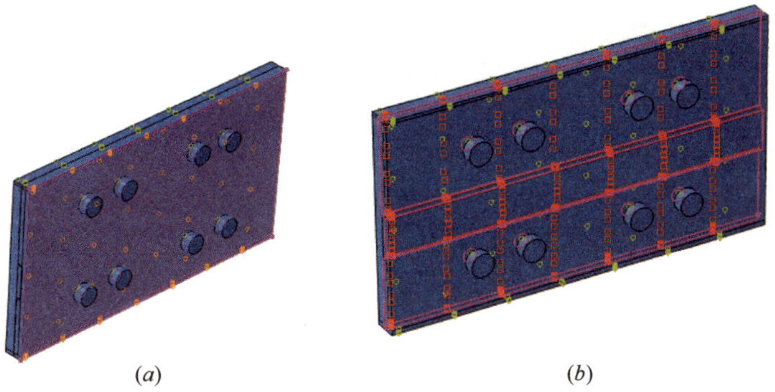

图 4-51 接缝接触模拟

（a）接缝端板、螺栓接触；（b）接缝端板间接触

接缝接触如图 4-51 所示。接缝两侧端板接触面采用面面接触，模拟接缝端板压紧后，端板之间的摩擦力提供接缝抗剪能力。面面接触采用硬接触法，这种方法假设两个面受压刚度为无穷大，有效地阻止了两个面的嵌入，且允许受拉时分开。在接触面的切线方向，采用罚函数法模拟，摩擦系数取 0.15。由于采用硬接触法，接缝刚度比实际情况偏大。

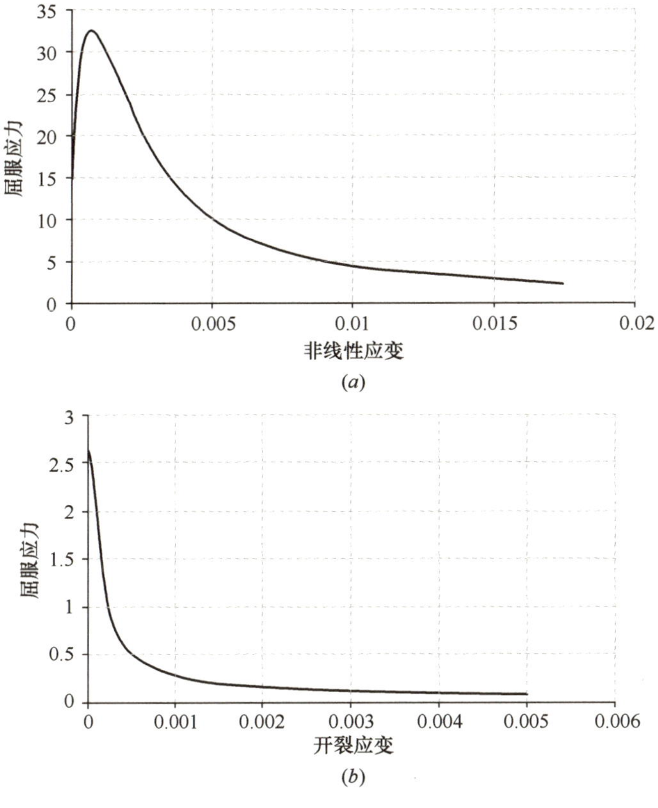

图 4-52 混凝土损伤塑性模型

（a）混凝土损伤塑性模型受压力学行为；

（b）混凝土损伤塑性模型受拉力学行为

3. 材料本构模型

（1）钢板

材料采用理想弹塑性模型，弹性模量取 $E=2.06\times10^5$ MPa，屈服应力 345MPa。

（2）高强螺栓

材料采用理想弹塑性模型，弹性模量取 $E=2.06\times10^5$ MPa，屈服应力 900MPa。

（3）C50 混凝土

采用非线性混凝土损伤塑性模型。弹性模量 $E=3.45\times10^4$ MPa，膨胀角 36°，偏心率 0.1，$f_{b0}/f_{c0}=1.16$，$K=0.667$，黏性参数 0.0005。混凝土损伤塑性模型如图 4-52 所示。

混凝土塑性损伤模型主要是为分析循环和动力荷载作用下的混凝土结构提供一个普遍分析模型。该模型也适用于其他准脆性材料如岩石、砂浆和陶瓷的分析；在较低的围压下混凝土表现出脆性性质，主要的失效机制是拉力作用下的开裂失效和压力作用下的压碎。

4. 边界条件

考虑到结构对称，在对称轴所在截面施加对称约束边界，竖向方向无约束，边界其他位移均为 0。为了模拟弹性地基抗力，在模型底部采用弹簧模拟试验中呈梅花桩分布的机械弹簧，单根弹簧刚度为 1000kN/m，等效基床系数 5000kN/m^3。如图 4-53 所示。

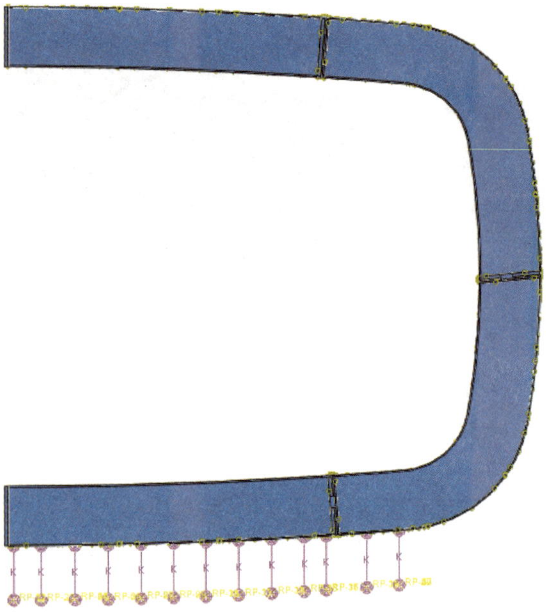

图 4-53 模型底部弹簧分布图

5. 荷载及对应工况

模型外荷载根据实际等效荷载进行施加，采用侧压力系数 0.5（P_1＝150kN，P_2＝100kN，P_3＝200kN）和 0.8（P_1＝225kN，P_2＝92kN，P_3＝186kN）设计工况所对应的外荷载进行有限元模型计算。

模型荷载及工况分析可以探究数值模型的模拟效果，与试验实测结果加以对比，可以进行衬砌受力性能影响因素分析，加载位置及分组如图 4-54 所示。

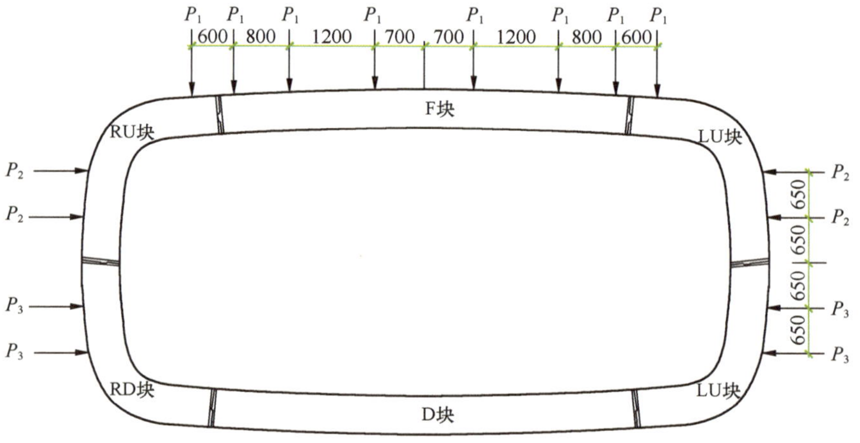

图 4-54 加载位置及分组

有限元模型验证工况：当螺栓轴力为 360kN 时，对侧压力系数为 0.5、0.8 工况进行有限元分析计算。通过与试验实测关键位置结果的对比分析，检验有限元模型对实际结构的模拟效果，分析模型与实际结构的差异。

影响因素分析工况：螺栓预紧力会影响接头刚度，对衬砌结构的力学特性影响明显，为此设计了螺栓预紧力分析工况。侧压力系数为 0.8 时，对不同螺栓预紧力工况（无预紧力、120kN 螺栓单根预紧力、180kN 单根螺栓预紧力、240kN 单根螺栓预紧力、360kN 单根螺栓预紧力）进行对比，探究螺栓预紧力对矩形衬砌结构的位移和应变影响。螺栓预紧力通过对螺栓施加换算压强实现。如图 4-55 所示。

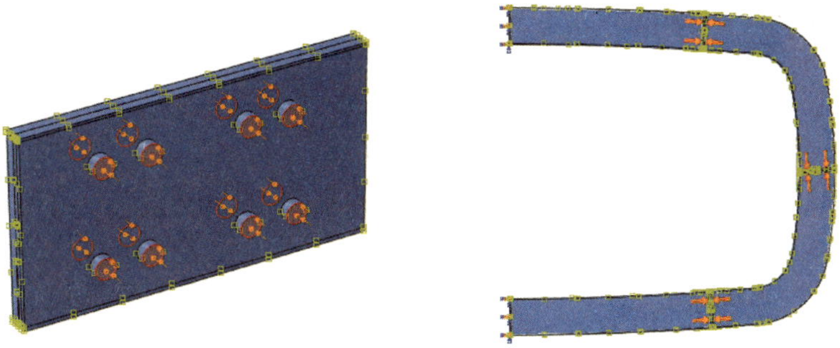

(*a*) (*b*)

图 4-55 螺栓预紧力

(*a*) 单个接缝螺栓预紧力施加；(*b*) 整体螺栓预紧力施加

4.6.2 试验结果与有限元结果对比

使用侧压力系数为 0.5（P_1=225kN，P_2=92kN，P_3=186kN）、0.8（P_1=150kN，P_2=100kN，P_3=200kN）设计工况荷载的有限元模型结果与试验实测结果进行对比，通过结构位移和结构应变的比较，分析有限元模型对衬砌结构变形和受力特征的模拟情况。

1. 关键位置结构位移对比

有限元模型验证中，位移对比选择跨中竖向收敛位移（对应收敛位移 B4）、边缘竖向收敛位移（对应收敛位移 B1、B7）、腰部水平收敛位移（对应收敛位移 B9）、腰部接缝张开四个关键位置位移。

(1) 侧压力系数 0.8 设计工况

侧压力系数 0.8 设计工况中，随着荷载增加，模型计算值与试验实测值均大致呈线性增加。达到设计工况时，跨中竖向收敛位移实测值−18.97mm，模型计算值−19.70mm，偏大 3.8%。边缘竖向收敛位移实测值为−6.88mm，模型计算值为−6.23mm，偏小 9.5%。腰部接缝张开实测值为 1.06mm，模型计算值为 1.07mm，偏大 0.9%。腰部水平收敛位移实测值 8.30 mm，模型计算值为 9.14mm，偏大 10.1%。跨中弹性支座位移实测值为−24.94mm，模型计算值为−26.78mm，偏大 7.4%。边缘弹性支座位移实测值为−32.39mm，模型计算值为−33.94mm，偏大 4.9%。

侧压力系数 0.8 设计工况模型计算与试验实测得到的关键位置位移随荷载变化曲线如图 4-56 所示。

(2) 侧压力系数 0.5 设计工况

侧压力系数 0.5 设计工况中，随着荷载增加，模型计算值与试验实测值均大致呈线性增加。达到设计工况时，跨中竖向收敛位移实测值−30.24mm，模型计算值−36.35mm，偏大 20.2%。边缘竖向收敛位移实测值为−10.97mm，模型计算值为−12.08mm，偏大 10.1%。腰部接缝张开实测值为 2.16mm，模型计算值为 2.44mm，偏大 12.9%。腰部水平收敛位移实测值 14.64 mm，模型计算值为 18.34mm，偏大 25.3%。跨中弹性支座位移实测值为−37.91mm，模型计算值为−39.16mm，偏大 3.3%。边缘弹性支座位移实测

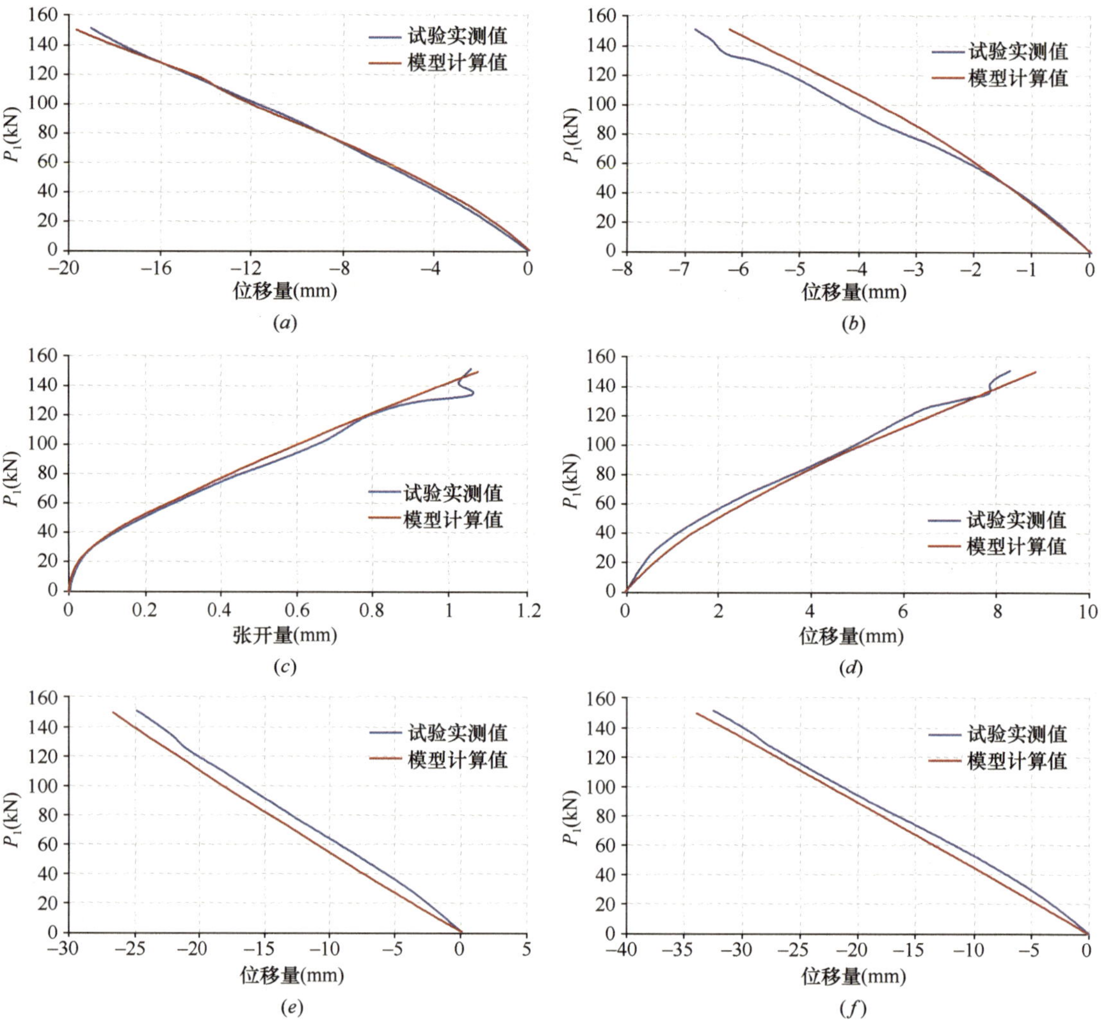

图 4-56　侧压力系数 0.8 设计工况关键位置结构位移对比

(a) 跨中竖向收敛位移；(b) 边缘竖向收敛位移；(c) 腰部接缝张开；
(d) 腰部水平收敛位移；(e) 跨中弹性支座位移；(f) 边缘弹性支座位移

值为－50.48mm，模型计算值为－52.17mm，偏大 3.4%。

侧压力系数 0.5 设计工况模型计算与试验实测得到的关键位置位移随荷载变化曲线如图 4-57 所示。

(3) 对比结果

关键位置结构位移对比中，使用侧压力系数 0.8、0.5 的设计工况，对比了 6 个关键的结构位移。

从变化趋势角度分析，随荷载增大，两个工况的试验实测值与模型计算值均大致呈线性增长，有一致的变化趋势。模型计算值的线性好于试验实测值，这是由于试验中数据受多种因素影响，数据存在一定的波动。

从达到设计工况时的结构最大变形值分析，关键位移偏差均在 25%以内。其中，数值模型对侧压力系数 0.8 设计工况吻合情况较好，偏差均在 10%以内，模型刚度与实测

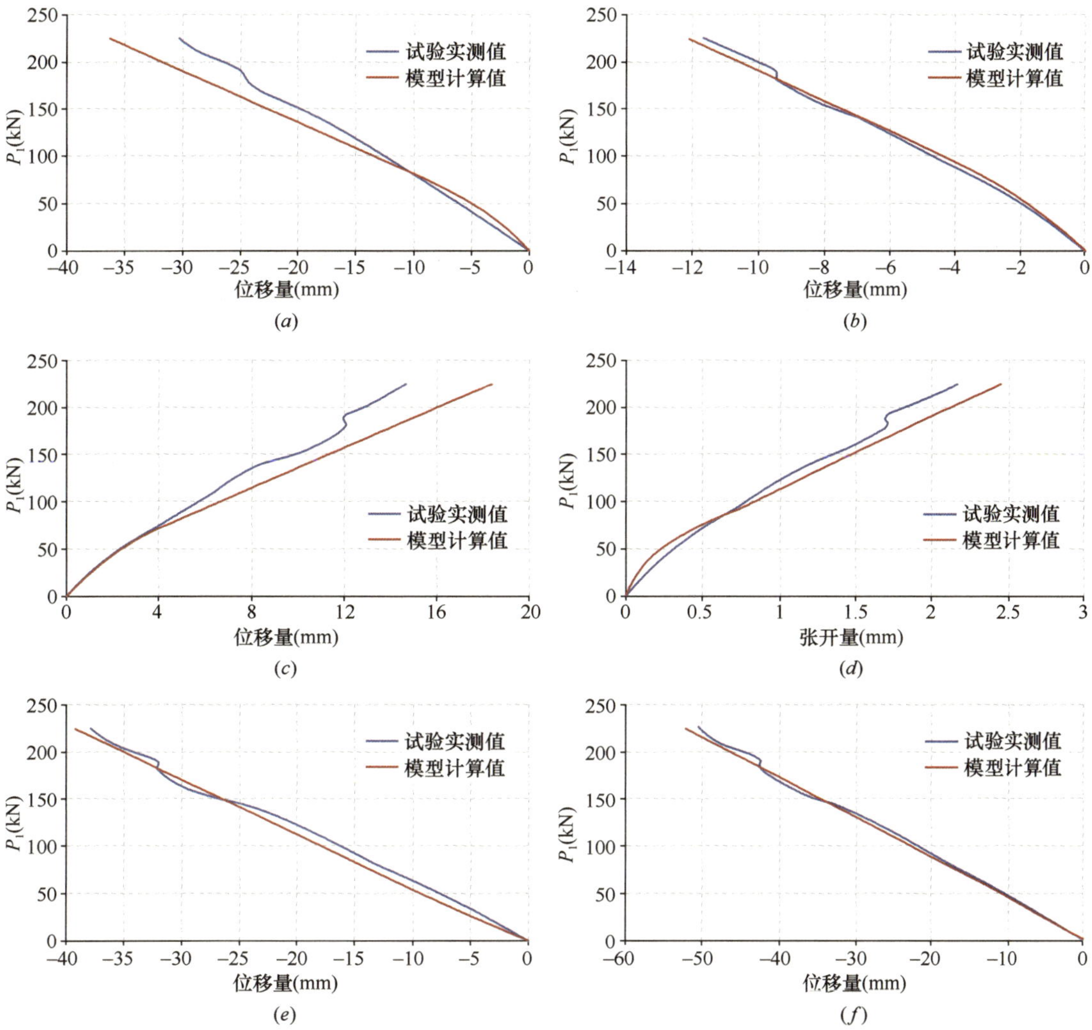

图 4-57　侧压力系数 0.5 设计工况关键位置结构位移对比

(*a*) 跨中竖向收敛位移；(*b*) 边缘竖向收敛位移；(*c*) 腰部接缝张开；
(*d*) 腰部水平收敛位移；(*e*) 跨中弹性支座位移；(*f*) 边缘弹性支座位移

刚度接近。侧压力系数 0.5 设计工况偏差较大，最大偏差为腰部收敛位移，达到 25%，原因有以下几点：①侧压力系数 0.5 设计工况前，衬砌结构已进行数个工况试验，实际应力状态复杂；②侧压力系数 0.5 设计工况内力、变形更大，建模时的本构模型、接触模拟、接缝建模等因素的误差影响更明显。弹簧支座在两个工况中偏差均未超过 10%，说明底部反力模拟较好。

根据位移对比结果，在加载过程和到达设计工况时，模型能较好模拟结构的变形情况，偏差控制在可以接受的范围内。经对比，模型在高应变、收敛位移的工况模拟结果偏差较大，在应变、收敛位移较小的工况结果更为接近。

2. 关键位置结构应变对比

有限元模型验证中，应变对比选择跨中（1 号截面）内、外弧面应变及腰部接缝上侧截面（6 号截面）内、外弧面应变四个关键位置。

（1）侧压力系数 0.8 设计工况

侧压力系数 0.5 设计工况中，随着荷载增加，模型计算值与试验实测值均大致呈线性增加。达到设计工况时，跨中外弧面钢板应变实测值－286$\mu\varepsilon$，模型计算值－278$\mu\varepsilon$，偏小 2.9％。跨中内弧面钢板应变实测值为 447$\mu\varepsilon$，模型计算值为 387$\mu\varepsilon$，偏小 15.5％。腰部上侧外弧面应变实测值为 217$\mu\varepsilon$，模型计算值为 231$\mu\varepsilon$，偏大 6.1％。腰部上侧内弧面应变实测值－240$\mu\varepsilon$，模型计算值为－225$\mu\varepsilon$，偏小 6.7％。

侧压力系数 0.8 设计工况模型计算与试验实测得到的关键位置应变随荷载变化曲线如图 4-58 所示。

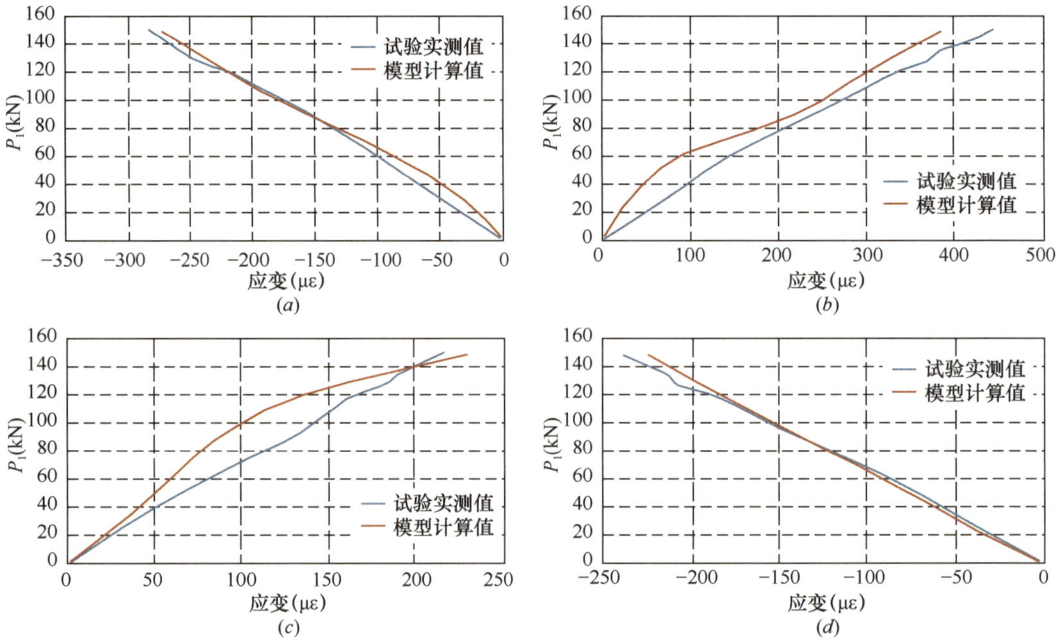

图 4-58 侧压力系数 0.8 设计工况关键位置结构应变对比

（*a*）跨中外弧面钢板应变；（*b*）跨中内弧面钢板应变；

（*c*）腰部上侧外弧面钢板应变；（*d*）腰部上侧内弧面钢板应变

（2）侧压力系数 0.5 设计工况

侧压力系数 0.5 设计工况中，随着荷载增加，模型计算值与试验实测值均大致呈线性增加。达到设计工况时，跨中外弧面钢板应变实测值－425$\mu\varepsilon$，模型计算值－441$\mu\varepsilon$，偏大 3.8％。跨中内弧面钢板应变实测值为 607$\mu\varepsilon$，模型计算值为 625$\mu\varepsilon$，偏大 3.0％。腰部上侧外弧面应变实测值为 420$\mu\varepsilon$，模型计算值为 526$\mu\varepsilon$，偏大 25.2％。腰部上侧内弧面应变实测值－348$\mu\varepsilon$，模型计算值为－298$\mu\varepsilon$，偏小 14.4％。

侧压力系数 0.5 设计工况模型计算与试验实测得到的关键位置应变随荷载变化曲线如图 4-59 所示。

（3）对比结果

关键位置结构应变对比中，使用侧压力系数 0.8、0.5 的设计工况，对比了 4 个关键的结构应变。

从变化趋势角度分析，随荷载增大，两个工况的试验实测值与模型计算值均大致呈线

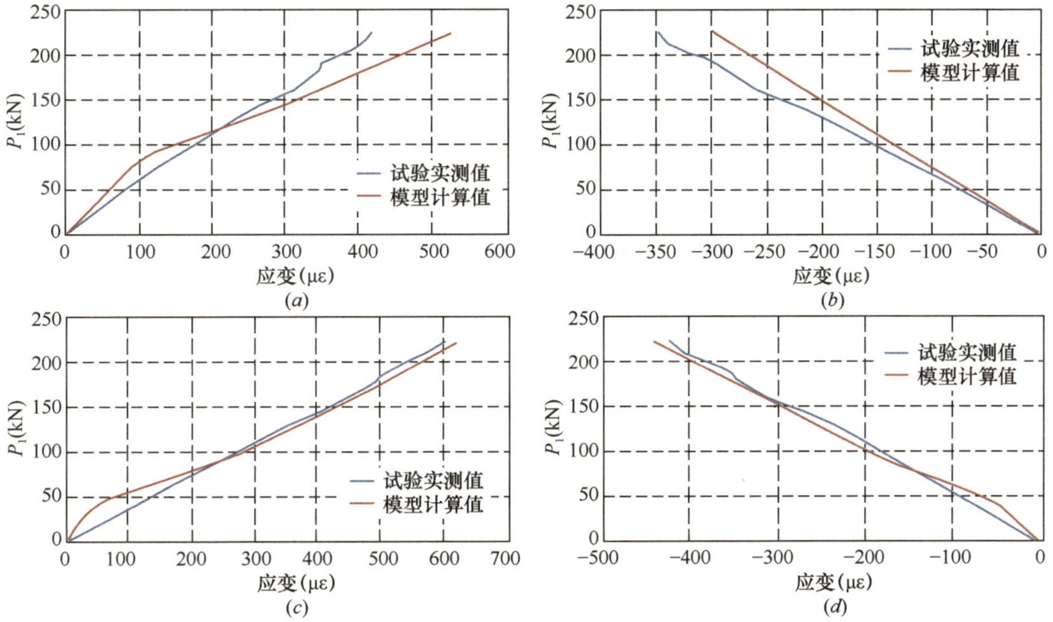

图 4-59　侧压力系数 0.5 设计工况关键位置结构应变对比

(*a*) 跨中外弧面钢板应变；(*b*) 跨中内弧面钢板应变；

(*c*) 腰部上侧外弧面钢板应变；(*d*) 腰部上侧内弧面钢板应变

性增长，有一致的变化趋势。模型计算值的线性好于试验实测值，这是由于试验中数据受多种因素影响，数据存在一定的波动。

从达到设计工况时的结构最大应变值分析，关键应变偏差均在 25%以内。其中，数值模型对侧压力系数 0.8 设计工况吻合情况较好，偏差均在 15%以内。侧压力系数 0.5 设计工况偏差较大，最大偏差为腰部上侧外弧面应变，达到 25%，根据应变对比结果，在加载过程和到达设计工况时，模型能较好模拟结构的应变情况，偏差控制在可以接受的范围内。

4.6.3　影响因素分析

螺栓预紧力影响衬砌的接头刚度，对衬砌结构受力性能有明显影响。侧压力系数为 0.8 时，分别分析螺栓预紧力为 0kN、120kN、180kN、240kN、360kN 工况下衬砌的受力特点，探究螺栓预紧力对矩形衬砌结构的受力影响。

1. 不同螺栓预紧力下结构位移

(1) 预紧力与结构位移的关系

影响因素分析中，位移对比选择跨中竖向收敛位移（对应收敛位移 B4）、边缘竖向收敛位移（对应收敛位移 B1、B7）、腰部水平收敛位移（对应收敛位移 B9）、腰部接缝张开四个关键位置位移。

侧压力系数为 0.8 的设计工况下，无螺栓轴力时，跨中竖向收敛位移−20.86mm，边缘竖向收敛位移−6.72mm，腰部水平收敛位移 10.13mm，腰部接缝张开 1.39mm。单根螺栓轴力达到 360kN 时，跨中竖向收敛位移−19.70mm，减小 5.6%；边缘竖向收敛位移－6.23mm，减小 7.3%；腰部水平收敛位移 8.85mm，减小 12.6%，腰部接缝张开 1.07mm，减小 23.0%。

根据位移对比结果，侧压力系数为 0.8 的设计工况中，螺栓轴力施加使关键位置位移减小了 5%～23%，螺栓预紧力的施加对控制结构位移有积极作用。较之无螺栓轴力工况，施加螺栓轴力后，关键位置位移均明显减小。较之竖向收敛位移，靠近接缝的水平收敛位移和接缝张开受到螺栓预紧力影响更明显。不同螺栓预紧力下的结构荷载-位移曲线如图 4-60 所示。

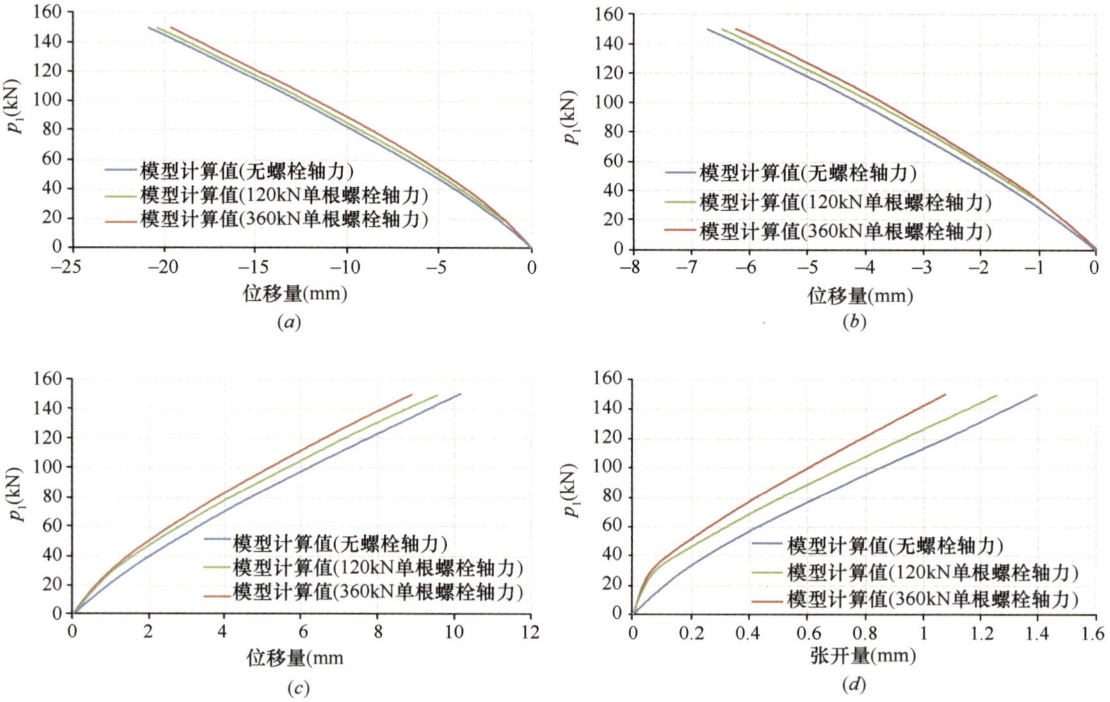

图 4-60　不同螺栓预紧力关键位置结构位移对比

（*a*）跨中竖向收敛位移；（*b*）边缘竖向收敛位移；

（*c*）腰部水平收敛位移；（*d*）腰部接缝张开

（2）螺栓预紧力与结构变形关系

模型计算中，最大单根螺栓轴力为 360kN，较之无螺栓轴力情况，顶底收敛位移减小 1.16mm，边缘竖向收敛位移减小 0.49mm，腰部水平收敛位移减小 1.27mm，腰部接缝张开减小 0.32mm。其中，单根螺栓轴力达到 120kN 时，位移减小量均已经达到 360kN 时的 40%～50%。单根螺栓轴力与关键位移减小量如表 4-3 所示。

单根螺栓轴力与位移减小量的关系　　表 4-3

关键位移	位移值		位移总减小量	减小量/360kN 时减小量	
	无轴力情况	单根螺栓轴力 360kN		单根螺栓轴力 120kN	单根螺栓轴力 240kN
跨中竖向收敛位移	20.86	19.70	1.16	0.42	0.75

续表

关键位移	位移值		位移总减小量	减小量/360kN 时减小量	
	无轴力情况	单根螺栓轴力 360kN		单根螺栓轴力 120kN	单根螺栓轴力 240kN
边缘竖向收敛位移	6.72	6.23	0.49	0.49	0.79
腰部水平收敛位移	10.13	8.85	1.27	0.46	0.77
腰部接缝张开	1.39	1.07	0.32	0.44	0.76

根据有限元计算结果，施加螺栓预紧力有利于控制结构变形，同时亦可以发现，螺栓预紧力与设计工况时位移之间不是线性关系。螺栓预紧力较小时，随着螺栓预紧力上升，设计工况时位移迅速下降；螺栓预紧力超过一定数值时，随着螺栓预紧力上升，设计工况时位移下降速度开始减慢。

螺栓预紧力与达到设计工况时的衬砌结构关键位置位移关系曲线如图 4-61 所示。

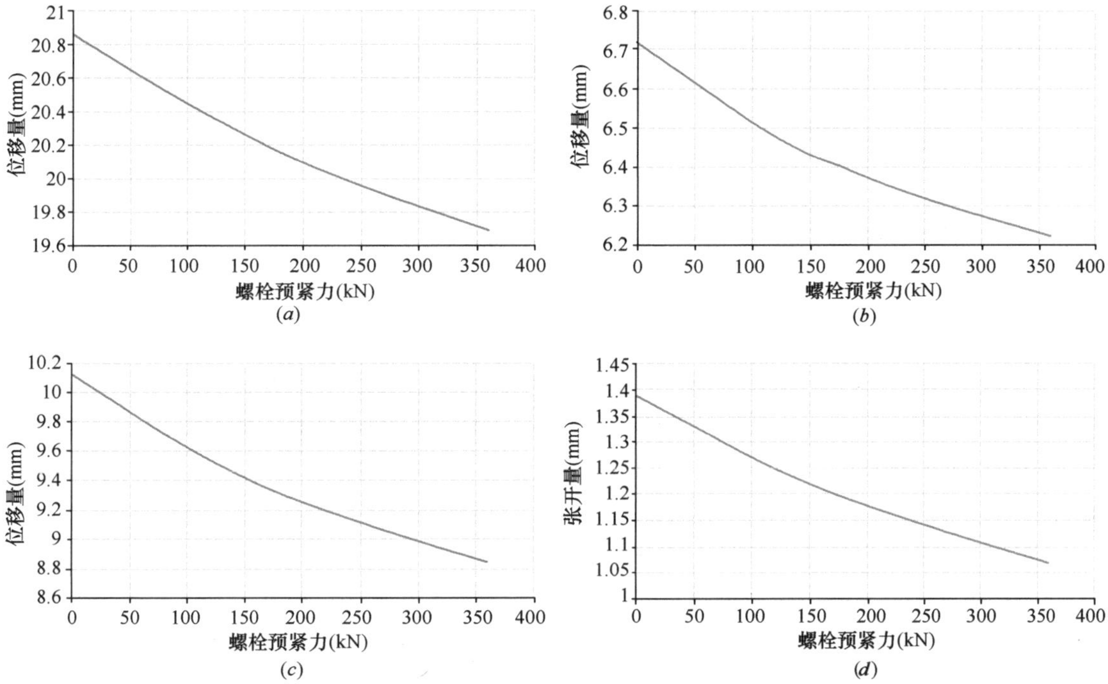

图 4-61　螺栓预紧力与结构变形关系

(a) 跨中竖向收敛位移；(b) 边缘竖向收敛位移；(c) 腰部水平收敛位移；(d) 腰部接缝张开

2. 不同螺栓预紧力下结构应变

影响因素分析中，应变对比选择顶部（1 号截面）内、外弧面应变、腰部接缝上侧截面（6 号截面）内、外弧面应变四个关键位置应变。

根据应力对比结果，在加载过程和到达设计工况时，螺栓预紧力对顶部跨中截面应变无明显影响，对靠近接缝的截面应变影响较大。施加螺栓轴力后，接缝附近截面内外弧面的应变绝对值均有所增加，说明接缝附近的内力增大，这是接缝刚度提高导致的内力重分布结果，应变增加幅度较小，均在 3%以内。不同螺栓预紧力关键位置结构应变对比如图 4-62 所示。

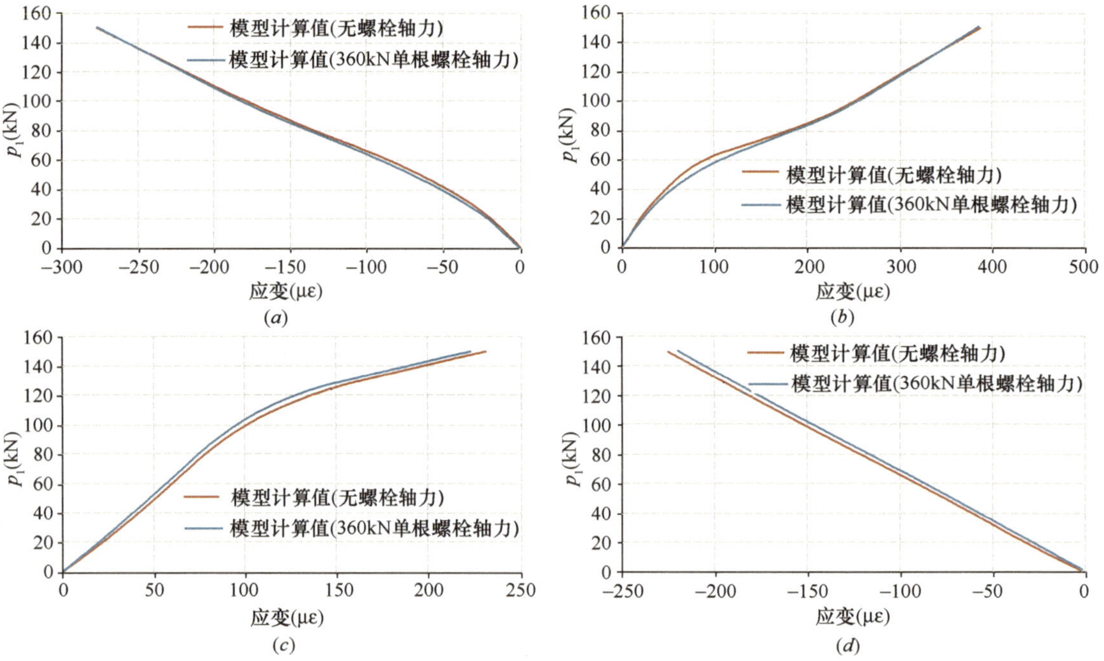

图 4-62 不同螺栓预紧力关键位置结构应变对比

(*a*) 顶部外弧面应变；(*b*) 顶部内弧面应变；(*c*) 腰部上侧外弧面；(*d*) 腰部上侧内弧面

4.6.4 小结

针对衬砌结构力学性能的理论分析，本文分析思路如下：(1) 建立与整环结构试验相同的有限元模型；(2) 通过试验结果与有限元结果对比，验证有限元模型对衬砌结构变形特征和受力特征的模拟情况；(3) 利用经过验证的模型进行整体结构受力性能影响因素分析。

有限元分析模型建立：使用有限元软件 ABAQUS，对衬砌结构进行三维、弹塑性分析，由于所研究的衬砌结构对称且荷载均对称，取半结构为研究对象。有限元模型包括隧道衬砌结构管片（混凝土、隔板、钢板）、衬砌接缝（螺栓、端板）两部分，钢板、螺栓使用理想弹塑性模型，混凝土使用损伤塑性模型，并针对实际试验情况进行接触模拟与边界条件确定。

试验结果与有限元结果对比：使用侧压力系数为 0.5、0.8 设计工况荷载的有限元模型结果与试验实测结果进行对比。经过对两者关键位置结构位移和结构应变的比较，在加载过程和到达设计工况时，模型能较好地模拟结构的变形和应力情况，最大偏差 25%。模型对应变、位移较小的工况有更好的吻合程度，偏差不超过 15%，故使用侧压力系数 0.8 设计工况进行影响因素分析。

影响因素分析：通过不同螺栓预紧力工况（无预紧力、120kN 螺栓单根预紧力、

180kN 单根螺栓预紧力、240kN 单根螺栓预紧力、360kN 单根螺栓预紧力）模型结果的对比，施加螺栓预紧力后，衬砌结构收敛位移和接缝张开均明显减小，说明螺栓预紧力对控制矩形衬砌结构的变形具有积极意义。螺栓预紧力对靠近接缝位置影响更大，控制变形效果更明显。螺栓预紧力提高对远离接缝的控制截面的应力影响小，对靠近接缝的控制截面应力影响大，接缝附近内力稍微增大。螺栓预紧力提高的初始阶段，衬砌结构变形性能改善明显，后期，预紧力提高效果不如初始阶段明显。

第 5 章

衬砌结构的设计方法

5.1　引　　言

矩形盾构法隧道是盾构法隧道的一种，在研究其设计方法以前，本节对盾构法隧道的一般设计方法进行梳理。在此基础上，对矩形盾构法隧道的设计方法进行研究。在盾构法隧道衬砌结构设计过程中，主要围绕如下三方面问题展开：(1) 建立一次衬砌或二次衬砌、管片接头的力学模型；(2) 确定作用在衬砌结构上外加荷载的分布与大小；(3) 评估衬砌结构与地层间的相互作用。同时，在盾构法隧道衬砌结构内力计算理论研究中也是围绕以上三方面展开。

国际隧道协会 (International Tunnelling Association) 在 1988 年第三次地下空间和岩土国际会议上，以大纲形式提出隧道设计的指导方针。国际隧道协会将目前采用的隧道结构设计模型分为四种[1]：连续体或不连续体模型，作用-反作用模型 (基础梁模型)，收敛-约束模型，工程类比法 (经验方法)。其中，(1) 连续体或不连续体模型将地层模拟为匀质的或异质的、各向同性的或异性的、二维的或者三维的弹性介质。衬砌既可模拟为具有抗弯刚度的梁单元，也可模拟为连续体。计算采用解析解 (弹性、塑性、黏弹性等) 和数值解 (有限元、边界元等)。(2) 作用-反作用模型 (基础梁模型) 将作用的地层压力由给出的荷载表示，而地层抵抗变形的被动反作用则由 Winkler 地基模型模拟。(3) 收敛-约束模型即根据隧道径向向内位移和支护反力的相互作用特征曲线，以及表示衬砌结构受力变形的支护限制线，用两者的交点表示支护抗力值来设计衬砌结构[2]。(4) 工程类比法 (经验方法) 是指隧道的初期支护，很多是由经验来选择的。即从成功的隧道工程中取得经验转用到相似的新隧道工程上。

2000 年，国际隧道协会第二工作组 (Working Group No. 2，International Tunnelling Association) 在官方报告[3]中把盾构隧道的分析模型分为两种：解析模型 (Analytical model) 与数值模型 (Numerical model)。解析模型是根据国家标准及所选设计荷载叠加情况利用公式进行解析计算，而数值模型是在模拟详细施工阶段的情况下，根据国家标准运用结构定律与有限元程序进行模拟，以获得结构的应力和应变。

刘建航、侯学渊根据我国地下结构设计的特点，将隧道模型也分为四种：(1) 经验类比模型；(2) 荷载结构模型；(3) 地层结构模型；(4) 收敛限制模型[4]。其中，荷载结构法将地层对结构的作用简化为荷载 (包括主动地层压力和被动地层压力)，以计算衬砌在荷载作用下的内力和变形。而地层结构法把衬砌与结构一起构成受力变形的整体，按连续介质力学原理来计算衬砌与周围地层的位移和内力。荷载结构模型是使用最多的一种，我国地下铁道及铁路隧道设计规范中均推荐使用[5]。在我国铁路隧道结构设计中广泛采用的基于苏联朱-布模型的衬砌标准图就基于荷载-结构法。在意大利、德国、日本等国家也曾大量采用这类设计方法。采用这种设计模型，计算方法简单、工作量小，具有明确的受力概念和清晰的安全系数评价方法，工程设计人员可以得到结构的轴力、剪力、弯矩，直接用于结构的配筋计算。

在荷载结构法中，依据对管片接头力学上的处理方法，可以分为：惯用计算法、修正惯用计算法、多铰环计算法、梁-弹簧计算模型[6]与梁-接头模型[7]。惯用计算法是在 1960

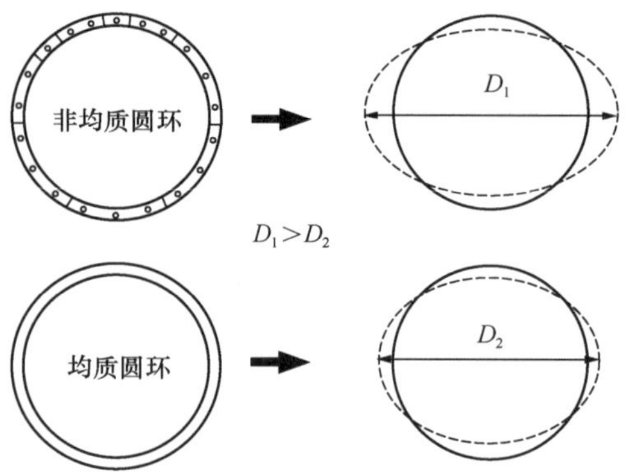

图 5-1　弯曲刚度有效率概念

年前后提出，在内力分析中不考虑管片接头部分弯曲刚度的降低、管片环是具有和管片主截面同样刚度 EI 且弯曲刚度均匀的方法。但由于管片接头的存在而造成管片刚度的降低，为了考虑管片接头对管片受力影响，引入了弯曲刚度有效率 η 和弯矩提高率 ζ 的概念，这就是修正惯用法对惯用计算法的改进之处[8]。图 5-1表示了匀质圆环与非匀质圆环的变形对比。影响 η 的主要因素有：管片种类、管片接头的结构特性、管片环相互之间的接头方法及其结构特性，尤其受周围围岩的影响特别明显。在内力分析中，过小评价 η 就是过大评价围岩的地基抗力，管片环上产生的截面内力的计算结果就会偏小。

另一方面，在错缝拼装下即使盾构隧道周围地层条件相同，但由于环间变形模式的不同，在环间接头上会产生剪力，通过此剪力管片环全体的变形受到了相邻管片环的约束，如图 5-2 所示。管片环之间的这种相互约束作用被称为拼装效应（纵向加强效应）。这种相互作用通过管片间弯矩的传递实现，如图 5-3 所示。在管片环向接头接缝处，弯矩并不是全部都由管片接头承担，其中一部分通过环之间接头的剪切阻力传递给由错缝连接的相邻管片。对弯矩考虑一个增减 ζ，即为弯矩提高率，$(1+\zeta)M$ 为主截面的设计用弯矩，$(1-\zeta)M$ 为接头的设计用弯矩。

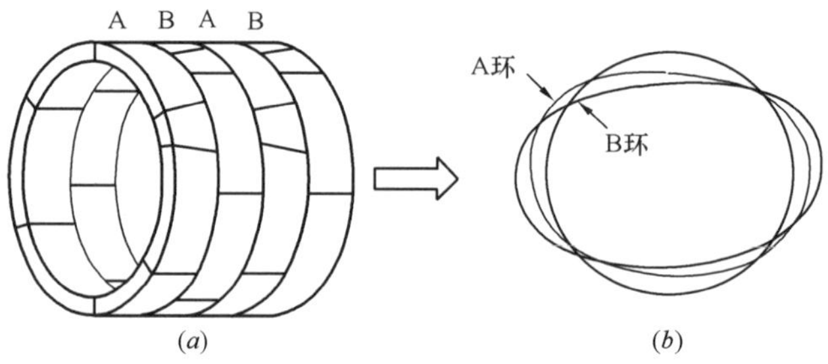

图 5-2　错缝拼装下盾构隧道的变形

（a）错缝拼装的隧道；（b）变形曲线

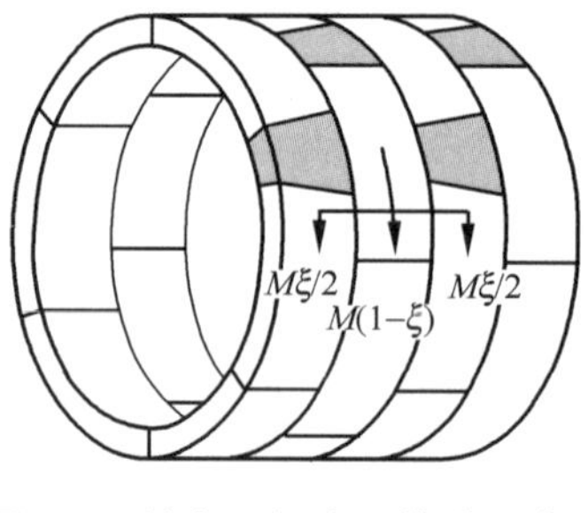

图 5-3　衬砌环间弯矩传递示意图

多铰圆环法是以隧道周围围岩状况良好作为研究对象而采用的计算法，将管片接头作为铰结构来计算。多铰环自身是非静定结构，只是在隧道周围的围岩作用下才会成为静定结构。因此，对作用在衬砌环上的荷载分布以及围岩地基抗力的评价极为重要。这种计算方法是以隧道周围围岩普遍具有抗力为前提，所以有地基适用的局限性。

在梁-弹簧分析模型中将管片主截面简化为圆弧梁或者直线梁，将管片接头考虑为轴向弹簧、剪切弹簧和旋转弹簧。对于纵向螺栓连接的考虑存在着两种考虑方法，一种为环间刚性连接，即该环与相邻环的位移在螺栓处是相等的；另一种为纵向剪切模型，在环间螺栓连接处加入剪切弹簧，从而可以考虑环间的错动与相对位移。后一种计算模型如图 5-4 所示。

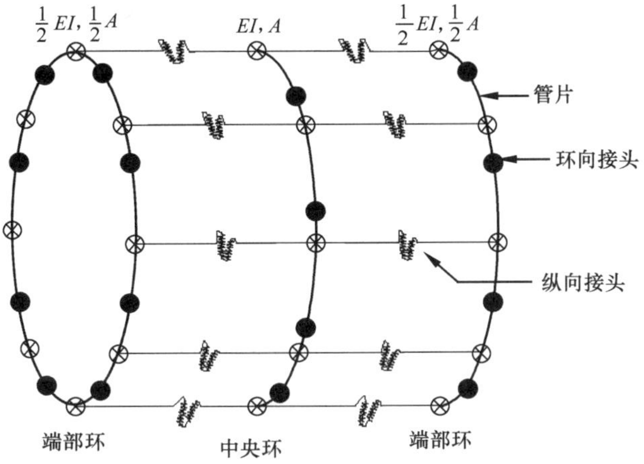

图 5-4 梁-弹簧两种计算模型

梁-接头分析模型借助一维接头单元来模拟管片间的接头效应[7]。在管片接头处引入两个节点，相对于梁-弹簧计算模型而言，梁-接头计算模型可以得到两相邻管片接头间的相对不连续变形量，连接螺栓的内力，且接头的非线性效应得到很好的模拟。

地层结构法将地层与结构视为共同受力的统一体，可以分别计算地层的稳定性和进行结构截面设计。现在一般借助于有限元理论进行计算，尽管方法本身严密精确，但由于岩土本构关系的复杂性，计算参数确定的不精确性，使得计算结果未能在工程中直接应用，只能作为设计人员的定性参考。收敛约束模型是以测试为主的设计方法，因为它提供直觉的材料，以更确切地估计地层和结构的稳定性与安全度，常受到现场人员的欢迎。但收敛约束法的原理还不够完善，存在很多问题难以解决。如地层和衬砌的响应曲线目前难以确定，使得该方法只能停留在定性描述阶段。

地层结构法是基于变形连续的概念，虽然在反映土-结构相互作用方面比荷载结构法要好，但当发生土的松弛塌落时，基于松动压力概念的荷载结构法会更合理。因此，两种方法都应该研究和发展。荷载结构法应重点研究拱效应（松动压力）和地层反力的计算，能够考虑这种作用的非线性。地层荷载法应重点研究能反映土的本构、结构特性、土-结构相互作用的数值分析方法。随着施工工艺的提高，施工对土体的扰动逐步减小、土-结构的相互作用起支配作用时，地层结构法可能上升为主要的结构设计方法。

基于以上圆形盾构法隧道的设计理论，建立矩形盾构法隧道的设计方法。在模型建立时，根据实际情况做了如下简化和基本假设：

（1）矩形盾构法隧道为长条形结构，假定地层和衬砌结构处于平面应变状态。

（2）对于浅埋隧道，作用在衬砌上的主动土压力取上覆地层全部厚度的土柱重。对于深埋隧道，作用在结构上的荷载由土拱理论得到。

（3）地层和衬砌之间的相互作用，考虑为地层弹簧约束的形式，采用 winkler 假设。

（4）地层和衬砌材料假设为各向同性弹性体。

（5）衬砌是连续匀质的，为连续体模型。

矩形盾构法的梁-弹簧模型如图 5-5 所示，管片被离散为梁单元，环向接头被模拟为转动弹簧 k_θ、轴向弹簧 k_n 与剪切弹簧 k_s。图中 H_0 为地下水位至地面的距离；H 为隧道顶部覆土厚度；q_1 为隧道顶部的水土荷载；q_2 为隧道底部的水反力（水土分算时）；e_1，e_2 分别为隧道顶部与底部的侧向水土压力；g 为衬砌自重；k_r 为地层抗力系数。该模型可以很好地模拟管片接头刚度降低对衬砌环整体刚度的影响，但接头的各项力学参数需要通过物理试验才能确定。当接头刚度取为无穷大时，忽略了管片接头对衬砌环的影响，刚度不均的衬砌环转化为均质环。在这种均质环模型中不考虑管片接头部分刚度的降低，衬砌环具有与管片主截面相同的刚度。

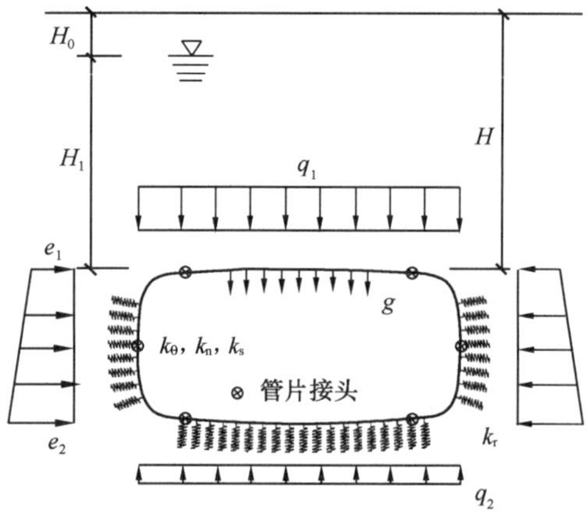

图 5-5　矩形盾构隧道梁-弹簧模型

地层与结构之间的相互作用压力包括静止土压力和变形协调土压力两部分。如图 5-5 所示的 q_1、e_1、e_2、q_2（水土分算时）为静止土压力。而拱底及拱腰的地层抗力为变形协调土压力，取决于管片的外弧面边界的径向变形，可通过地层弹簧进行模拟。地层抗力按照式（5-1）进行考虑，式中 u_R 为管片外弧面的变形。当 $u_R>0$ 时，发生指向洞外的变形，地层的径向反力 F_R 存在；当 $u_R<0$ 时，发生指向洞内的变形，F_R 为 0。根据是否考虑拱腰的地层抗力，可分为两种计算模型。

$$F_R=\begin{cases}0 & u_R<0\\ k_r u_R & u_R\geqslant 0\end{cases}\tag{5-1}$$

5.2　矩形盾构法隧道衬砌结构的受力特点

为了分析矩形盾构法隧道衬砌结构的受力特点，从衬砌的外形参数、侧压力系数、转动刚度、地层抗力等方面展开研究，从而全面把握矩形盾构法隧道衬砌结构的力学特点。

5.2.1　基本计算条件与分析参数

1. 计算条件

隧道位于软弱土层之中，覆土厚度为 6m，土层分布如图 5-6 所示。地面超载为 20kPa，盾构机在灰色粉砂、灰色淤泥质粉质黏土、灰色淤泥质黏土层中掘进。土层的力学参数如表 5-1 所示，为上海典型软弱地层。隧道顶部的水土压力采用全覆土荷载，考虑到隧道主要位于黏性土层中，采用水土合算的计算模式。隧道衬砌结构由 6 块管片通缝拼装而成。

土层力学参数表　　　　**表 5-1**

层号	土层名称	重度 γ (kN/m³)	黏聚力 c_k (kPa)	内摩擦角 φ_k (°)	侧压力系数 K_o
②$_1$	粉质黏土	18.8	21	15.9	0.41
②$_3$	粉砂	18.8	2	32.1	0.3

续表

层号	土层名称	重度 γ (kN/m³)	黏聚力 c_k (kPa)	内摩擦角 φ_k (°)	侧压力系数 K_o
③	淤泥质粉质黏土	17.4	11	14.6	0.54
④	淤泥质黏土	16.8	11	11.2	0.62
⑤₁	粉质黏土	18	15	16.2	0.48

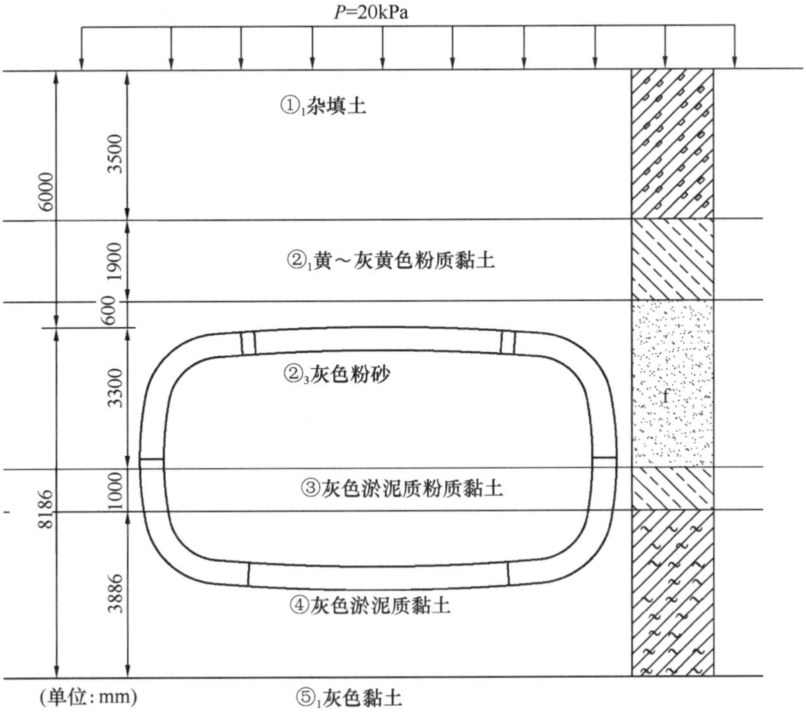

图 5-6　盾构隧道所处土层分布

2. 管片外形轮廓

为了研究矩形盾构管片的起拱量与管片受力性能的关系，采用如图 5-7 所示的管片外形尺寸，图中轮廓线为管片的形心线，衬砌宽度为 9491mm，高度为 4684mm，可满足两辆小车通行或引用于人行通道。为了计算结果的对比，同时考虑到盾构机在转角处切削刀盘半径一致的条件，在管片的转角处采用了相同的半径，管片厚度统一为 550mm。管片顶板的起拱量记为 f_1，侧墙的起拱量记为 f_2。通过 f_1 与 f_2 的组合来分析管片的外形对受力的影响。f_1 的取值为 200mm、400mm、

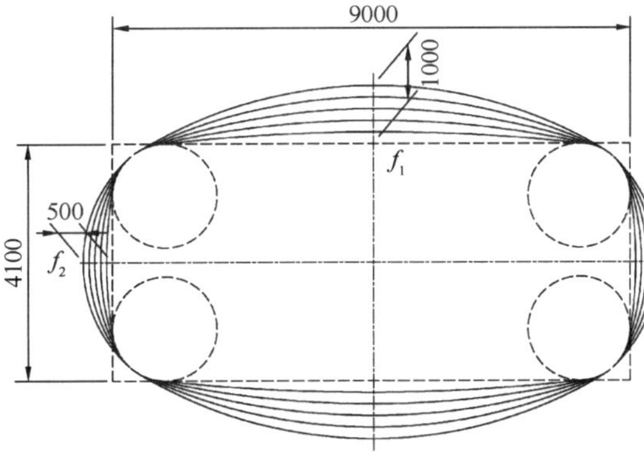

图 5-7　不同起拱量条件下隧道外形图

600mm，800mm、1000mm，f_2 的取值为 100mm、200mm、300mm、400mm，500mm，通过 f_1 与 f_2 的组合共产生 25 种模型，同时也对无起拱量的矩形隧道进行解析，共计 26 种模型。从管片外形演化图（图 5-7）可以看出，当中间矩形的高宽比接近 1 时，管片的外形趋向于圆形。当然，管片外形的确定不仅取决于力学受力性能，还受制于盾构机切削刀盘的设计，是多种综合因素确定的结果。在此仅从管片外轮廓形状的角度出发，探讨对管片受力性能的影响。

3. 接头的转动刚度

为了评价环向接头的抗弯刚度，按照式（5-2）定义无量纲转动弹簧系数。

$$k_\theta^* = k_\theta \cdot r/EI \tag{5-2}$$

式中，k_θ^* 为环向接头无量纲化后的转动弹簧系数，k_θ 为环向接头的转动弹簧刚度，r 为管片的计算半径，E 为管片弹性模量，I 为管片断面惯性矩。k_θ^* 反映了管片环向接头转动刚度与管片本身刚度的相对关系，在一定程度上反映了环向接头转动刚度的大小，可用来评价接头转动刚度对衬砌受力的影响。针对 k_θ^* 等于 0.1、1.0、10、100、1000 共 5 种不同参数进行受力分析。

5.2.2 计算结果分析

1. 衬砌外形与隧道受力的关系

在矩形盾构隧道内力分析中，采用了梁-弹簧模型计算法，作用在各模型顶部的分布荷载、底部的地层弹簧刚度系数及侧压力系数全部相同。所有模型只改变管片的断面形状，环向接头刚度取为无穷大。无起拱矩形盾构隧道的弯矩与轴力如图 5-8 所示，具有起拱量 f_1=200mm、f_2=100mm 和 f_1=1000mm、f_2=500mm 的盾构隧道的弯矩与轴力分别如图 5-9 和图 5-10 所示。通过图 5-8 与图 5-9 弯矩与轴力的对比可以得知：对管片进行微量的起拱及角部的倒圆角处理，可改善管片的受力状态，管片的最大弯矩在减少，轴力在增大。此外通过图 5-9 与图 5-10 的对比可以得知：衬砌外形的改变引起隧道衬砌的内力分布模式的变化。具有较大起拱量（f_1=1000mm、f_2=500mm）的盾构隧道在拱腰部位弯矩达到最大值，在拱底部位轴力达到最大值，而具有较小起拱量（f_1=200mm、f_2=100mm）的衬砌管片表现出相反的受力特征。

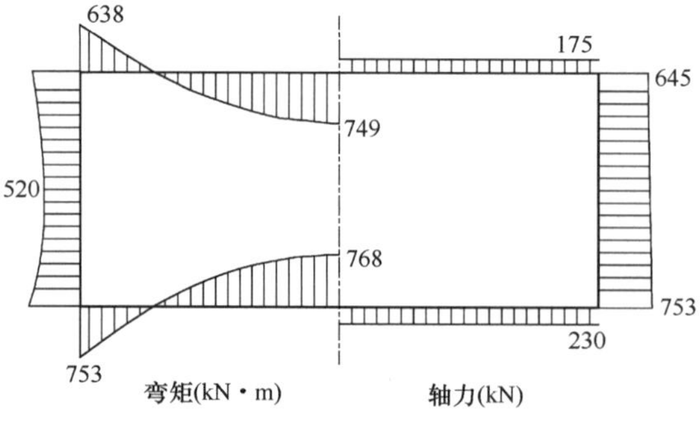

图 5-8 矩形隧道内力分布图（无起拱量）

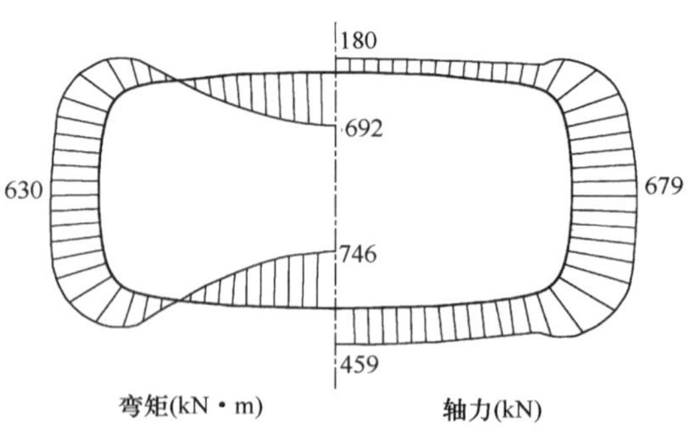

图 5-9 具有起拱量的矩形隧道内力分布图（f_1=200mm，f_2=100mm）

图 5-11 表示了管片外轮廓形状与拱底弯矩的关系图，可以看出在拱腰起拱量 f_2 固定的情况下，随着拱顶起拱量 f_1 的增加，拱底弯矩在减小，并且减小量有减少的趋势，充分说明了隧道顶部的起拱对隧道受力的影响。随着拱顶起拱量 f_1 的增加，衬砌的高宽比在增大，衬砌的受力得到了改善。而在拱顶起拱量 f_1 固定时，随着拱腰部位起拱量 f_2 的增加，衬砌拱底的弯矩在增大，拱腰部位的起拱加大了断面的跨度，给隧道受力带来不利的影响。这为隧道断面的优化设计指明了方向。

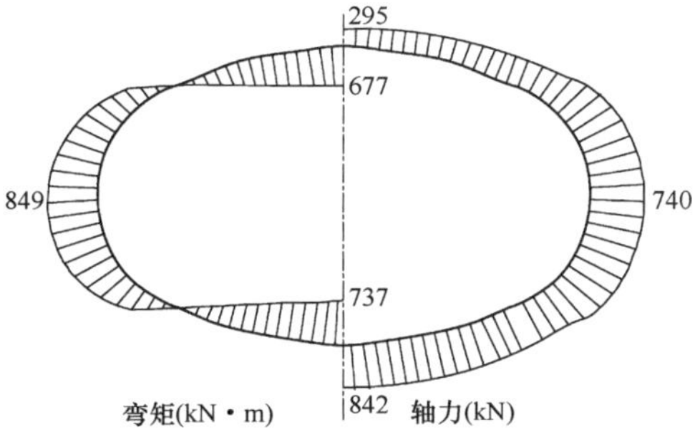

图 5-10　具有起拱量的矩形隧道内力分布图
(f_1=1000mm，f_2=500mm)

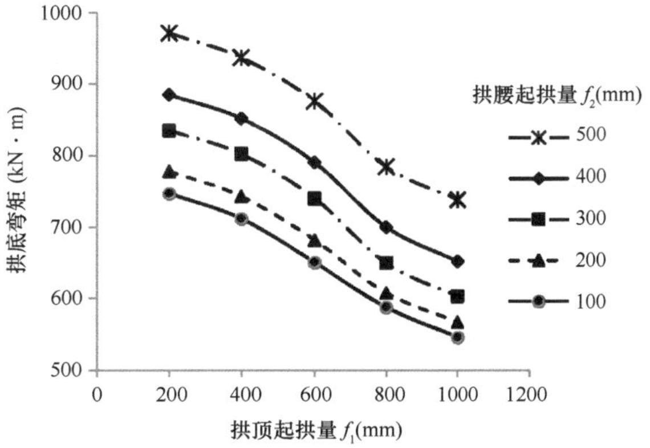

图 5-11　隧道外形与最大弯矩关系图

2. 侧压力系数与衬砌受力的关系

在拱腰起拱量 f_2 = 100mm，拱顶起拱量分别为 f_1 = 200mm、400mm、600mm、800mm、1000mm，侧压力系数 λ=0.4、0.5、0.6、0.7、0.8 的情况下，通过组合共产生 25 种模型，分别对其进行了内力分析。图 5-12 表示了拱顶起拱量 f_1=600mm，拱腰起拱量 f_2=100mm 时，不同侧压力系数条件下的弯矩对比图。可以看出随着侧压力系数的变化，各个模型的弯矩分布形状没有发生变化，对拱顶与拱腰部位的弯矩影响较大，而在其他部位对弯矩的影响很小。

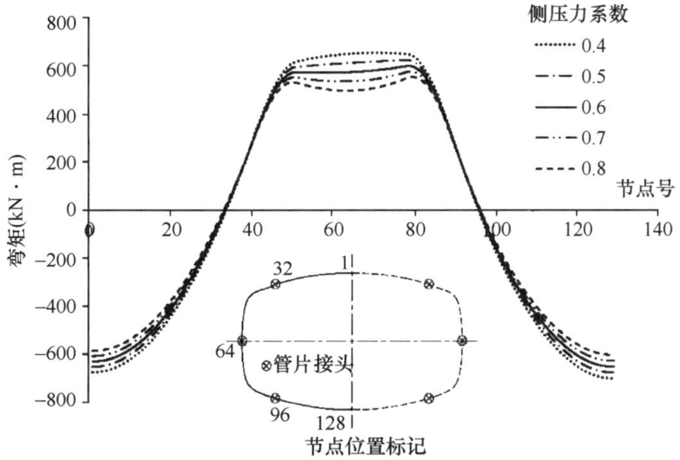

图 5-12　不同侧压力系数条件下的弯矩对比图
(f_1=600mm，f_2=100mm)

侧压力系数与最大弯矩关系如图 5-13 所示。从分布曲线上可以看出随着侧压力系数的增加，衬砌的最大弯矩表现出减小的趋势，基本上为线性关系。随着拱顶起拱量 f_1 的增加，直线斜率的绝对值在增大，说明了类矩形隧道外形在向圆形过渡过程中，衬砌内力对侧压力系数影响的敏感度在增加。侧压力系数 λ 由 0.4 增加到 0.8 的过程中，$f_1=$ 200mm 时，弯矩最大值由 772kN·m 减小到 720kN·m，减小率达到最小值为 7%；$f_1=$ 1000mm 时，弯矩的减小率达到最大值为 28%。$f_1<$600mm 的条件下，矩形隧道的内力对侧压力系数的敏感度较低，这为结构工程师进行结构设计确定土质参数时提供了参考。

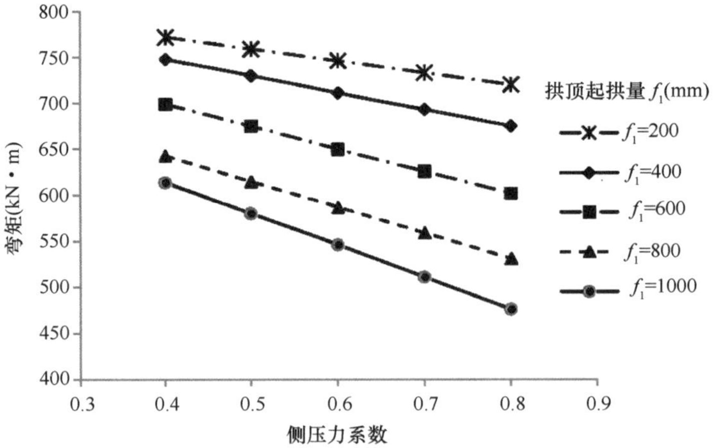

图 5-13 侧压力系数与最大弯矩关系图（$f_2=100$mm）

3. 接头转动刚度对衬砌受力性能的影响

在本次分析模型中管片厚度统一取为 550mm，管片宽度为 1000mm。管片的抗弯刚度 $EI=8.41\times10^5$ kN·m²。当拱腰起拱量 $f_2=100$mm 时，拱腰管片形心线半径 $r=$ 7.83m，根据公式（5-2），无量纲转动弹簧系数 $k_\theta^*=0.1$、1、10、10^2、10^3 所对应的管片接头转动刚度 $k_\theta=10^4$、10^5、10^6、10^7、10^8kN·m/rad。图 5-14 表示了管片接头不同转动刚度条

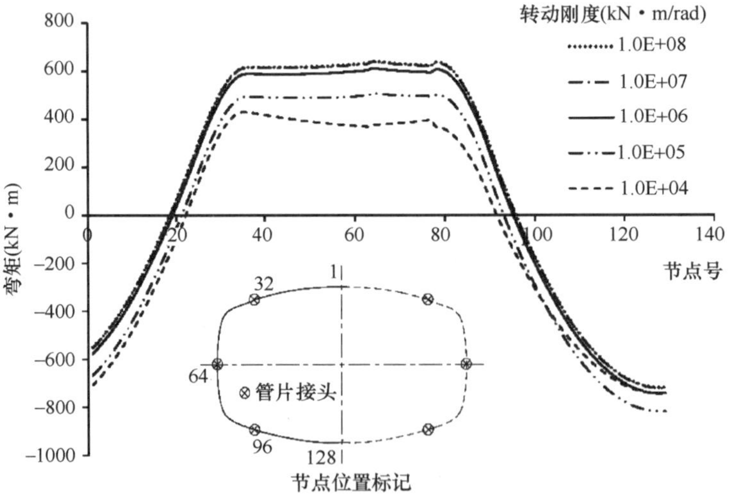

图 5-14 不同转动刚度下的弯矩对比图

件下，弯矩沿节点的分布图。从图中可以看出随着管片转动刚度的增加，拱腰部位（节点 64）的管片或接头需要承受的弯矩在增加。而在拱顶（节点 1）及拱底（节点 128）处管片弯矩的绝对值在减小。$k_\theta \geqslant 10^7$ kN · m/rad，即 $k_\theta^* \geqslant 10^2$ 时，衬砌的内力变化很小，接头处的连接可考虑为等刚度连接。管片接头刚度 k_θ 由 10^4kN · m/rad 增加到 10^8kN · m/rad 的过程中，弯矩减小了 15%。

图 5-15 表示了管片纵向接头不同转动刚度下的轴力对比，可以看出各模型轴力分布形状基本相同。管片接头刚度 k_θ 由 10^4kN · m/rad 增加到 10^5kN · m/rad 的过程中，拱顶轴力减小了 15%。管片接头刚度 $k_\theta > 10^5$kN · m/rad 时，衬砌环的轴力几乎保持不变。

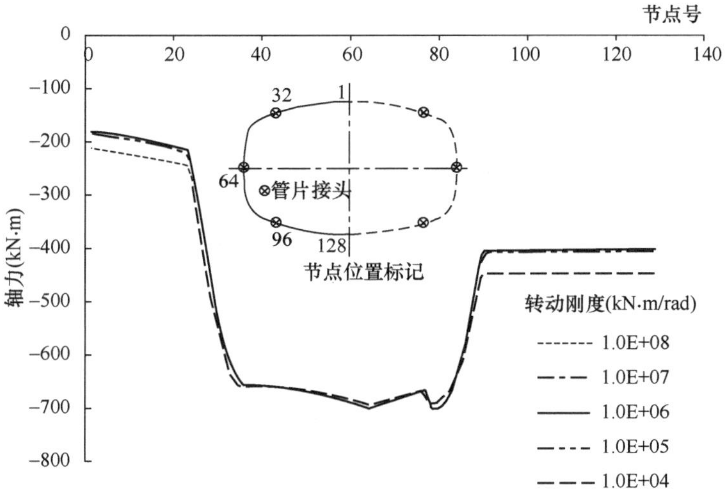

图 5-15　不同转动刚度下的轴力对比图

4. 地层抗力对衬砌内力的影响

根据隧道所处的不同地层条件，采用不同的地层抗力系数进行计算。根据黏性土的软塑、可塑、硬塑、坚硬状态，地基抗力系数分别取为 0.6×10^4kN/m³、1.2×10^4kN/m³、2.4×10^4kN/m³、3.6×10^4kN/m³。图 5-16 表示了各种不同外形的衬砌结构最大弯矩与

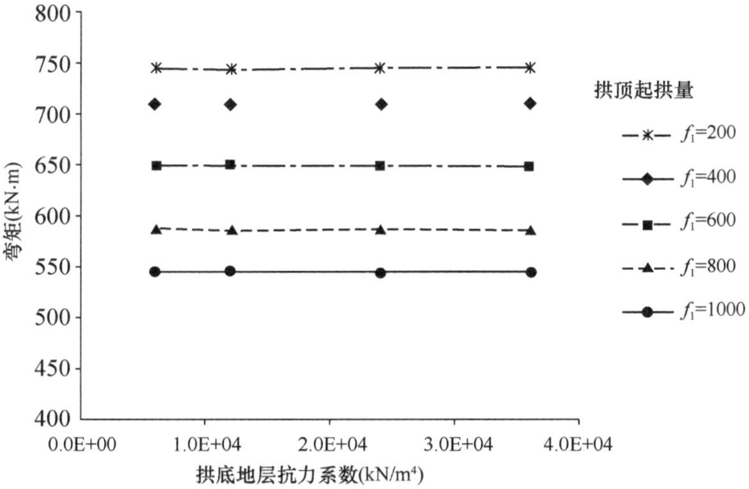

图 5-16　衬砌最大弯矩与拱底地层抗力系数关系图

拱底地层抗力系数的关系。可以看出拱底地层抗力系数的变化对衬砌最大弯矩的影响几乎可以忽略。由于在受力计算模型中没有考虑拱腰部位的土层抗力，结构在竖直方向上处于平衡的状态，拱底土层的弹簧系数影响了衬砌结构的整体位移，而对隧道衬砌的内力影响较小。各种不同断面的衬砌外形下，都表现出同样的受力特点。

图 5-17 表示了衬砌（拱顶起拱 $f_1=600$mm，拱腰起拱 $f_2=100$mm）弯矩分布与拱腰地层的抗力关系。通过对二者计算结果对比分析发现，在考虑侧向地层抗力时衬砌的弯矩值减小，对拱腰的弯矩影响较大。在拱腰处不考虑侧向地层抗力时，拱腰的最大弯矩值增加了约 5%（弯矩增加值/考虑侧向地层抗力时的最大弯矩），说明在矩形盾构隧道设计中，侧向地层抗力对隧道的内力影响较小。依据设计规范，在圆形盾构法隧道荷载分布模式中需要考虑拱腰的三角形分布的地层抗力。

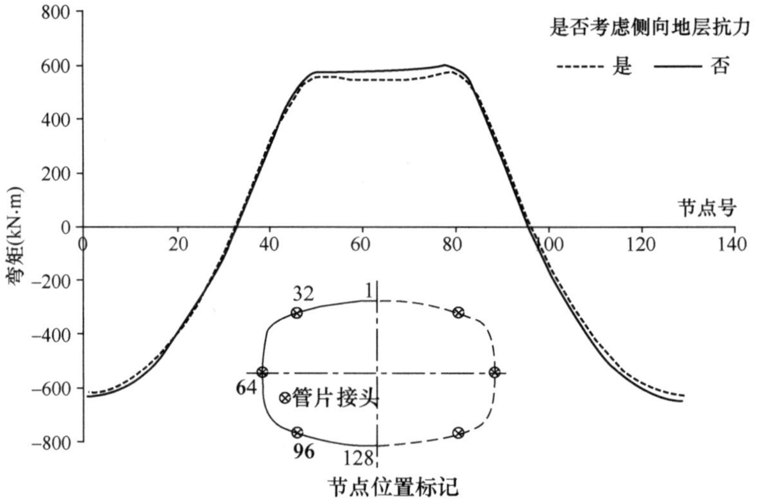

图 5-17　衬砌弯矩分布与拱腰地层抗力系数关系图
（$f_1=600$mm，$f_2=100$mm）

基于以上初步分析，在与矩形盾构机切削率相匹配的基础上，确定断面如图 5-18 所

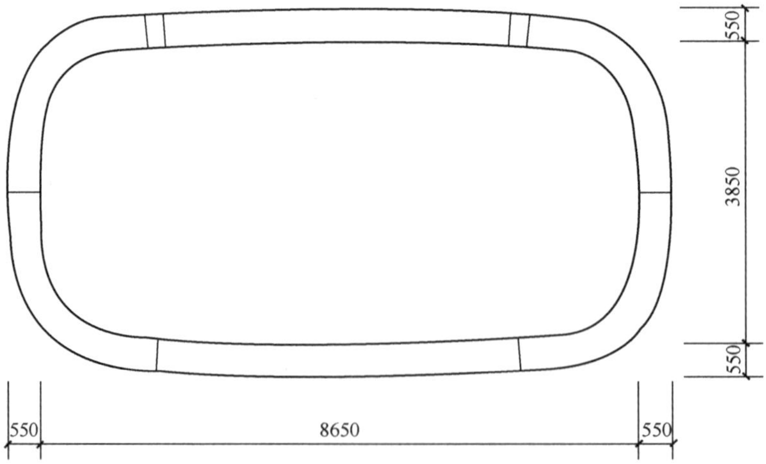

图 5-18　衬砌外形图

示，管片的厚度为 550mm。隧道所处的地质条件如 5.2.1 节所述，隧道顶部的覆土厚度为 6.0m。后续 5.3～5.6 节的计算以此为边界条件开展研究。

5.3 荷载计算与原则

5.3.1 荷载分类

计算中主要考虑的荷载有

(1) 地面超载（按 20kPa 计算）;

(2) 结构自重;

(3) 垂直和水平土压力;

(4) 水压力;

(5) 侧向地层抗力;

(6) 地层反力;

(7) 施工荷载（盾构千斤顶顶力、注浆压力）。

结构设计时，分别就施工阶段、正常运行阶段可能出现的最不利荷载组合来进行结构强度、刚度计算。

5.3.2 计算原则

(1) 设计使用年限为 50 年，结构重要性系数为 1.1。

(2) 施工阶段进行结构强度验算时，结构重要性系数取 1.0。

(3) 螺栓虽不为精制螺栓，但考虑其要承受一定的剪力，并考虑受力的不均等性，接头的抗剪承载力依据试验结果而定。

(4) 复合断面的弹性模量采用刚度等效的原则，重度采用加权平均的方法进行计算。

(5) 土压力采用水土合算，侧压力系数按地勘报告取值，地下水位最高按地表下 0.5m，最低按地表下 1.5m 计算。

(6) 注浆荷载按在水土压力的基础上附加的原理进行计算。

(7) 对不同的计算模型、计算参数，采用内力组合包络的设计方法。

5.3.3 荷载计算

1. 侧压力系数 0.6，水土合算

(1) 地下水最高水位（地面下 0.5m），有地面超载时：

隧道主要位于灰色淤泥质黏土中，采用水土合算。土体重度为 18kN/m^3，侧压力系数为 0.6，地面超载为 20kPa。

拱顶荷载：$q_1 = 18 \times 6 + 20 = 128\text{kPa}$

拱顶水平侧向土压力：$e_1 = (128 + 0.55/2.0 \times 18) \times 0.6 = 79.8\text{kPa}$

拱底水平侧向土压力：$e_2 = (128 + 0.55 \times 18 + 18 \times 4.4) \times 0.6 = 130.3\text{kPa}$

底部水反力：$q_2 = (6 - 0.5 + 4.4 + 0.55) \times 10 = 104.5\text{kPa}$

（2）地下水最高水位（地面下 0.5m），无地面超载时：

拱顶荷载：$q_1 = 18 \times 6 = 108$kPa

拱顶水平侧向土压力：$e_1 = (108 + 0.55/2.0 \times 18) \times 0.6 = 67.8$kPa

拱底水平侧向土压力：$e_2 = (108 + 0.55 \times 18 + 18 \times 4.4) \times 0.6 = 118.3$kPa

底部水反力：$q_2 = (6 - 0.5 + 4.4 + 0.55) \times 10 = 104.5$kPa

（3）地下水最低水位时（地面下 1.5m），有地面超载时：

采用水土合算时，其他荷载同第（1）项计算。

其底部水反力为 $q_2 = (6 - 1.5 + 4.4 + 0.55) \times 10 = 94.5$kPa

（4）地下水最低水位时（地面下 1.5m），无地面超载时：

采用水土合算时，其他荷载同第（2）项计算。

其底部水反力为 $q_2 = (6 - 1.5 + 4.4 + 0.55) \times 10 = 94.5$kPa

（5）地面超载按 20kPa 计，按隧道顶部满布计算。

（6）内部行车荷载：根据《建筑结构荷载规范》GB 50009—2012，汽车通道荷载取活荷载为 4kN/m。

（7）注浆荷载作为附加荷载的方式施加于管片。

2. 侧压力系数 0.8，水土合算

（1）地下水最高水位（地面下 0.5m），有地面超载时：

隧道主要位于灰色淤泥质黏土中，采用水土合算。土体重度为 18kN/m^3，侧压力系数为 0.8，地面超载为 20kPa。

拱顶荷载：$q_1 = 18 \times 6 + 20 = 128$kPa

拱顶水平侧向土压力：$e_1 = (128 + 0.55/2.0 \times 18) \times 0.8 = 106.4$kPa

拱底水平侧向土压力：$e_2 = (128 + 0.55 \times 18 + 18 \times 4.4) \times 0.8 = 173.7$kPa

底部水反力：$q_2 = (6 - 0.5 + 4.4 + 0.55) \times 10 = 104.5$kPa

（2）地下水最高水位（地面下 0.5m），无地面超载时：

拱顶荷载：$q_1 = 18 \times 6 = 108$kPa

拱顶水平侧向土压力：$e_1 = (108 + 0.55/2.0 \times 18) \times 0.8 = 90.4$kPa

拱底水平侧向土压力：$e_2 = (108 + 0.55 \times 18 + 18 \times 4.4) \times 0.8 = 157.7$kPa

底部水反力：$q_2 = (6 - 0.5 + 4.4 + 0.55) \times 10 = 104.5$kPa

（3）地下水最低水位时（地面下 1.5m），有地面超载时：

其他荷载同第（1）项计算。

其底部水反力为 $q_2 = (6 - 1.5 + 4.4 + 0.55) \times 10 = 94.5$kPa

（4）地下水最低水位时（地面下 1.5m），无地面超载时：

其他荷载同第（2）项计算。

其底部水反力为 $q_2 = (6 - 1.5 + 4.4 + 0.55) \times 10 = 94.5$kPa

3. 其他荷载

（1）地面超载

按 20kPa 计，按隧道顶部满布计算。

（2）内部行车荷载

根据《建筑结构荷载规范》GB 50009—2012，汽车通道荷载取活荷载为 4kN/m^2。

（3）同步注浆荷载

盾构隧道的注浆可分为同步注浆与壁后注浆。盾构推进过程中为保持隧道周围土体的稳定性，常采用同步注浆（图 5-19），即从安装在盾尾的注浆孔中，将注浆材料注入到管片与土体之间的环形空隙。同步注浆压力一般取略大于管片周围的水土压力，压力差越大，对管片产生的不利影响越大，隧道埋深不同采取的压力及允许的压力差也不相同。本工程中假定在注浆孔两边 1m 范围各加三角形荷载，采用 8 点同步注浆，注浆附加荷载为 0.1MPa，荷载分布及位置如图 5-20 所示。同步注浆的力学计算模型如图 5-21 所示。

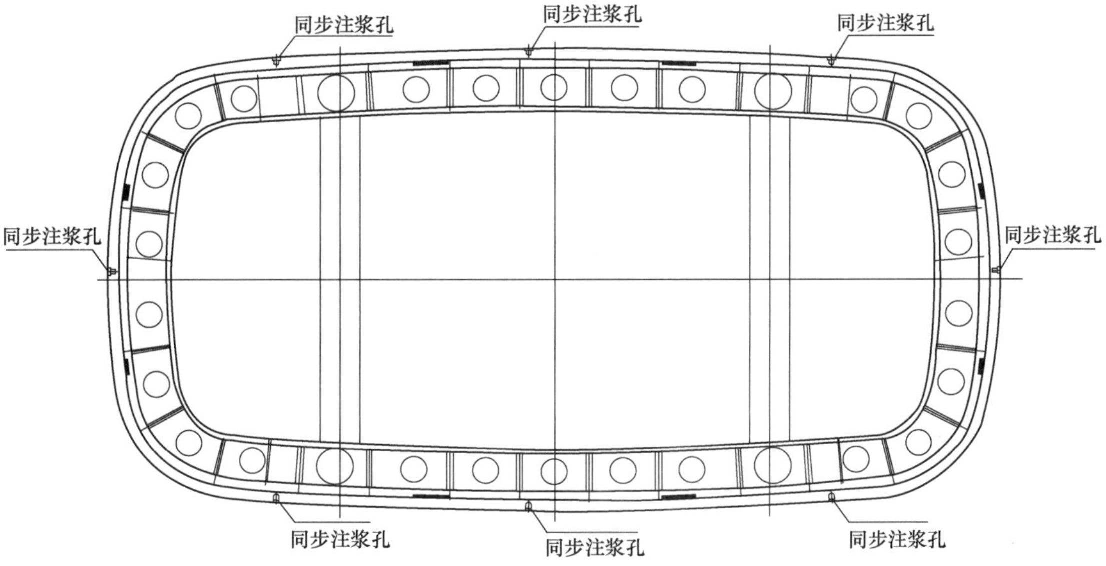

图 5-19　同步注浆孔布置图

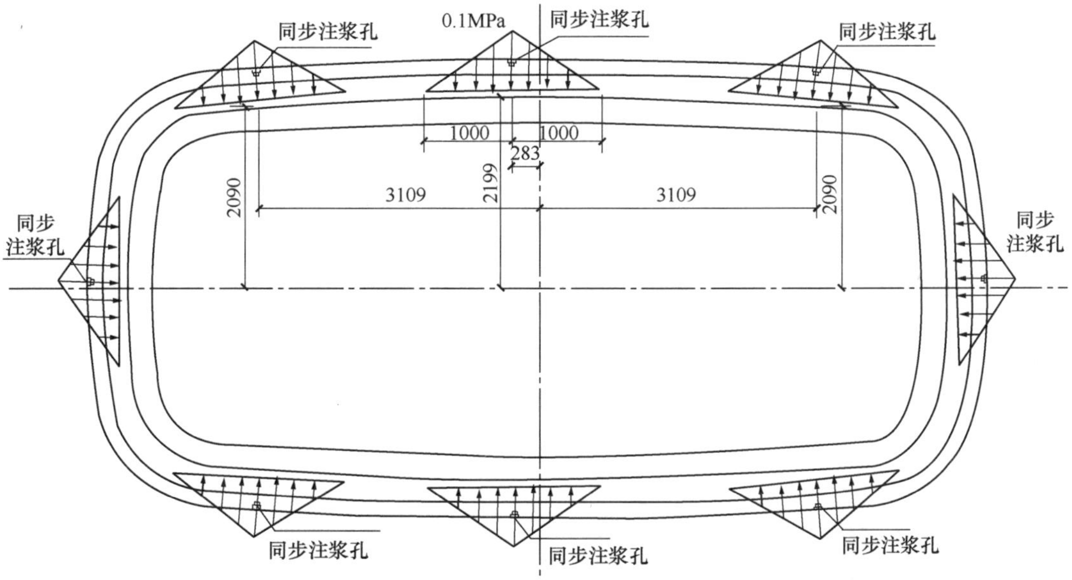

图 5-20　荷载分布图

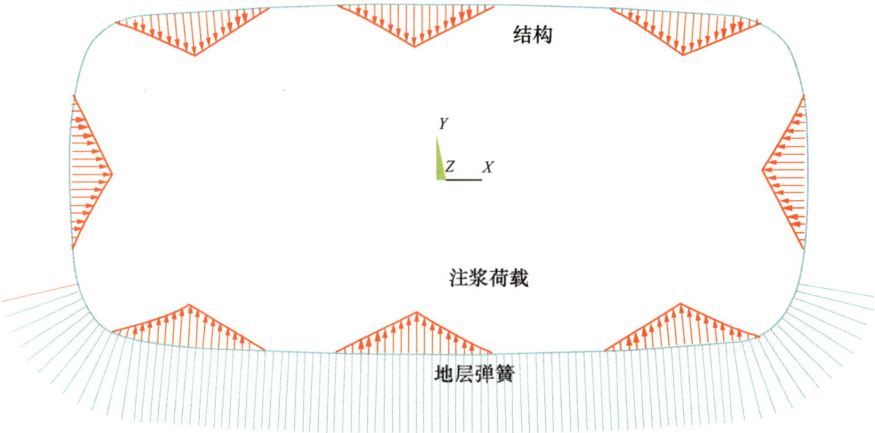

图 5-21　同步注浆荷计算模型

隧道主要位于灰色淤泥质黏土中，采用水土合算。土体重度为 18kN/m^3，地面超载为 20kPa。

拱顶荷载：$q_1 = 18 \times 6 + 20 = 128$kPa

一环管片自重总荷载：$V = 13.582$m^3，管片密度 27.5kN/m^3，管片总重：$G = 13.582 \times 27.5 = 373.505$kN

线荷载：$P = 373.505/9.2 = 40.6$kN/m

自重分布荷载：$p = 40.6$kN/m^2

拱底荷载：$P_b = 128 + 40.6 = 168.6$ kN/m^2

同步注浆压力与周围水土压力差按 0.1MPa 控制。

此时拱底的注浆压力为 $0.17 + 0.1 = 0.27$MPa，拱顶的注浆压力为 $0.128 + 0.1 = 0.23$MPa。

在内力计算中不考虑自重荷载产生的内力。

4. 壁后注浆荷载

壁后注浆，即向盾尾间隙中充填足够的浆液，必须以一定的压力压送浆液，才能使浆液很好地遍及于管片的外侧。其压力大小大致等于地层阻力强度加上 0.1～0.2MPa。另外，与初期注浆压力相比，后期注浆压力要比初期注浆压力大 0.05～0.1MPa，并以此作为压力管理基准。地层阻力强度是地层的固有值，为浆液可以注入到地层的压力最小值。地层阻力强度因地层条件（土质的种类、土压、承压、水压等）及掘削条件（泥水或泥浆压力）的不同而不同，通常在 0.1～0.2MPa 以下，但也有高到 0.4MPa 的情形。壁后注浆压力值通常为地层阻力强度与注入条件（浆液的性质、喷出量及注入工法等）决定的附加项之和，一般为 0.2～0.4MPa，本文以此为原则来确定管片的壁后注浆压力。壁后注浆附加压力与同步注浆压力均取 0.1MPa。图 5-22 为布置在管片上的壁后注浆孔示意图，注浆孔共 16 个。根据注浆按照“注一跳一”的原则，并考虑同时注浆的孔数及最不利组合，将壁后注浆荷载的分布分为两种模式，其荷载分布位置如图 5-23、图 5-24 所示。其力学计算模型分别如图 5-25、图 5-26 所示。

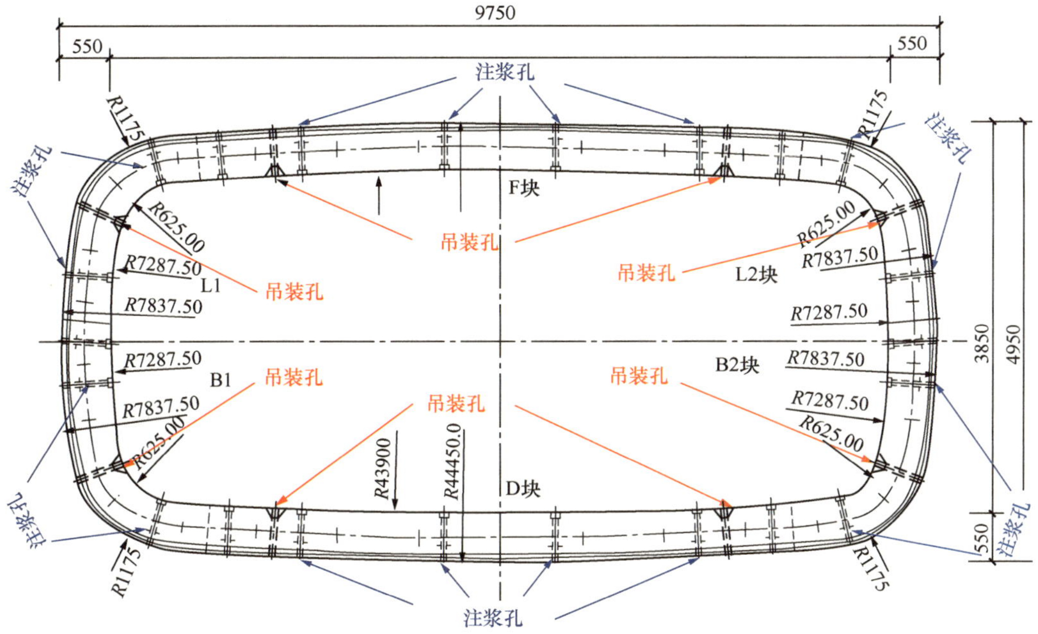

图 5-22　壁后注浆孔布置图

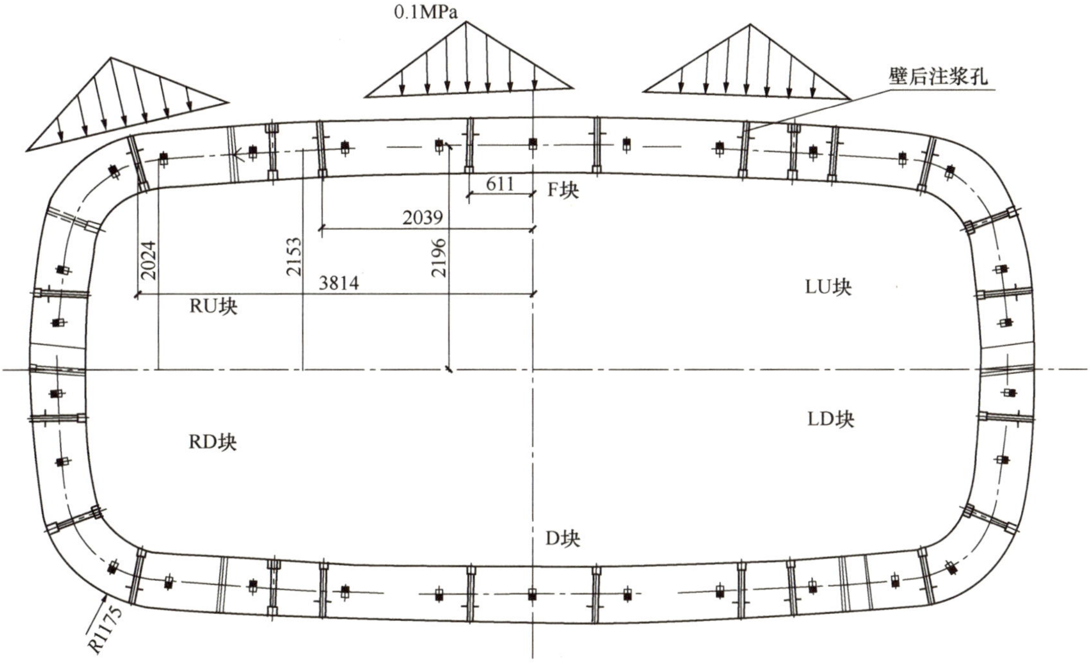

图 5-23　注浆荷载分布模式一

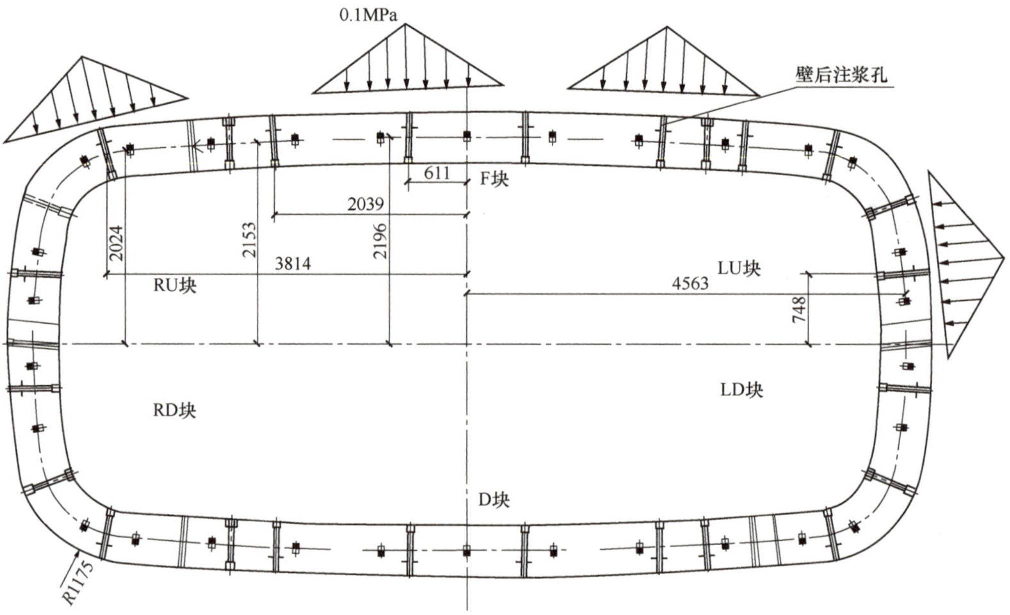

图 5-24　注浆荷载分布模式二

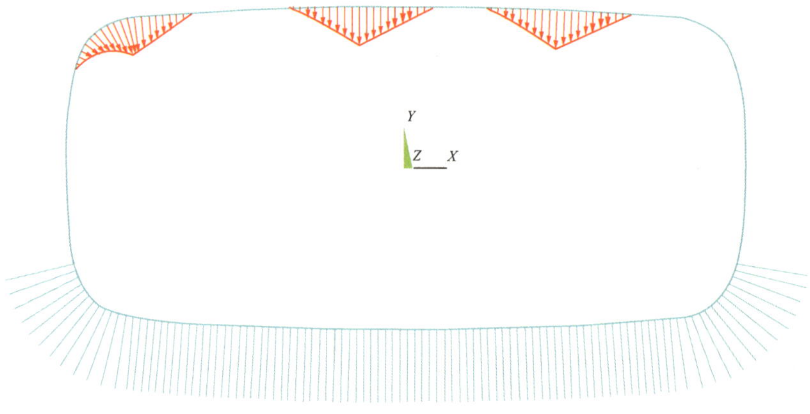

图 5-25　荷载分布模式一计算模型

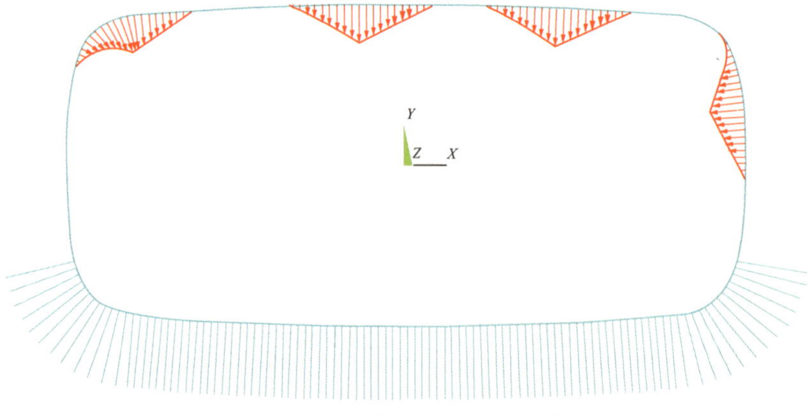

图 5-26　荷载分布模式二计算模型

5.4　全断面同一刚度计算结果

5.4.1　使用阶段

依据全断面同一刚度的计算原则进行矩形盾构隧道的受力分析，其分析结果及结构内力包络图分别如下所述。

1. 侧压力系数 0.6

依据全断面同一刚度模型，结构的内力、地层抗力、位移如图 5-27 所示。

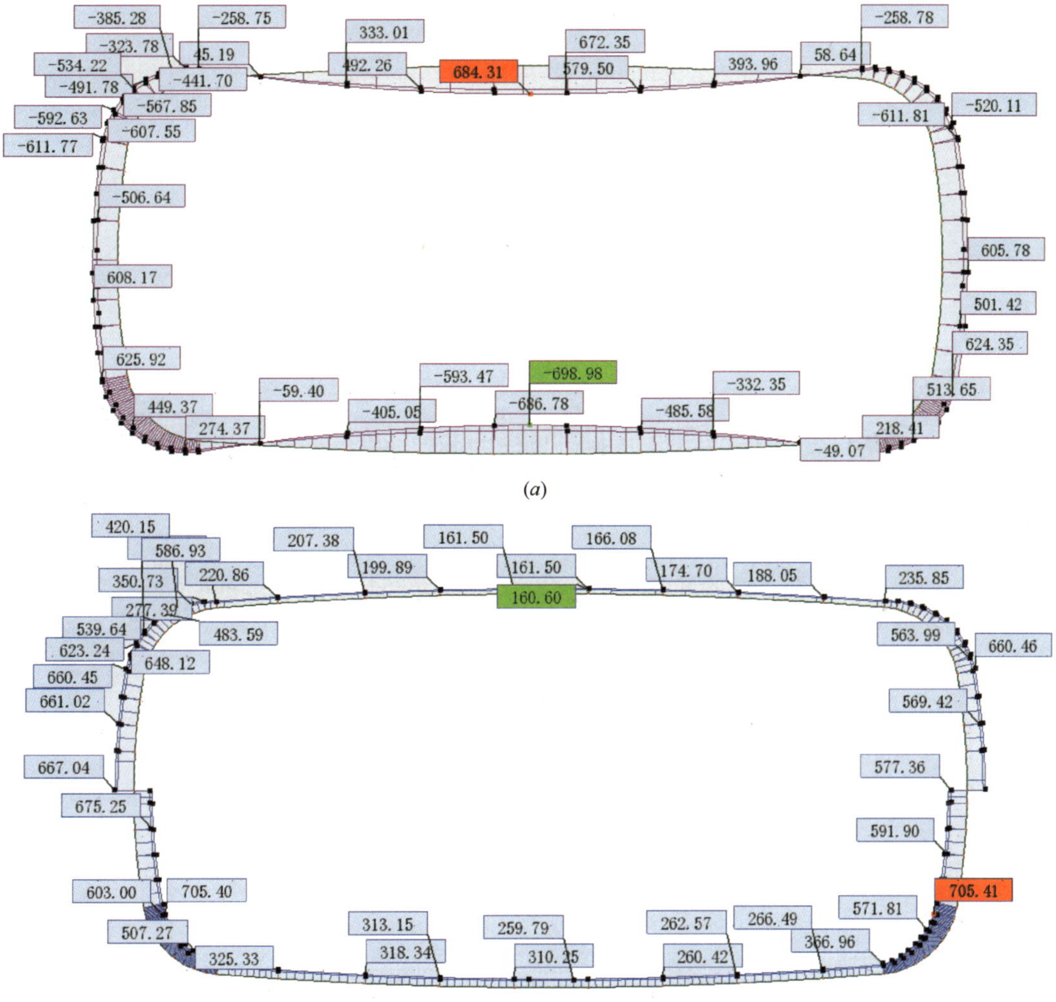

图 5-27　内力、地层抗力、位移包络图（同一刚度计算模型，k=0.6）（一）

(*a*) 弯矩包络图（kN・m）；(*b*) 轴力图（kN）

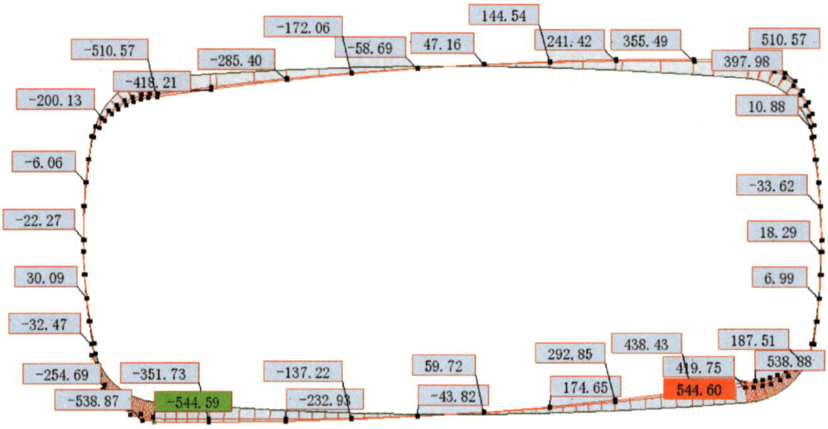

(*c*)

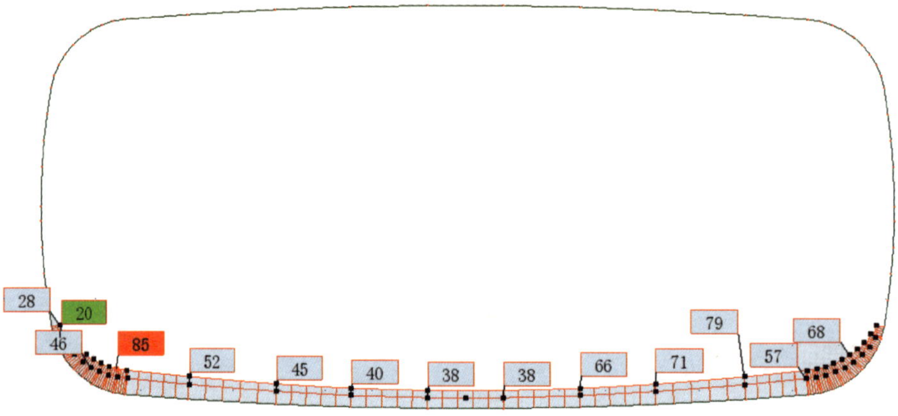

(*d*)

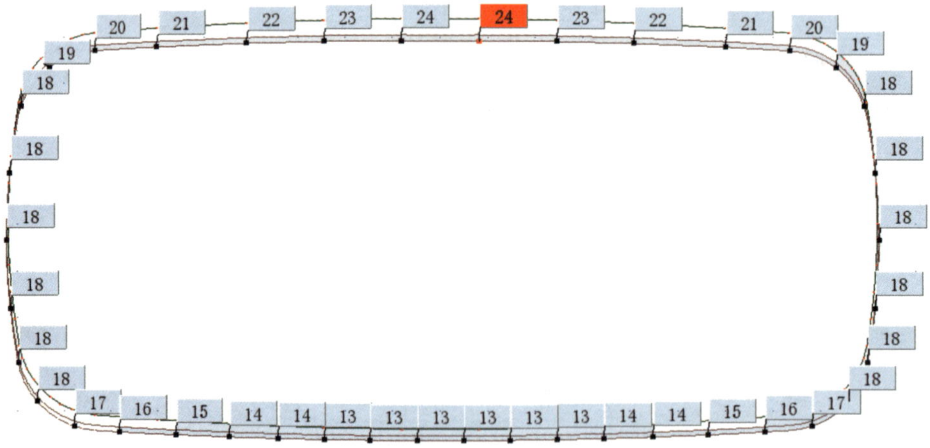

(*e*)

图 5-27　内力、地层抗力、位移包络图（同一刚度计算模型，k=0.6）（二）

（*c*）剪力包络图（kN）；（*d*）地层抗力包络图（kN）；（*e*）位移包络图（mm）

变形计算：24－13＝11mm＜(8650＋550)/300＝31mm，变形满足要求。

2. 侧压力系数 0.8

依据全断面同一刚度模型，结构的内力、地层抗力、位移如图 5-28 所示。

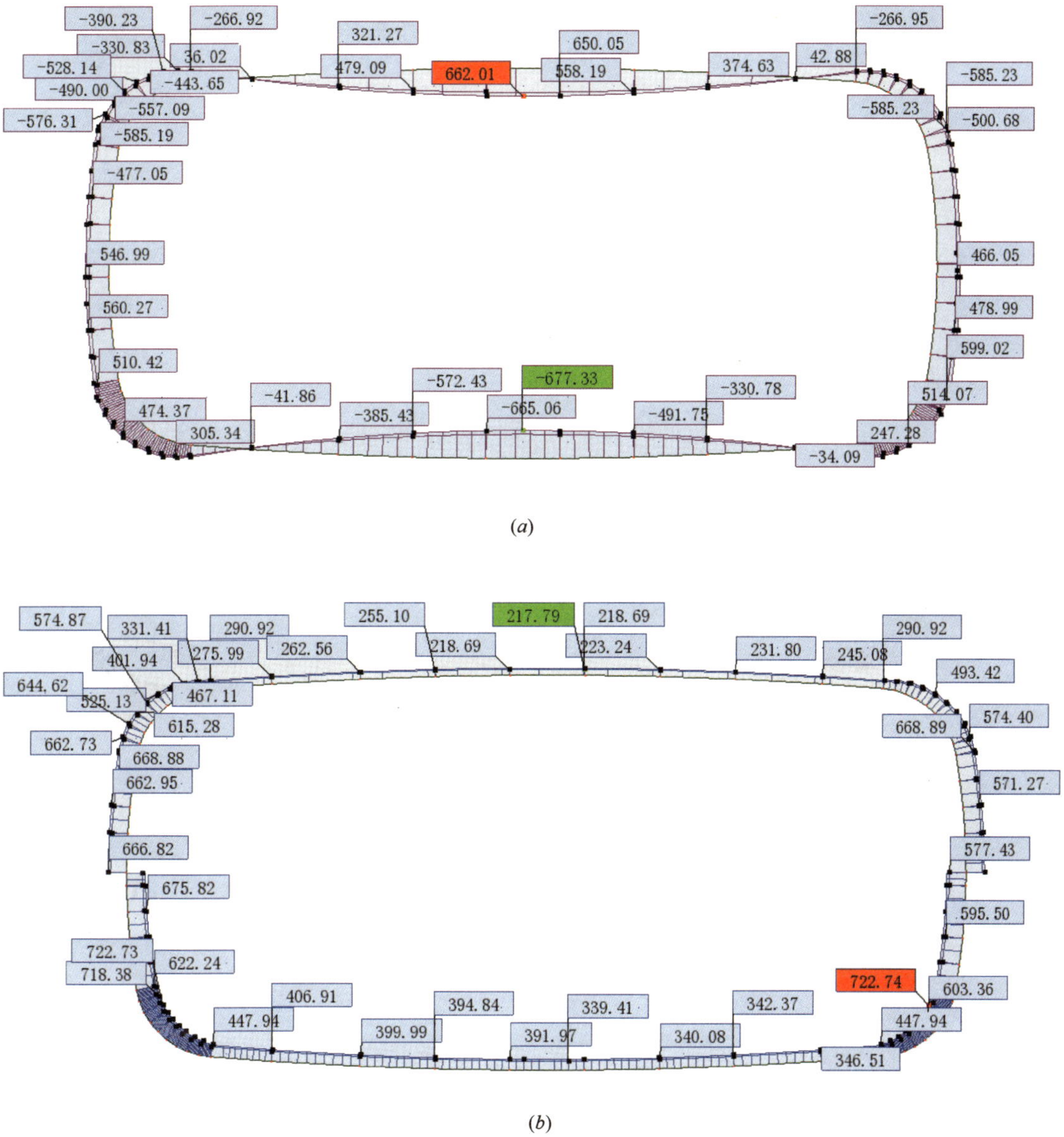

图 5-28　内力、地层抗力、位移包络图（同一刚度计算模型，k=0.8）（一）

（a）弯矩包络图（kN·m）；（b）轴力包络图

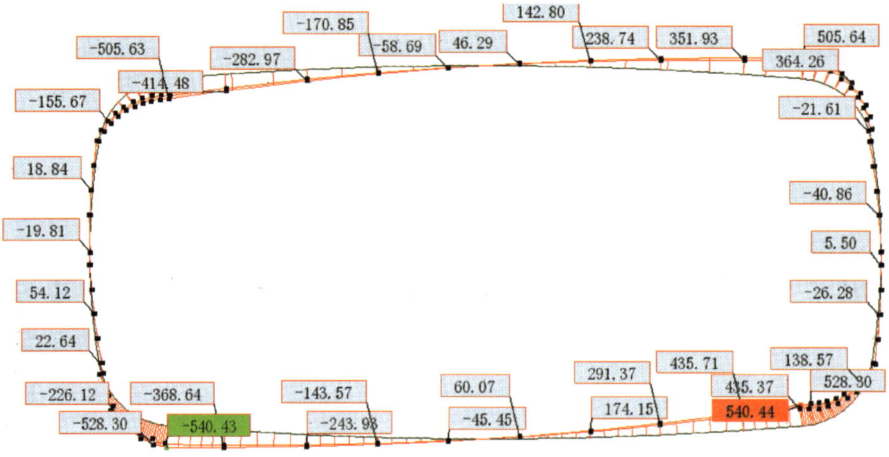

(*c*)

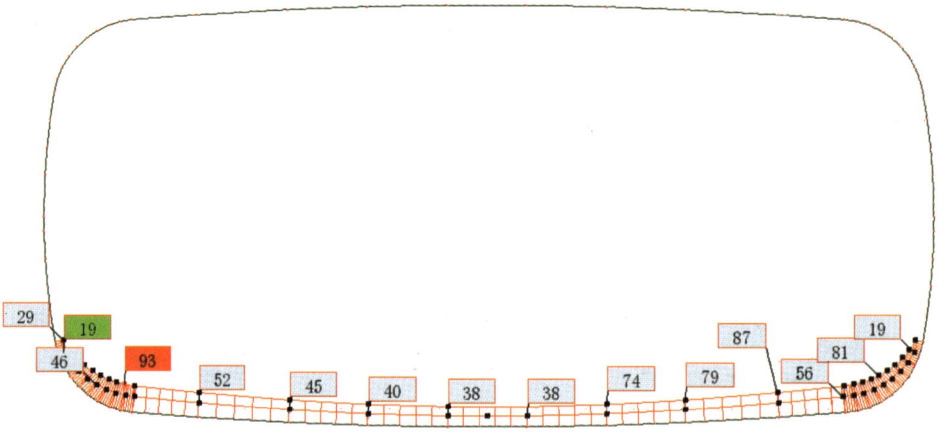

(*d*)

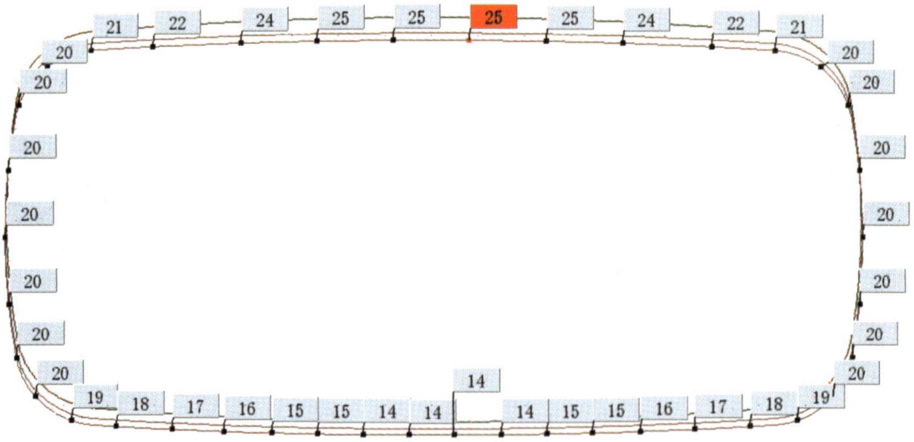

(*e*)

图 5-28　内力、地层抗力、位移包络图（同一刚度计算模型，k=0.8）（二）

（*c*）剪力包络图；（*d*）地层抗力包络图；（*e*）位移包络图

变形计算：25－14＝11mm＜（8650＋550）/300＝31mm，变形满足要求。

不同侧压力系数的计算结果如表 5-2 所示。通过对比，侧压力系数为 0.6 时，产生的最大正弯矩、最小负弯矩较大，而二者的剪力相差为 5kN。本次计算选取侧压力系数 0.6 的计算结果进行强度及变形计算。

侧压力系数分析对表　　　　**表 5-2**

项目	侧压力系数 0.6	侧压力系数 0.8
最大正弯矩（kN·m）	699	677
最小负弯矩（kN·m）	612	585
最大轴力（kN）	705	722
最大剪力（kN）	545	540

5.4.2　施工阶段

施工阶段，衬砌在同步注浆与壁后注浆作用下的内力分析如下所述。

1. 同步注浆

同步注浆的内力及位移如图 5-29 所示。

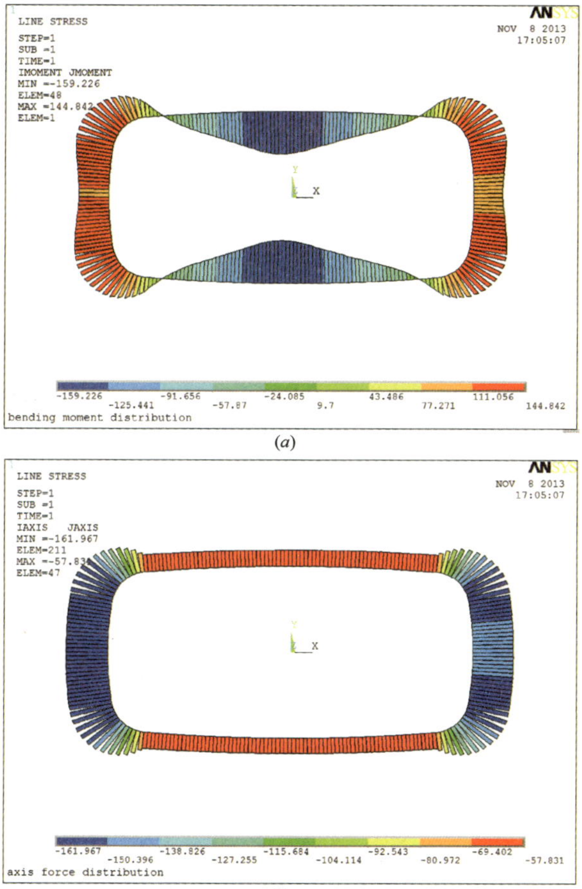

图 5-29　同步注浆内力、位移图（一）

（*a*）弯矩（kN·m）；（*b*）轴力（kN）

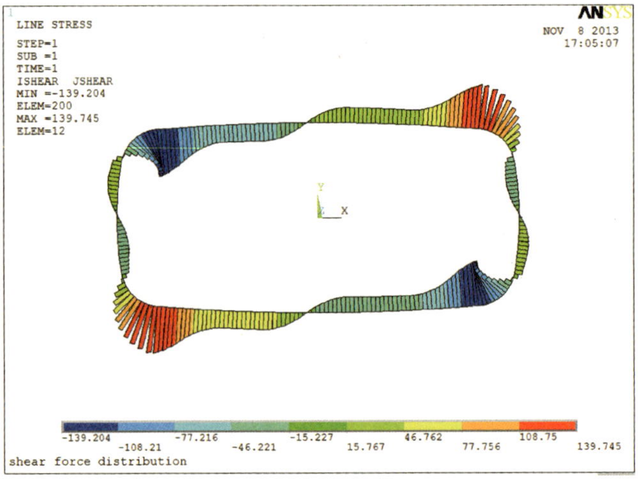

(c)

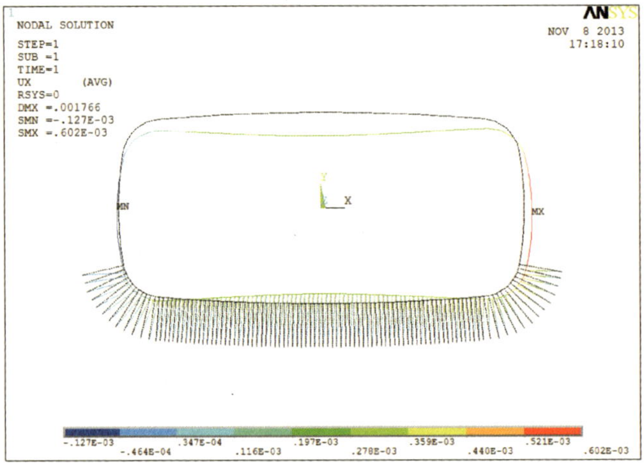

(d)

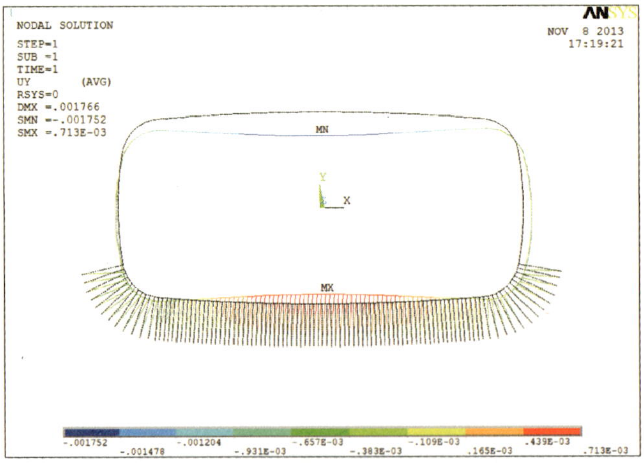

(e)

图 5-29 同步注浆内力、位移图（二）

(c) 剪力（kN）；(d) 水平位移（mm）；(e) 竖向位移（mm）(拱顶位移−1.7mm)

2. 壁后注浆

衬砌在两种注浆荷载作用下，其内力及位移如图 5-30 所示。

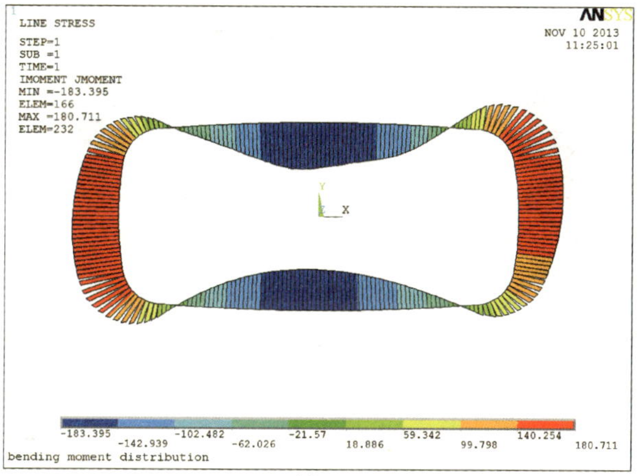

(*a*)

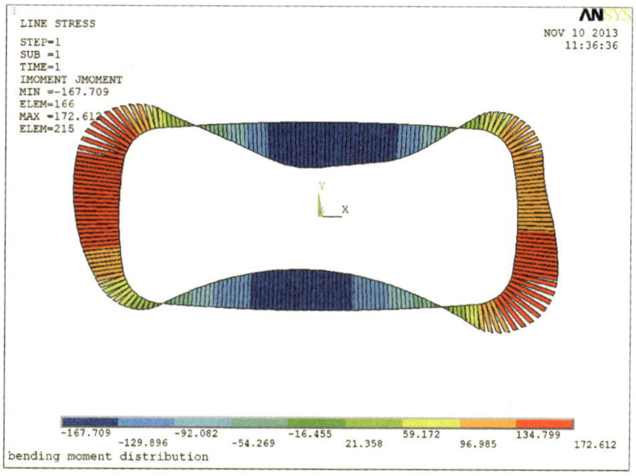

(*b*)

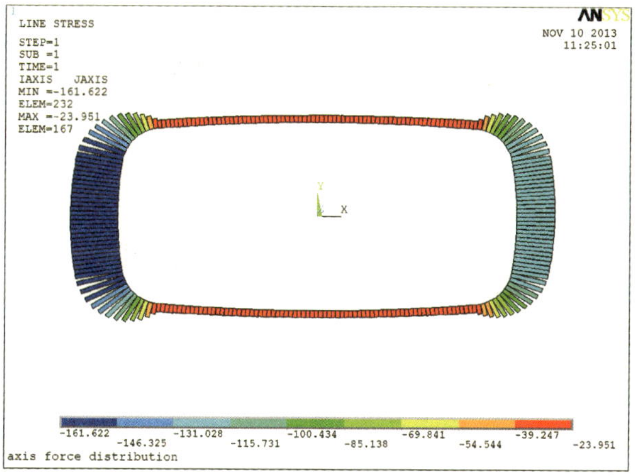

(*c*)

图 5-30　壁后注浆内力及位移图（一）

(*a*) 荷载分布模式一　弯矩（kN·m）；(*b*) 荷载分布模式二　弯矩（kN·m）(*c*) 荷载分布模式一　轴力（kN）

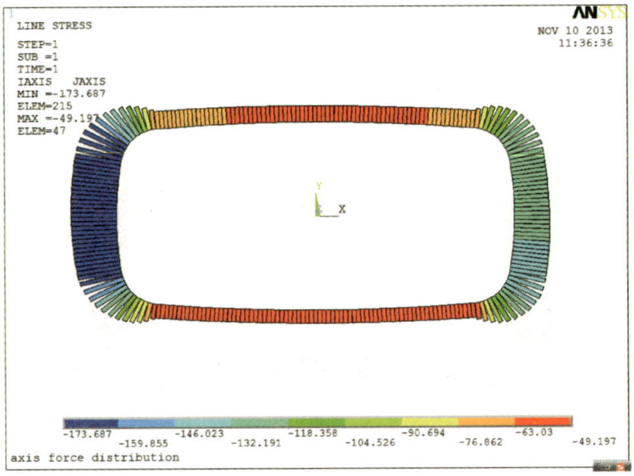

(*d*)

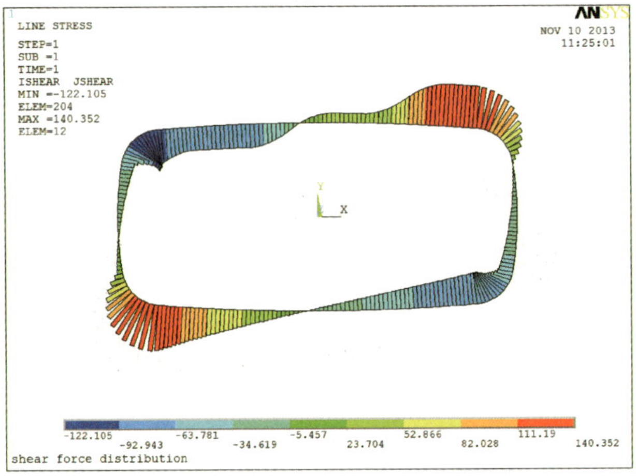

(*e*)

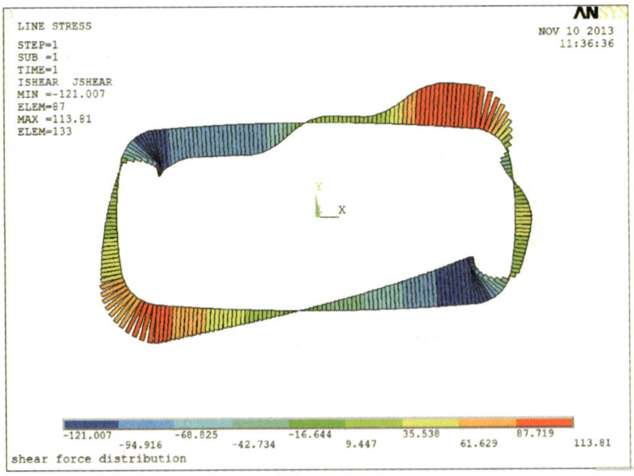

(*f*)

图 5-30 壁后注浆内力及位移图（二）

（*d*）荷载分布模式二 轴力（kN）；（*e*）荷载分布模式一 剪力（kN）；（*f*）荷载分布模式二 剪力（kN）

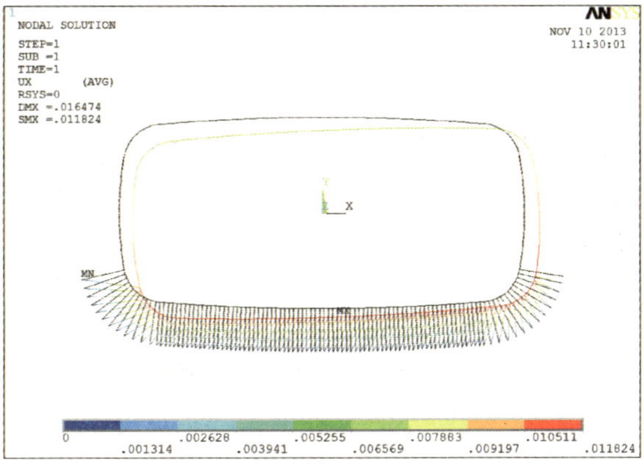

(g)

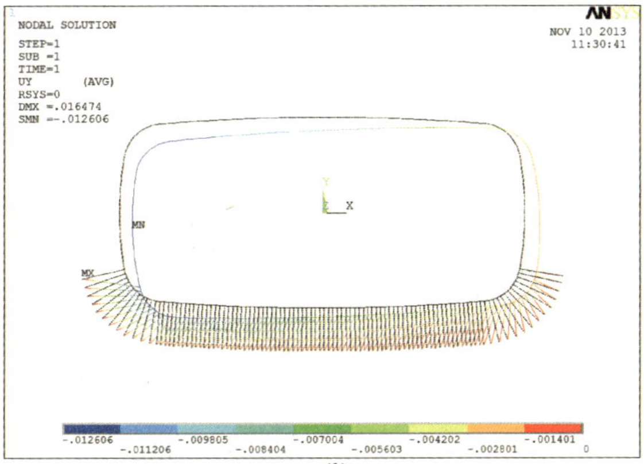

(h)

图 5-30　壁后注浆内力及位移图（三）

（g）荷载分布模式一　水平方向位移（m）；（h）荷载分布模式一　垂直方向位移（m）

3. 同一刚度模型的包络图

依据同一刚度模型，结构在同步注浆与壁后注浆作用下，其内力包络如图 5-31 所示。

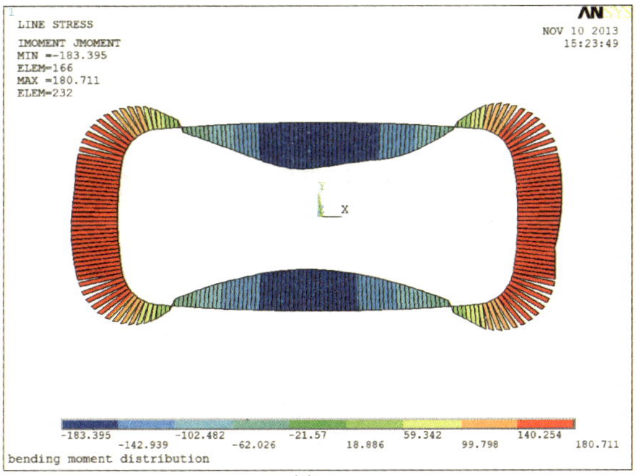

(a)

图 5-31　内力包络图（同一刚度模型）（一）

（a）弯矩（kN・m）

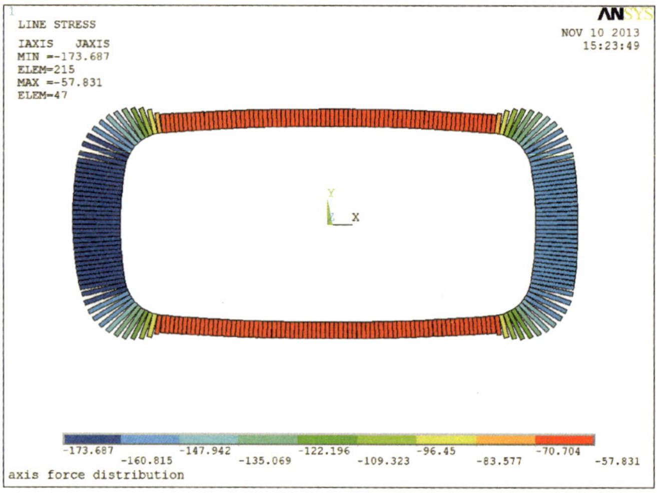

(*b*)

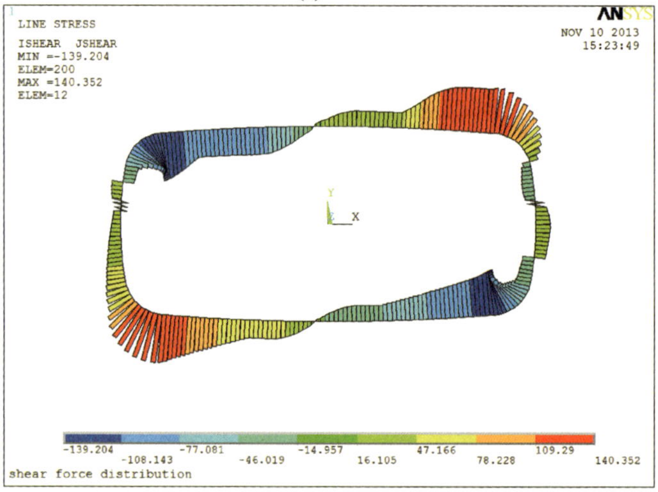

(*c*)

图 5-31 内力包络图（同一刚度模型）（二）

(*b*) 轴力（kN）；(*c*) 剪力（kN）

5.5 考虑接头刚度的计算结果

5.5.1 使用阶段

由 5.4 节的分析可知，矩形盾构隧道在侧压力较小时，跨中的弯矩较大，为不利情况，本次计算侧压力系数取 0.6 进行计算，而侧压力系数为 0.8 时省略计算。依据试验结果，预紧力及安装误差会影响管片的接头刚度，根据安装情况接头刚度分别提供了大值 1.2×10^5kN·m/rad 与小值 5×10^4 kN·m/rad，为了偏于安全的设计，本次取小值进行计算。考虑接头转动刚度的计算模型如图 5-32 所示。依据接头转动刚度的计算模型，内力、位移、地层抗力的包络如图 5-33 所示。

图 5-32　考虑接头转动刚度的计算模型

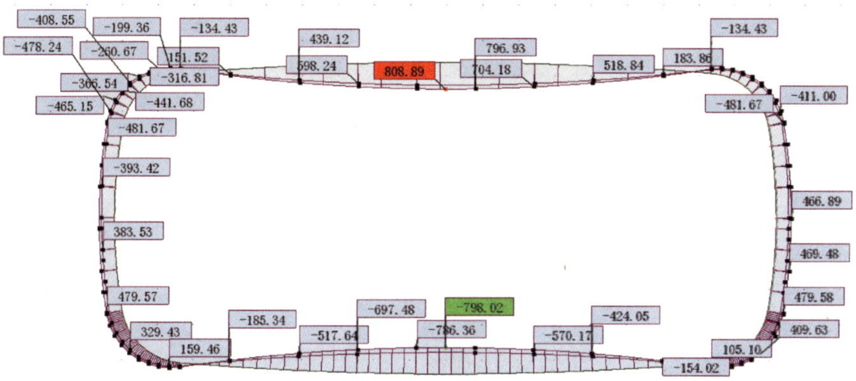

(*a*)

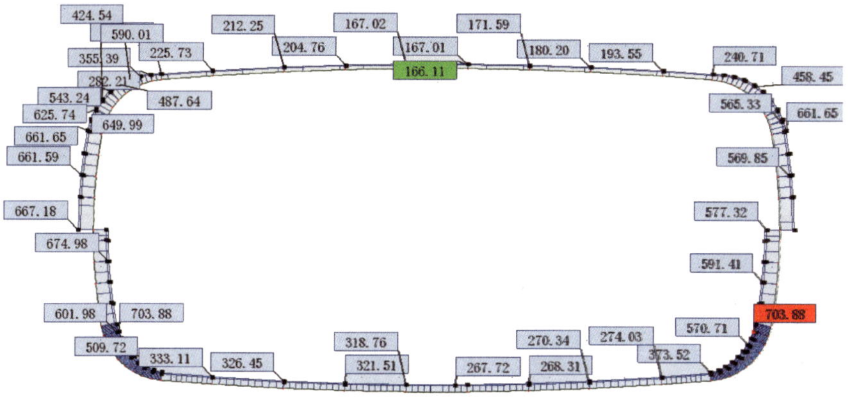

(*b*)

图 5-33　考虑接头转动刚度的计算结果（一）

（*a*）弯矩包络图（kN·m）；（*b*）轴力包络图（kN）

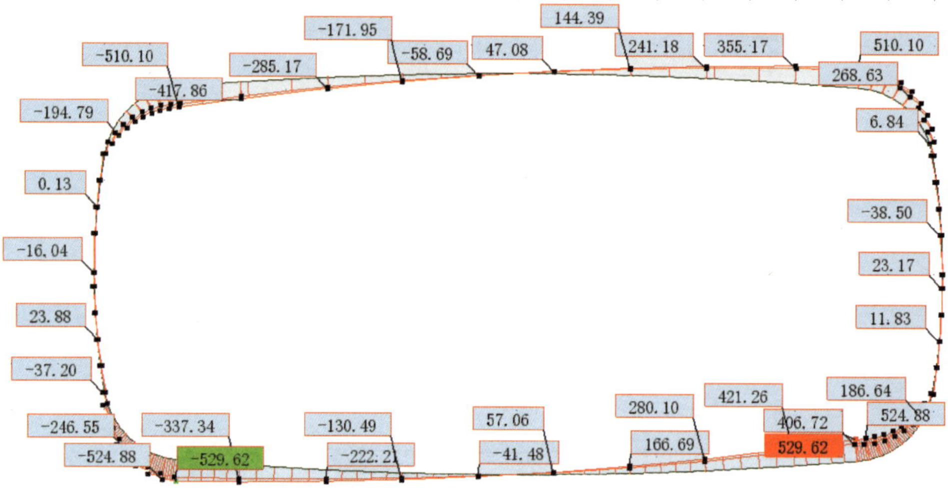

(*c*)

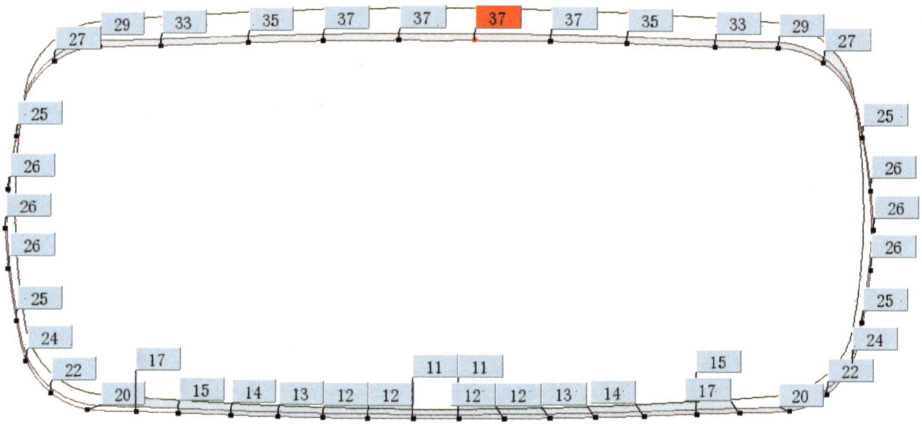

(*d*)

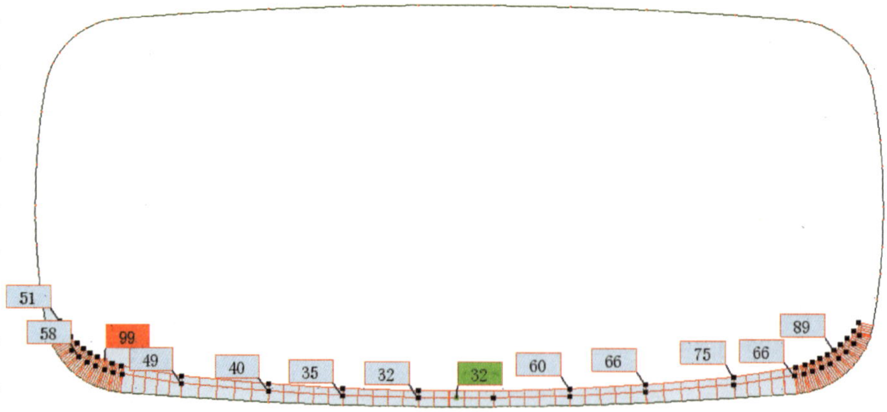

(*e*)

图 5-33　考虑接头转动刚度的计算结果（二）

（*c*）剪力包络图；（*d*）位移包络图[变形为 37－11＝26mm＜(8650＋550)/300＝31mm，变形满足要求]；（*e*）地层反力包络图

5.5.2　施工阶段

1. 同步注浆压力

根据考虑接头转动刚度的计算模型，在同步注浆荷载作用下，管片的内力与位移如图 5-34 所示。

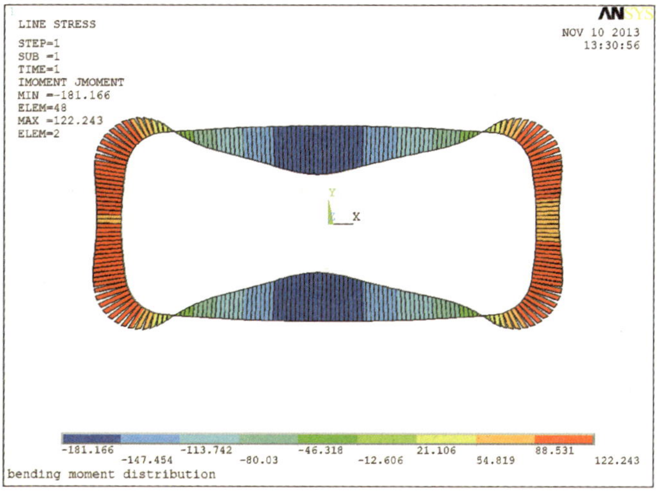

(*a*)

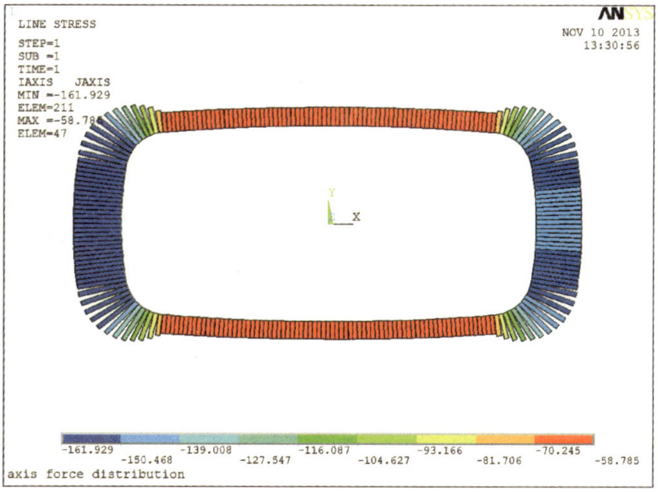

(*b*)

图 5-34　内力与位移图（一）

（*a*）弯矩（kN·m）；（*b*）轴力（kN）

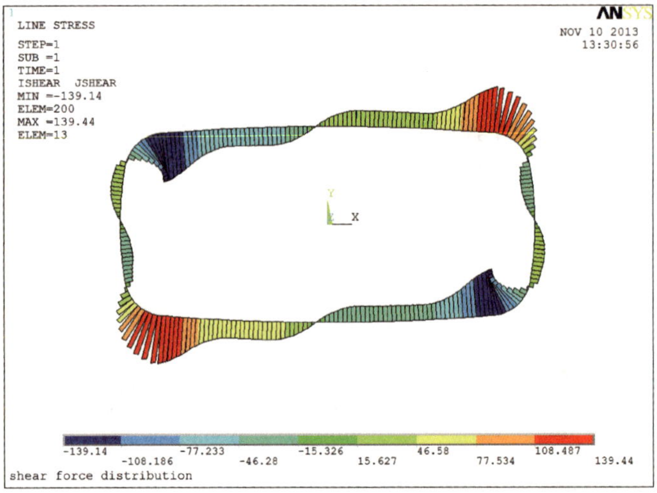

(*c*)

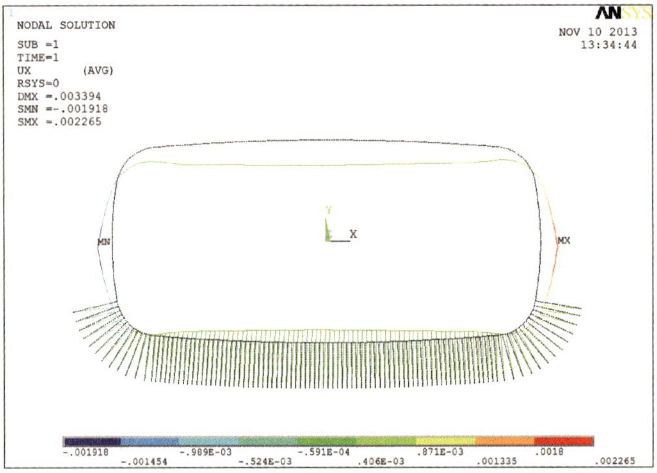

(*d*)

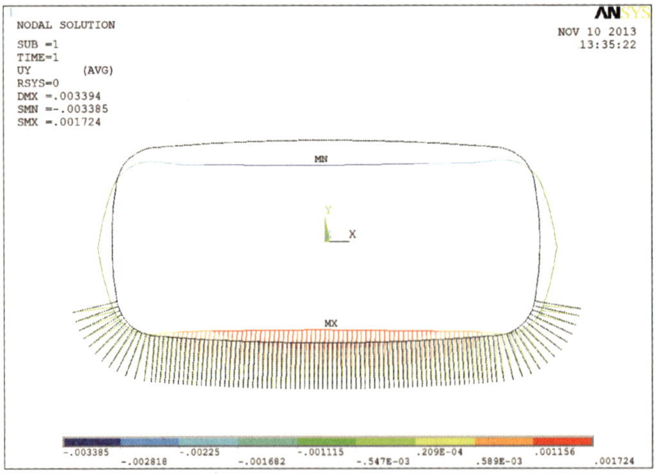

(*e*)

图 5-34 内力与位移图（二）

(*c*) 剪力（kN）；(*d*) 水平方向位移（m）；(*e*) 垂直方向位移（m）

2. 壁后注浆 荷载模式一

壁后注浆荷载与周围水土压力差按 0.1MPa 控制，作为附加荷载施加在结构上。注浆荷载计算模型如图 5-35 所示，其内力计算结果如图 5-36 所示。

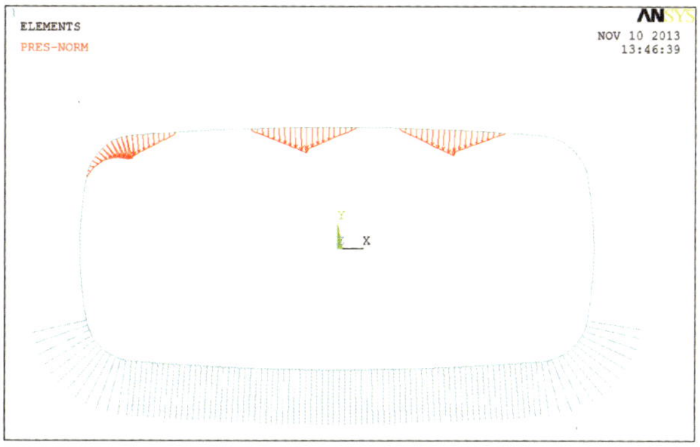

图 5-35　注浆荷载分布图

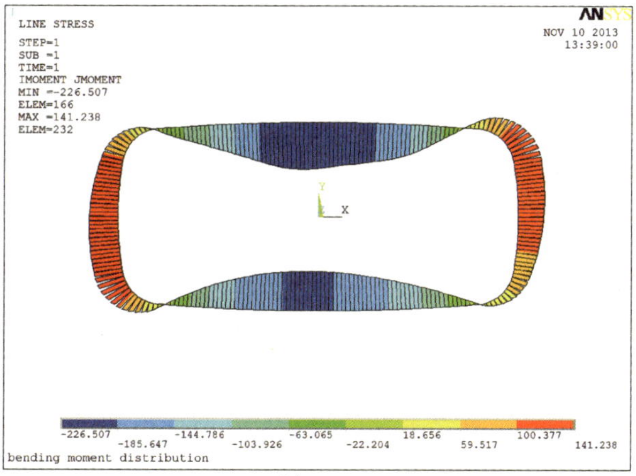

(*a*)

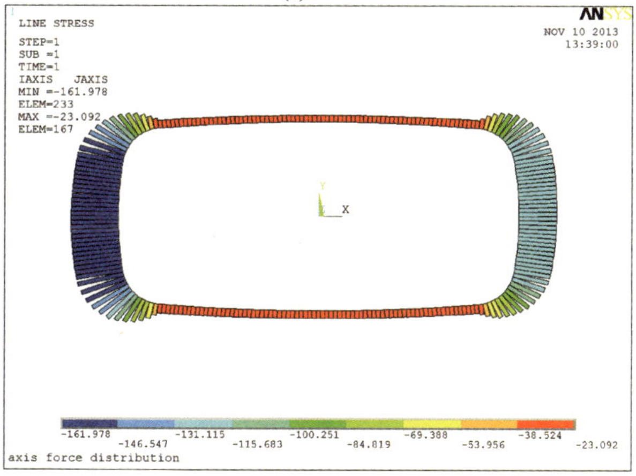

(*b*)

图 5-36　内力及位移图（一）

(*a*) 弯矩（kN·m）；(*b*) 轴力（kN）

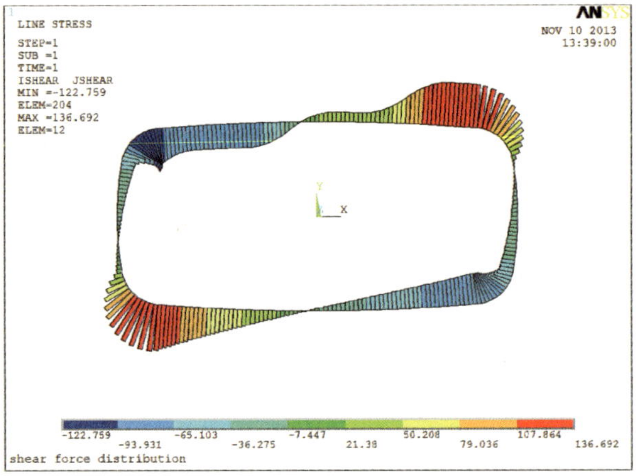

(c)

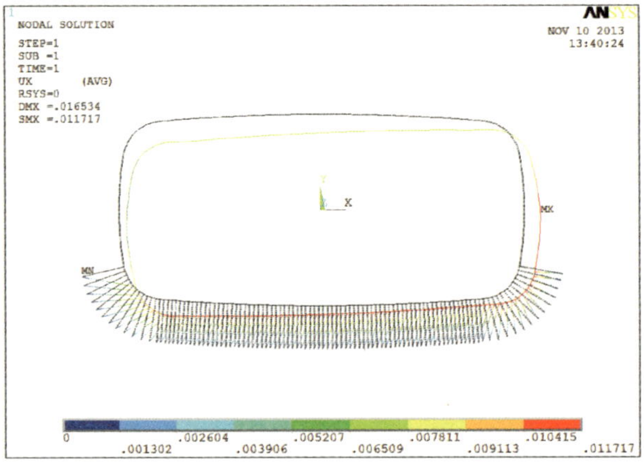

(d)

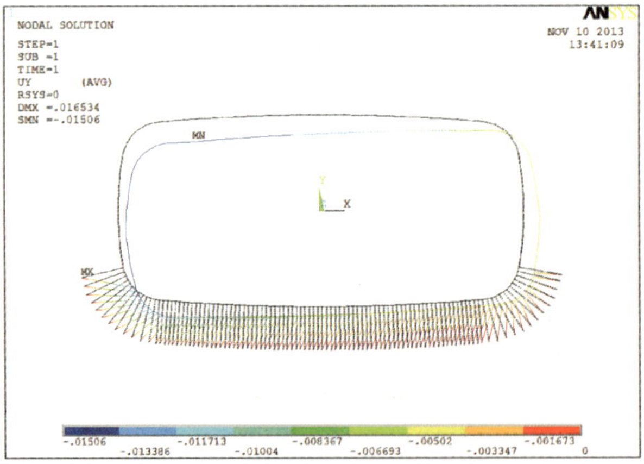

(e)

图 5-36 内力及位移图（二）

(c) 剪力（kN）；(d) 水平方向位移（m）；(e) 垂直方向位移（m）

3. 壁后注浆 荷载模式二

注浆荷载计算模型如图 5-37 所示，其内力计算结果如图 5-38 所示。

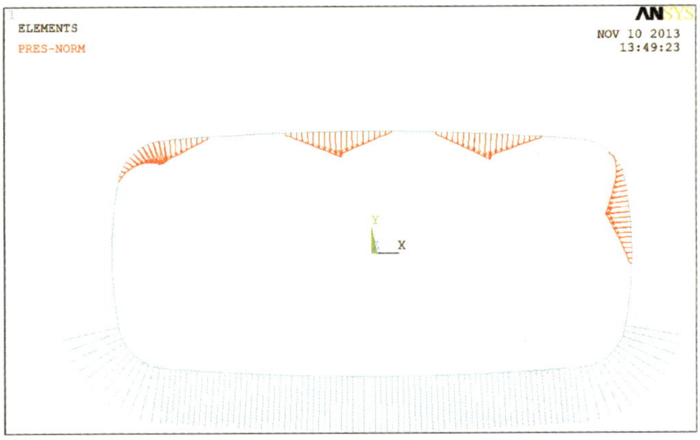

图 5-37　注浆荷载分布图

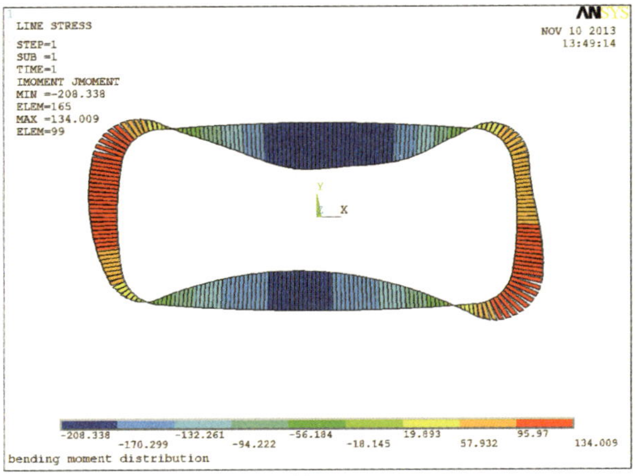

(a)

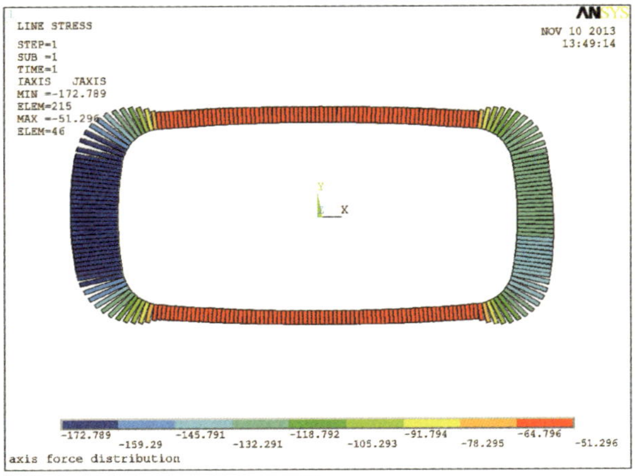

(b)

图 5-38　内力位移图（一）

(a) 弯矩（kN·m）；(b) 轴力（kN）

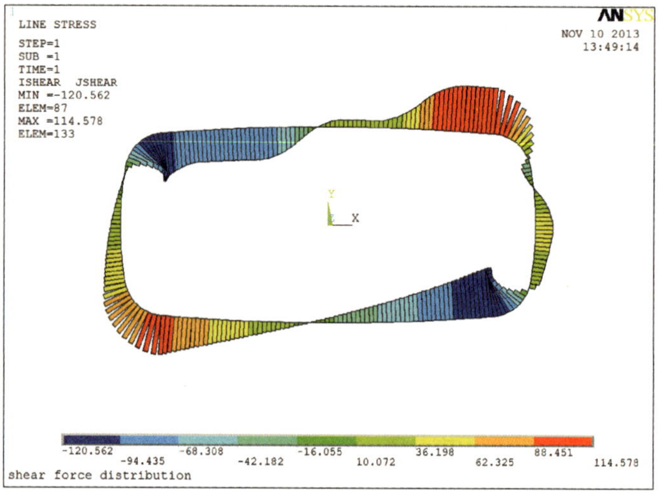

(c)

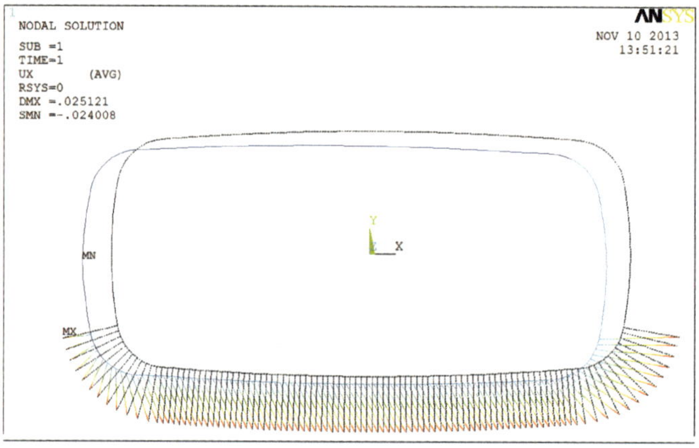

(d)

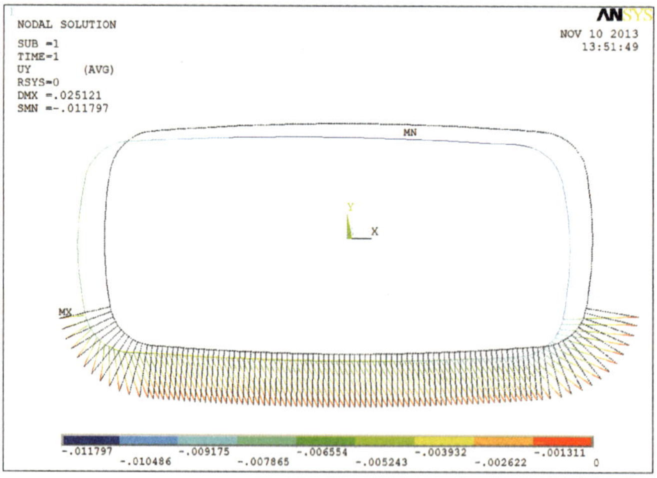

(e)

图 5-38 内力位移图（二）

(c) 剪力（kN）；(d) 水平方向位移（m）；(e) 垂直方向位移（m）

4. 包络图

采用考虑接头刚度的计算模型，壁后注浆在多工况组合下的内力包络如图 5-39 所示。

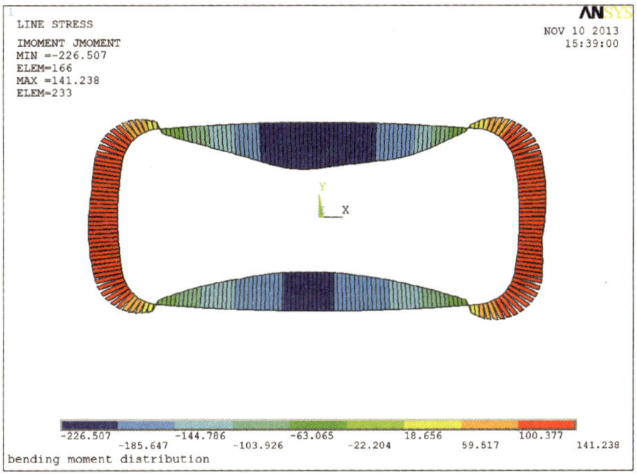

(*a*)

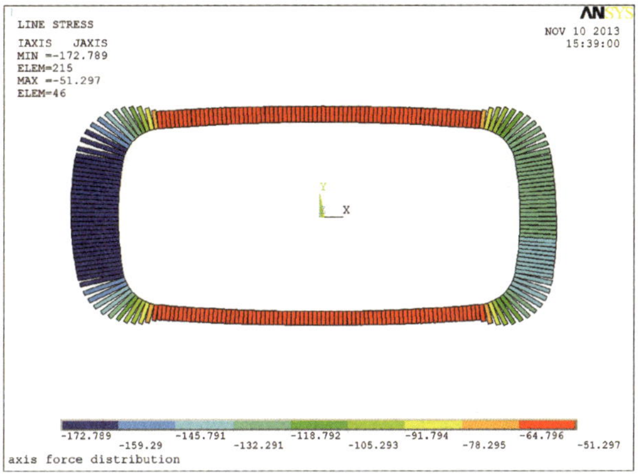

(*b*)

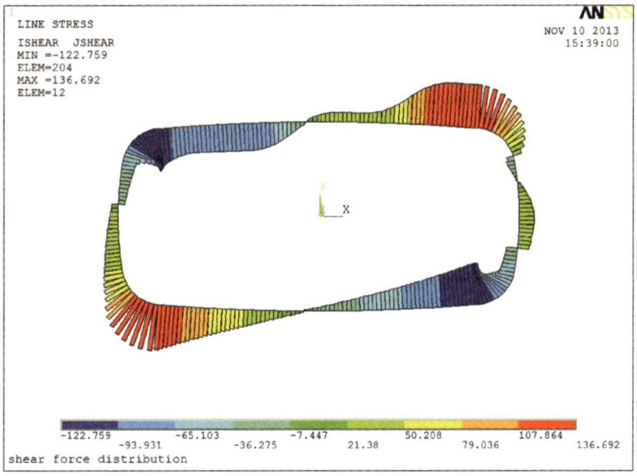

(*c*)

图 5-39　内力包络图

(*a*) 弯矩 (kN·m)；(*b*) 轴力 (kN)；(*c*) 剪力 (kN)

5.6 汇 总 表

对以上解析结果进行总结，其内力如表 5-3 所示。

内力汇总表　　表 5-3

全断面同一刚度						
项目	最大正弯矩处	最小负弯矩处	拱顶接头处	拱底接头处	拱腰接头处	最大剪力处
节点	60	19	9	57	52	64
弯矩（kN·m）	698	612	59	58	605	58
轴力（kN）	308	658	218	325	667	367
剪力（kN）	0	38	414	432	3	544
考虑接头转动刚度						
项目	最大正弯矩处	最小负弯矩处	拱顶接头处	拱底接头处	拱腰接头处	最大剪力处
节点	6	19	9	57	52	64
弯矩（kN·m）	809	482	184	185	466	185
轴力（kN）	193	659	216	332	667	325
剪力（kN）	0	32	418	415	3.2	529

对比两种模型，选取最不利情况进行主断面与接头的设计。

5.7 管片构造设计

管片的整体尺寸如图 5-40 所示，衬砌宽度为 9.75m，高度为 4.95m，衬砌厚度为 550mm。管片在拱腰与拱顶的起拱量分别为 100mm、150mm。管片采用 6 分块，分别为

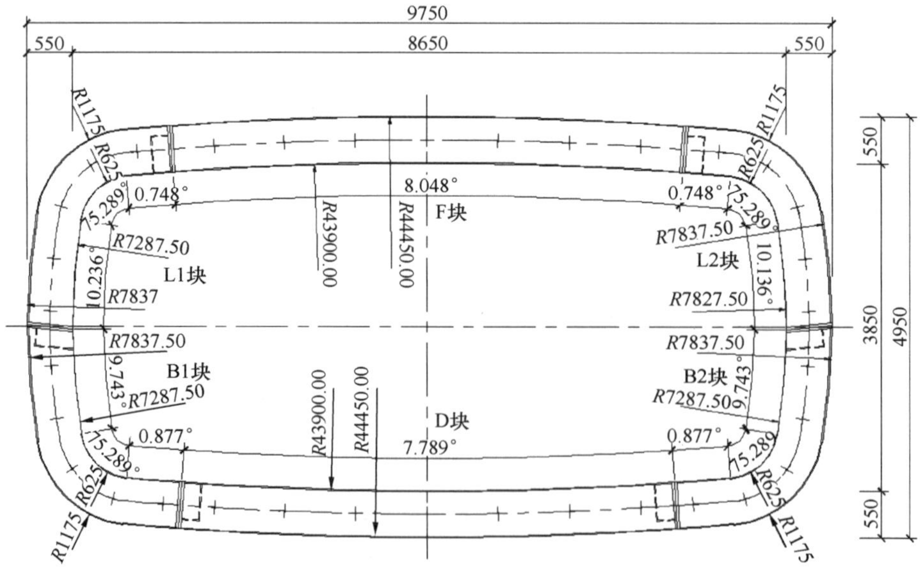

图 5-40　管片基本尺寸图

封顶块、左上块、左下块、封底块、右下块、右上块。接头纵环向采用直螺栓形式，防水采用多孔弹性橡胶密封垫与嵌缝槽的防水形式。衬砌封顶块及侧墙块的结构构造分别如图 5-41、图 5-42 所示。在管片内部布置中隔板，将管片分成不同的舱室。同时中隔壁起到架立钢板、保持管片尺寸的功能。在钢板表面布置栓钉，防止钢板的局部屈曲破坏。本次设计采用了大封顶块设计，隧道采用通缝拼装的方式，拼装效果如图 5-43 所示。

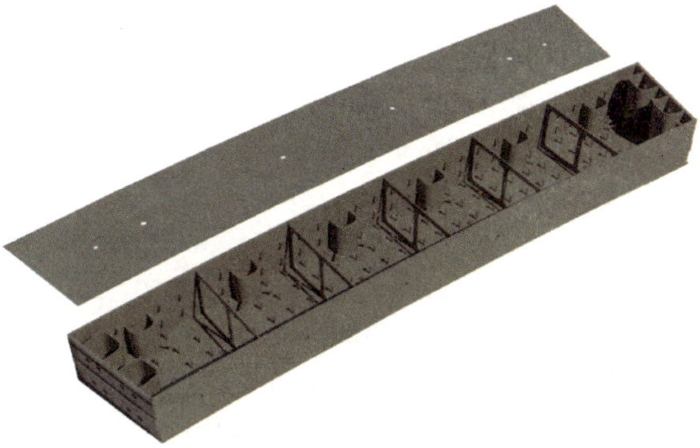

图 5-41　封顶块管片构造图

图 5-42　侧墙块管片构造图

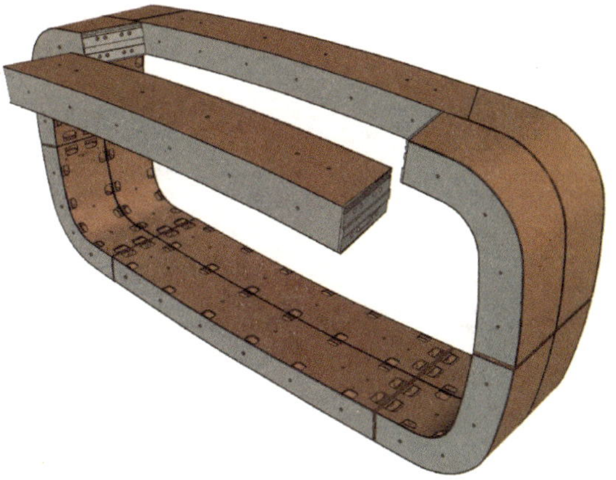

图 5-43　衬砌拼装示意图

5.8　小　　结

通过对矩形盾构法隧道衬砌结构的受力分析，得到如下结论：

（1）通过对不同外轮廓衬砌结构的受力分析，发现随着拱顶起拱量的增加，衬砌的高宽比愈大，衬砌环的受力得到了改善。相反，随着拱腰部位起拱量的增加，衬砌的最大内力在增大，拱腰部位的起拱加大了断面的跨度，给隧道的受力带来不利的影响。应在考虑矩形盾构法隧道此项受力特点的基础上，进行隧道外形的优化。

（2）在软弱地层中，矩形隧道由于外形的特点，侧压力系数及地层抗力系数的变化对衬砌的受力特性影响较低，表现出与圆形盾构隧道不同的受力特性。

（3）随着管片接头刚度的提高，衬砌环所发生的最大弯矩在减小，而拱腰部位的弯矩在增大，在拱腰部位的接头需要承受较大的弯矩。

参考文献

[1] 蒋洪胜．盾构法隧道管片接头的理论研究及应用[D]．上海：同济大学，2000.

[2] P. P. Oreste. Analysis of structural interaction in tunnels using convergence-confinement approach. Tunnelling and Underground Space Technology，2003，18：347-363.

[3] Working Group 2，International Tunnelling Association. Guidelines for the Design of Shield Tunnel Lining[J]. Tunnelling and Underground Space Technology，2000，15(3)：303-331.

[4] 刘建航，侯学渊．盾构法隧道[M]．北京：中国建筑工业出版社，1997.

[5] 张厚美．吕国梁．圆形盾构衬砌计算模型综述[J]．世界隧道，2000，2：1-6.

[6] 胡如军，朱伟．盾构隧道管片的设计计算方法[J]．河海大学学报，2001，29(增刊)：182-185.

[7] 朱合华，杨林德，陈清军等．盾构隧道管片接头衬砌系统的两种受力设计模型[J]．工程力学(增刊)，1996，395～399.

[8] Yukinori Koyama. Present status and technology of shield tunneling method in Japan[J]. Tunnlling and Underground Space Technology，2003，18：145-159.

第 6 章 工程应用与现场监测

6.1　试验工程背景

矩形盾构法隧道首次应用于虹桥临空园区 10-3、11-3 地块地下连接通道工程。该通道位于上海市长宁区临空经济园区内，下穿福泉北路，是连接东侧 11-3 地块和西侧 10-3 地块的地下二层车库之间的人行连通道。隧道的具体位置如图 6-1 所示。

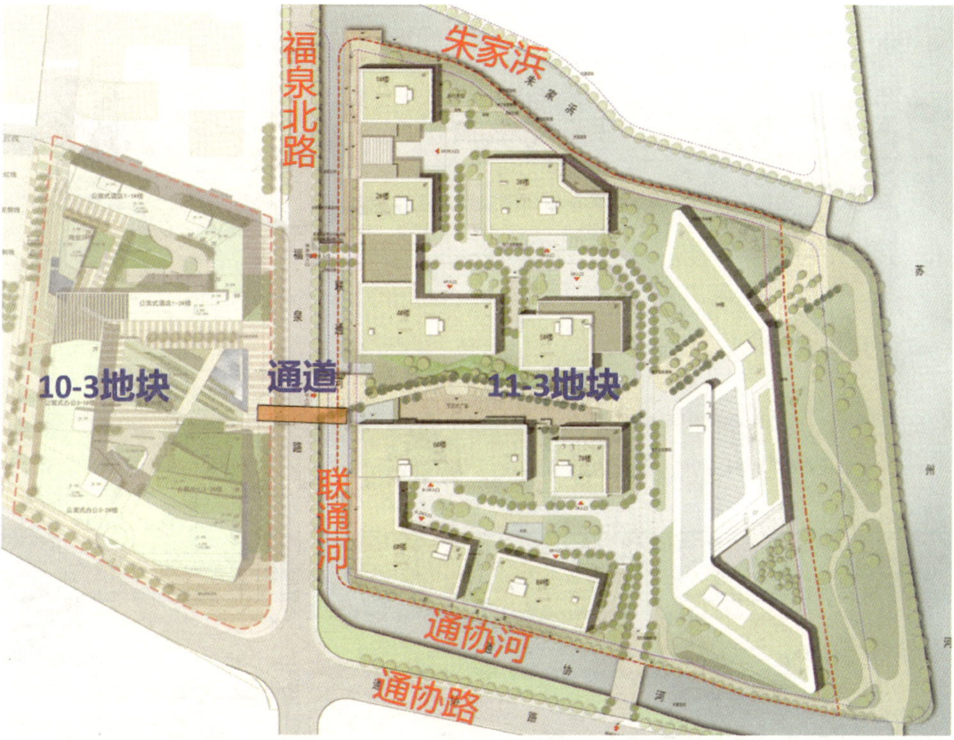

图 6-1　虹桥临空园区 10-3、11-3 地块地下连接通道位置

连接通道东侧为临空 11-3 地块，规划为精品总部办公，设计有两个车行出入口和一个人行出入口，两个车行出入口分布在福泉路、通协路上。车行道在地块内部形成 L 线，贯穿各建筑组团、可以方便抵达各栋建筑。连接通道西侧为临空 10-3 地块，规划以公寓式酒店、会展中心、商业、SOHO 办公等多功能产品为主。

连接通道的两侧均为大型地下二层车库，西侧 10-3 地下车库建筑面积 35484m^2，机动车停车位 554 个；东侧 11-3 地下车库建筑面积 71555 m^2，机动车停车位 1250 个。两侧地块停车需求较大，尤其当西侧 10-3 地块的会展中心举办大型会展时，西侧停车位不满足时，地面将部分车流引导至 11-3 地块的地下车库，此时各类人员通行会相对混杂，并相互穿插，进而影响福泉路的车辆通行，使得人员通行安全无法得到满足。因此有必要在临空 11-3 地块与 10-3 地块的地下车库之间设置连接便捷通道，便于车流、人流的交通组织。经过连接通道的改善后，交通流线清晰，能够满足通行的需求，从而减少地面的压力。同时该连通道也是连接 10-3 与 11-3 的地下管线连通道，实现了两边地块共用同一套设备的设计。

连接通道的平面图与纵剖面分别如图 6-2、图 6-3 所示。盾构由 11-3 地块推向 10-3 地块。工程施工完成时的效果图如图 6-4 所示。

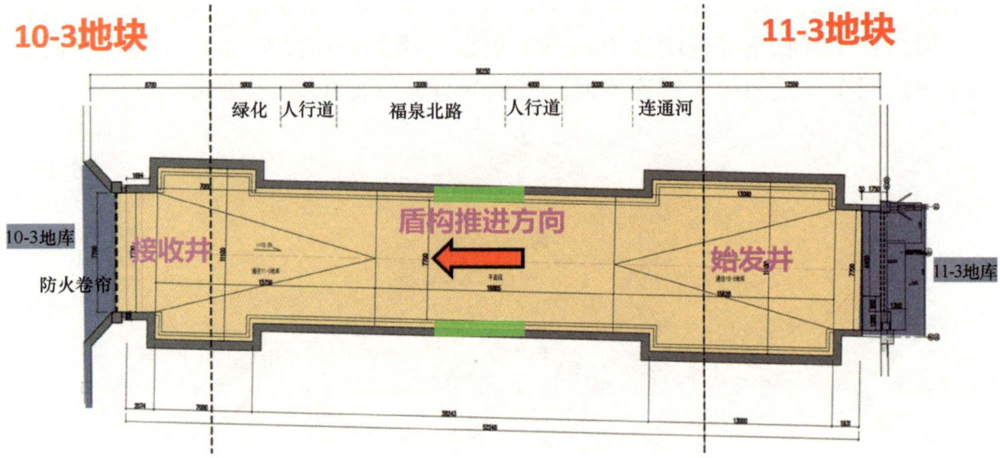

图 6-2　连接通道平面图

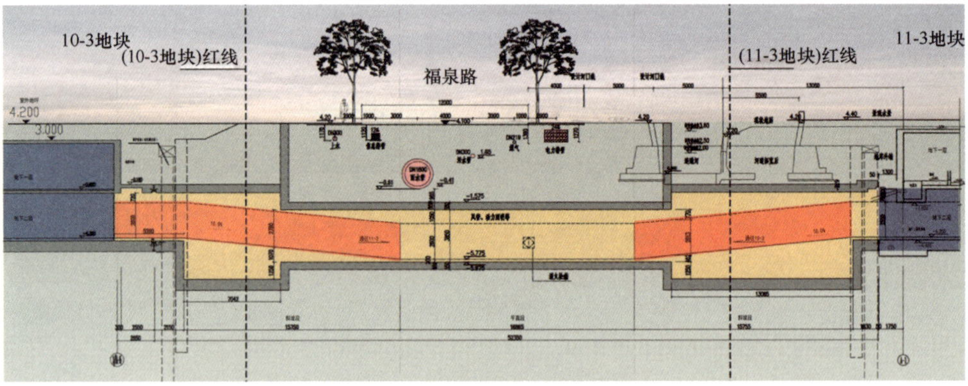

图 6-3　连接通道纵剖面图

图 6-4　工程效果图

6.2　试验工程建设条件

6.2.1　地质概述

本场地自地表至60.3m深度范围内所揭露的土层均为第四纪松散沉积物，按其成因可分为7层，其中第①、③、⑤按其土性及土色差异又可分为若干亚层，本场区缺失上海地区标准层第⑥层硬土层，场地内表层填土普遍较厚，土性以粉质黏土为主。

本施工场地为Ⅲ类环境，浅层地下水和河水对混凝土有微腐蚀性。由于地下水位埋深很浅，地基土对混凝土也有微腐蚀性。地下水和河水在干湿交替时对钢筋混凝土结构中的钢筋有微腐蚀性，在长期浸水时对钢筋混凝土结构中的钢筋有微腐蚀性。地下水和河水对钢结构有弱腐蚀性。

本场区抗震设防烈度为七度，设计基本地震加速度值为0.10g，设计地震分组为第一组。

6.2.2　土层分布情况

本次勘察揭露深度范围内主要由一套中压缩性和高压缩性土组成。根据地质报告，场地内工程水文地质情况如下：

（1）在本场地浅层分布的第②层褐黄一灰黄色粉质黏土，层面埋深一般为2.0m，厚度约2.0m，可塑，中等压缩性土，上海地区俗称“硬壳层”。

（2）第$③_1$层灰色淤泥质粉质黏土，层面埋深约4.0m，厚度约2.5m，是具有含水量高、孔隙比大、压缩模量小等特性的软弱土层。其下分布为$③_2$层灰色砂质粉土，湿，松散，厚度为1.0～2.7m，中等压缩性土，经综合判别该土层为液化土层。

（3）第④层灰色淤泥质黏土，层面埋深约8.0m，厚度约12.0m，高压缩性土。

（4）第$⑤_1$层灰色黏土，层面埋深约20.0m，厚度约5.0m，很湿，软塑，高等压缩性土。

（5）第$⑤_2$层灰色砂质粉土，层面埋深约25.0m，厚度约8～11m，饱和，稍密，中等压缩性土。该层不均匀有$⑤_2$夹层灰色粉质黏土层。

（6）第$⑤_3$层灰色粉质黏土，层面埋深约34.0m，厚度约8.0m，很湿，软塑，中等压缩性土。

（7）第$⑤_4$层灰绿色粉质黏土，层面埋深约42.0m，厚度约2.0m，湿，可塑，中等压缩性土。

（8）第⑦层灰绿色砂质粉土，饱和，密实，层面埋深约44.0m，中等压缩性土，本次勘察深度未揭穿此层。

6.2.3　制约因素

本工程两边既有建筑给地下通道的建设与布局带来很多影响和制约。主要制约因素如下：

（1）通道两边地块的既有建筑及预留通道接口；

（2）通道上方规划的联通河河底标高及其宽度；

（3）通道边上待建的福泉路南桥桥台的桩基；

（4）福泉北路下方的市政管线。

必须在综合考虑以上各个构筑物的平面位置与标高的关系基础上确定地下通道的位置与标高。

6.2.4 与周边环境的关系

1. 接收井西侧

西侧为 10-3 地块，其用地面积约为 27380 m^2，东西方向长约为 103～121m，南北方向长约为 201～230m。地下部分为 1～2 层，地上部分共有 2 幢 6 层的框架结构，其主体结构施工已完成，内部装修及设备安装施工已完成，地块现状如图 6-5 所示。

图 6-5 接收井西侧现状

2. 始发井东侧

东侧为 11-3 地块，11-3 地块用地面积约为 66661 m^2，其东西方向长约为 243～277m，南北方向长约为 247～290m。地下部分为 1～2 层，地上部分共有 8 幢 6 层的框架结构，目前主体结构施工已完成，正在进行内部装修以及设备安装施工，地块现状如图 6-6 所示。

3. 始发井所在位置地面现状

始发井所在位置地面上有联通河，河面宽 5m（图 6-7），需要预先采用围堰的方法对河道进行截流，拆除原有河道驳岸进行始发井的建设。

4. 管线

福泉北路上有上水（铁）、信息排管、雨水管（混凝土）、污水管（混凝土）、煤气（钢）和电力排管（铜）等管线，管线埋深、管径、距基坑边的距离等参数如图 6-8 所示。

在市政管线中，管径最大、距离通道最近的为混凝土雨水管，其管径为 1800mm。在考虑盾构机的掘进能力及分析计算的基础上，雨水管与通道的净间距控制为 965mm，如

图 6-6　始发井东侧现状

图 6-7　始发井所在位置地面现状

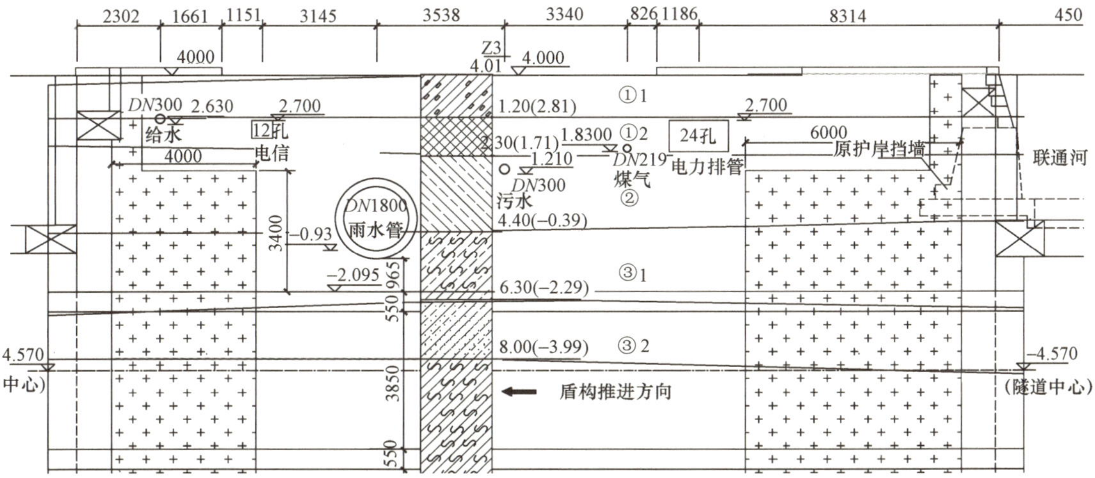

图 6-8　地下管线分布图

图 6-9 所示，对雨水管的安全穿越成为本工程控制的难点，对矩形盾构的推进提出了更高的要求。雨水管的基本信息如表 6-1 所示。

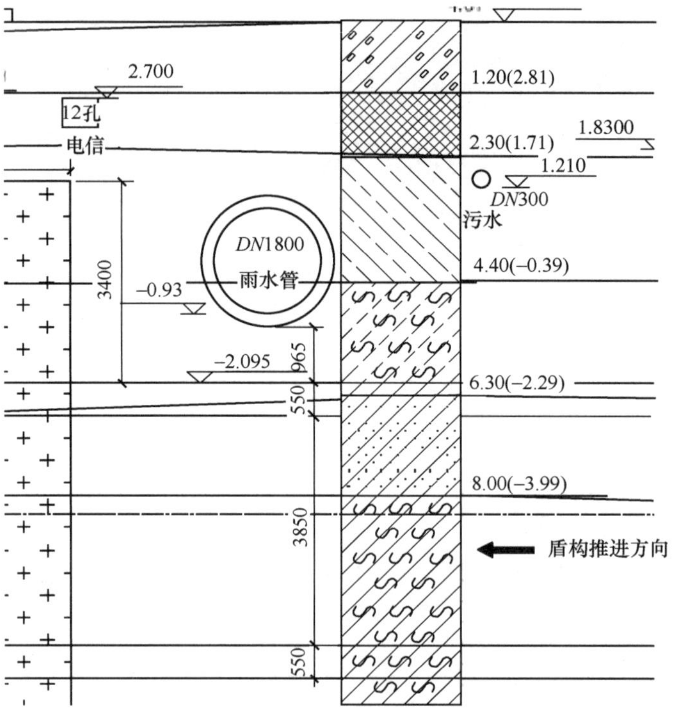

图 6-9　通道与雨水管关系图

雨水管基本信息　　**表 6-1**

雨水管道名称	Y36-Y39 雨水管
材质及规格	钢筋混凝土管（混凝强度等级 C50）、管径 1800mm，壁厚 75mm
总长度及管节长度	32m，每节 2m
接口方式及止水材料	企口式，“q” 形橡胶圈
水流走向	南北走向，与隧道斜交（基本垂直）
标高及埋深	管底标高 －1.135，埋深约 5.1m
与衬砌结构外边缘距离	管道底部距盾壳 0.965m

5. 福泉路南桥

始发井北侧为待建福泉路南桥，在连接通道施工完成后对福泉路南桥进行施工，如图 6-10 所示。

福泉路南桥的桩基采用与围护桩共用的方式，针对共用桩基有如下措施：(1) 在始发井基坑开挖过程、施工全过程、基坑回填施工、支撑体系拆除过程中，均需对桩基的变形和受力性能进行跟踪观测，一旦发现异常，必须立即停止施工、查明原因并采取有效措施进行控制。(2) 在桩身周边埋设一定数量压浆管。(3) 在施工过程中必须加强对桩基的保护。(4) 桩顶混凝土浇筑应高过承台底面 2m 以上，然后仔细凿除，露出清洁密实的混凝

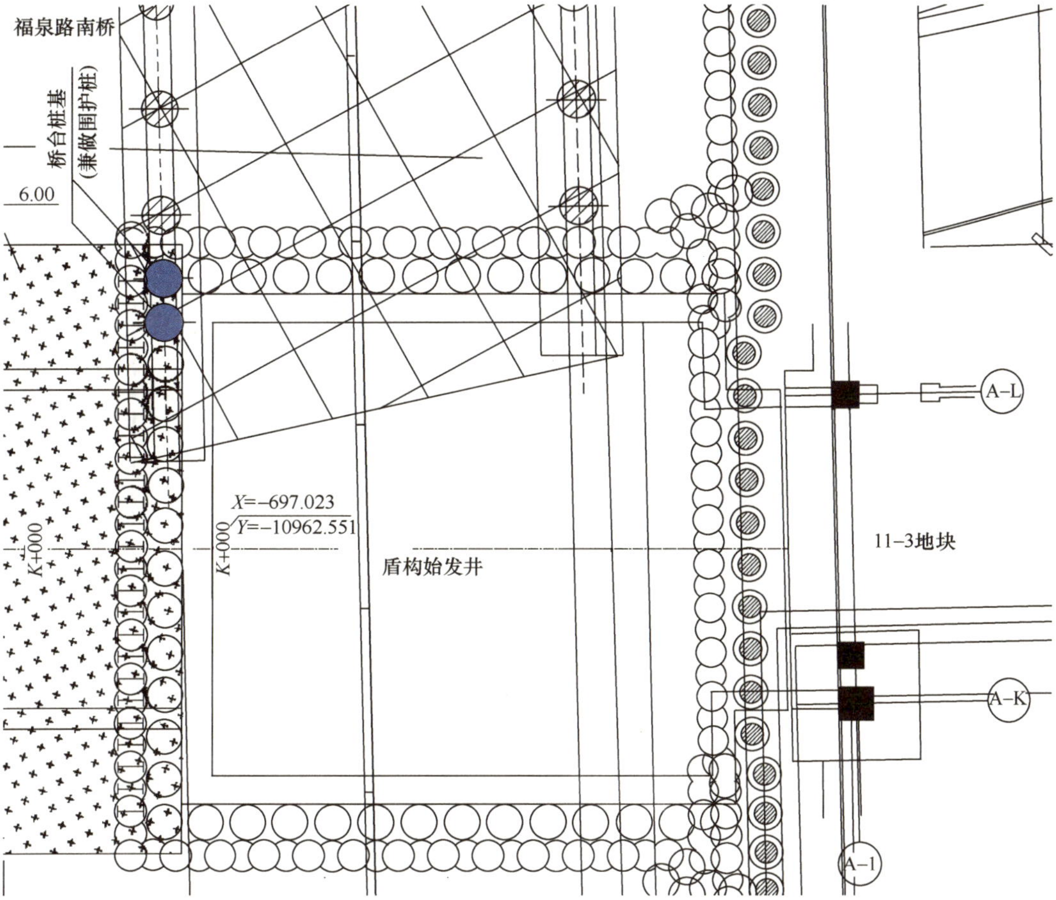

图 6-10　待建福泉路南桥

土表面，凿除时须防止损坏桩身。(5) 在桥台施工前，需对两根预留桩基进行无损检测，并提供检测报告，择优选择合适的桩基作为桥台的桩基。

6.2.5　驳岸建设

联通河位于始发井处，两边的驳岸如图 6-11 所示。盾构始发井施工期间，采取围堰截流的施工方式。在地下连接通道施工完毕后，西岸按照原样进行恢复。河道拓宽后，为水景景观驳岸，纳入两边地块的整体景观设计中。两岸的驳岸建设不在本项目的设计与建设范围，但本项目的设计须与驳岸设计单位进行协商，为两边驳岸的建设预留条件。

该通道虽然长度较短，但周边建设环境复杂，需要考虑与既有建筑、待建桥梁、市政管线、河道护岸之间的相互关系与相互保护，显现出在市区进行地下工程建设的复杂性。

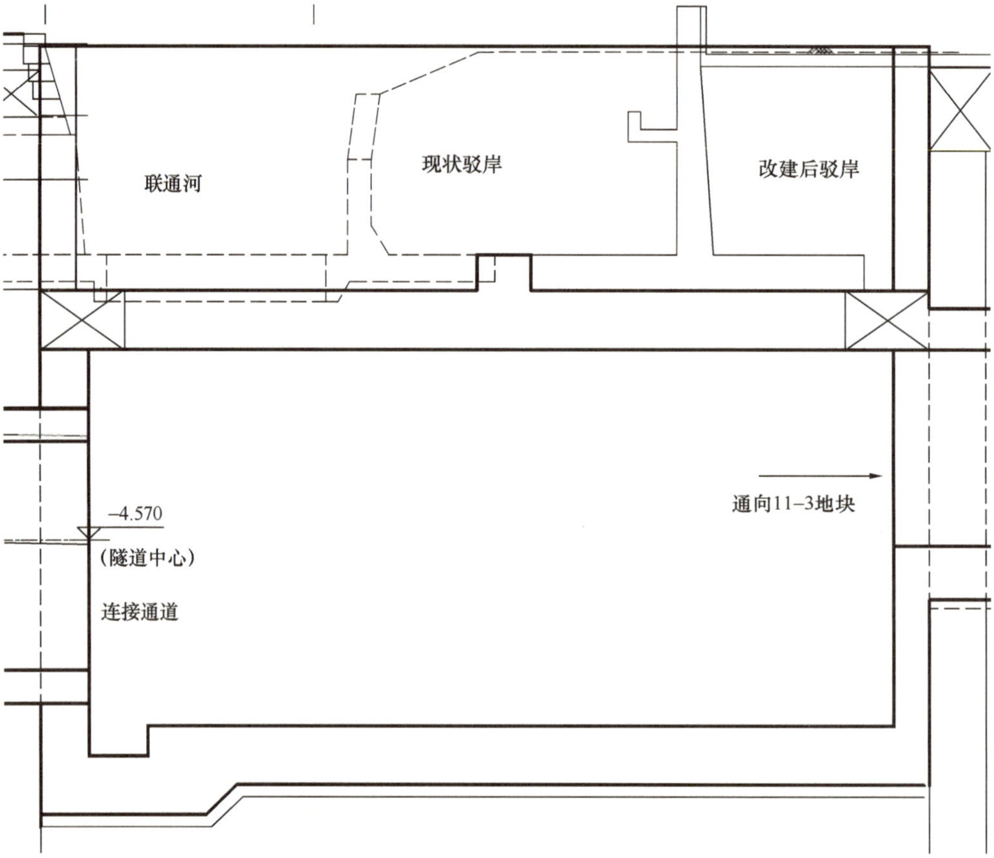

图 6-11　河面拓宽，东岸景观驳岸图

6.3　试验工程现场实施状况

隧道施工时的现场管片堆放、衬砌负环施工、盾构机推进、盾构机到达接收井及隧道完成后的照片如图 6-12 所示。

(*a*)

(*b*)

图 6-12　现场施工图（一）

(*a*) 现场管片堆放；(*b*) 衬砌负环施工

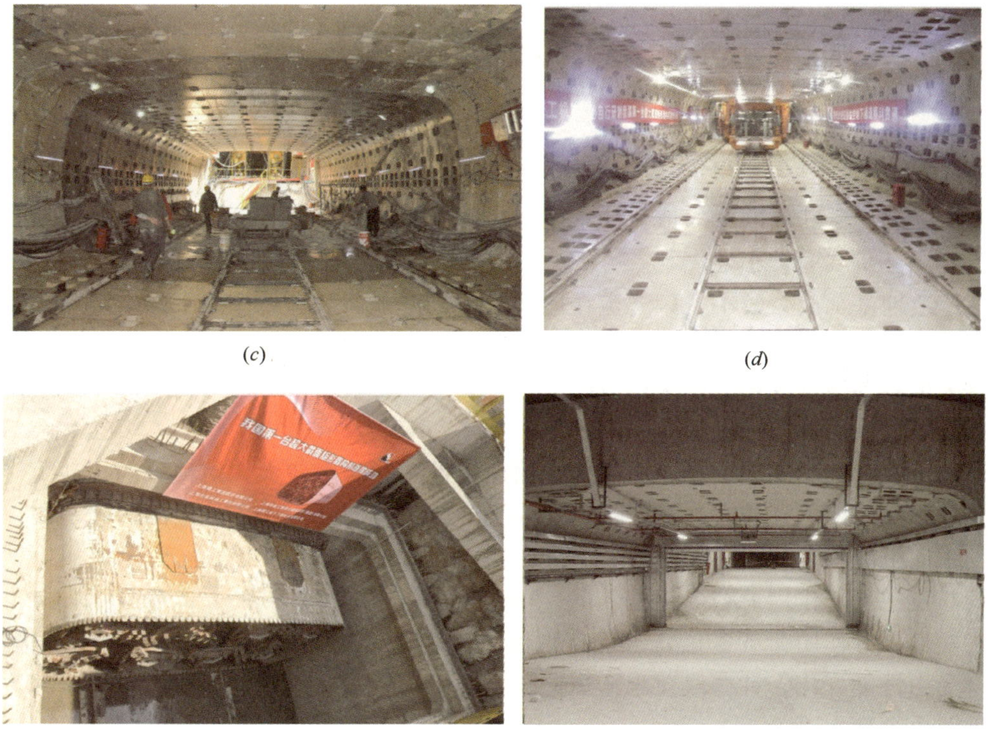

(c) (d) (e) (f)

图 6-12 现场施工图（二）

(c) 施工过程中（始发井方向）；(d) 施工过程中（掌子面方向）

(e) 矩形盾构机到达接收井；(f) 隧道贯通后

6.4 试验工程现场测试目的

上海虹桥临空 10-3、11-3 地块地下连接通道工程为国内首次进行矩形盾构法隧道施工的示范工程，为了把握矩形盾构法隧道衬砌结构在施工阶段及使用阶段的受力特性，进行了全面的监测，主要研究目的如下：

(1) 采取有效的现场测试方法，以期得到矩形盾构隧道在施工过程中和使用期间衬砌结构外荷载（水土压力和注浆压力等）、结构内力、连接螺栓轴力、接缝变形以及衬砌结构收敛变形随时间的变化规律。

(2) 根据衬砌结构外荷载随时间的变化规律，以及与重要施工工序的对应关系，总结衬砌结构在施工阶段的主要不利受力工况以及在各工况下结构所承担荷载的分布规律。

(3) 实现现场监测数据、室内整环试验数据、数值模拟数据及设计数据的对比，从而验证该矩形盾构隧道衬砌结构的设计合理性，为今后同类型衬砌结构的设计优化提供依据，同时也为丰富矩形盾构隧道衬砌结构的设计理论提供支撑。

6.5 工程现场试验设计

6.5.1 纵向测试断面的选取

现场纵向测试断面的选取依据如下原则进行：

（1）地基承载力较小处

在隧道地基承载力较小处，隧道在地下水压、覆土荷载等的作用下产生沉降。由于盾构施工时地层受到了扰动，在地基承载力较小处，会影响结构的纵向受力。同时，壁后注浆的效果也需要通过现场测试来进行反馈。

（2）隧道周边地层突变处

盾构机在穿越不同土层时，盾构开挖面稳定性控制难度较大，对地层的扰动明显，壁后注浆效果不好或不到位时，易产生不均匀沉降或差异沉降。由于地层的软硬不均，造成隧道的纵向沉降不均匀。

（3）隧道上方作用荷载变化处

在隧道上方作用荷载变化处，结构的受力会发生变化，在此断面进行监测可把握隧道的力学受力性能变化。针对浅覆土隧道，隧道上方车辆荷载等活荷载所占总荷载的比重相对深埋隧道会变大。

根据以上原则，选取的 3 处测试断面如下：

第 13 环为标准断面，主要是通过测试了解复合衬砌结构在设计荷载下的受力状态；

第 19 环在雨水管下，与标准断面相比，还可以了解周边环境对衬砌结构外荷载及受力的影响。对隧道所受荷载的监测，可以了解盾构施工对雨水管的影响。

第 26 环靠近隧道进洞的位置，位于盾构接收加固区。试验过程中仅对该环管片的外荷载进行测试，了解其外荷载的与标准断面外荷载的差异。

各测试断面位置如图 6-13 所示。

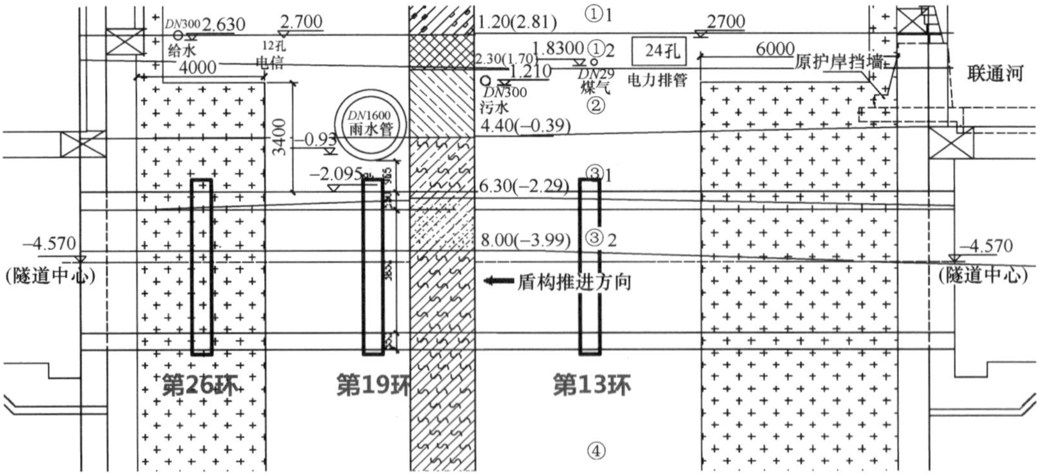

图 6-13 纵向测试断面的位置图

6.5.2　横断面测试截面的选取

在前期衬砌结构设计中，已对衬砌结构在使用阶段及施工阶段荷载作用工况进行过数值模拟计算，同时开展了室内整环试验，已得到该矩形盾构隧道衬砌结构的内力分布规律。据此可确定衬砌结构的重点测试截面，以便现场试验测试数据能更好地反映出衬砌结构的受力特性。

通过第 5 章的研究，在设计荷载作用下矩形盾构法隧道衬砌结构的受力主要特点如下：

（1）衬砌结构的最大拉应力位于封顶块和拱底块的中心截面的内侧。

（2）衬砌结构的左上块及右上块与封顶块的接头部位附近，以及衬砌结构的左下块及右下块与拱底块的接头部位附近，均为拉应力与压应力变化过渡部位。为了把握应力的变化，应在此处布置测点。

（3）衬砌结构的左右侧管片，以外侧受拉、内侧受压为主，这与封顶块及拱底块的受力特性相反。

（4）衬砌结构腰部接头需要承受较大的弯矩，接缝内侧受压外侧受拉，接头外排螺栓受力较大。

（5）在室内整环试验及数值计算中，衬砌结构在荷载的作用下，呈现出竖向“压扁”、腰部“鼓出”的变形模式，即顶底板中心以及左右腰部间的收敛变形较大，应重点进行测试。

根据以上原则，并结合现场施工的实际，在衬砌结构横断面上共选取 13 个测试截面，其中 F 块有 3 个测试截面，RU 块、RD 块、LD 块和 LU 块分别有 2 个测试截面，考虑施工过程中需要在 D 块上安装轨道，故该管片块无测试截面。测试截面的具体位置及编号如图 6-14 所示。

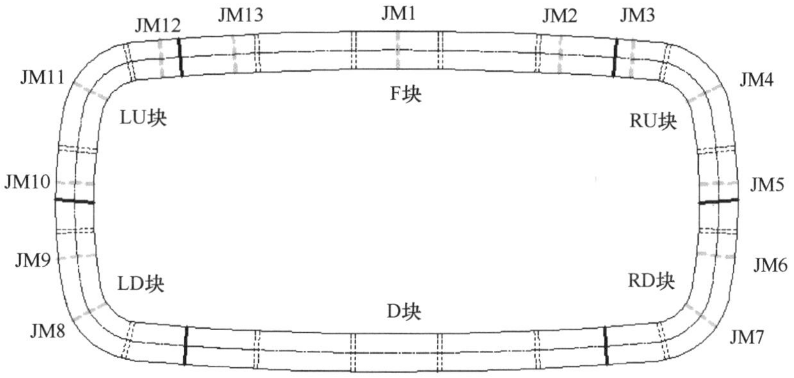

图 6-14　横断面测试截面的位置及编号

6.5.3　测试内容

现场试验的主要测试内容有：隧道衬砌结构的外荷载（水土压力和注浆压力等）、管片内外表面的钢板应变、接缝连接螺栓轴力，以及隧道净空收敛和管片环间错台，如表

6-2 所示。

矩形盾构隧道现场测试内容 **表 6-2**

测试内容	测试方法	测试目的	备注
结构外荷载	柔性土压力计	得到结构外水土压力、注浆压力及其在施工过程中随时间的变化规律	实时自动测试
管片内外表面钢板应变	振弦式钢板计应变片	通过管片内外表面应变推导结构内力，了解施工阶段结构的内力及其随时间的变化规律	
连接螺栓轴力	压力传感器	得到施工过程中结构纵、环向接缝螺栓的受力状态	
隧道静空收敛	三维激光扫描仪	得到衬砌结构在施工阶段的整体变形特点，以分析衬砌结构的受力状态	定期人工检测
管片环间错台	索佳 NET05 自动全站仪	实时控制隧道管片环间错台在可控范围内，有不利隐患时及时采取措施	

6.5.4 测试断面传感器布置

1. 柔性土压力计测点布置

衬砌结构外荷载主要通过在管片外表面布置柔性土压力计进行测试，外荷载主要包括水土压力、同步注浆压力以及可能出现的二次注浆压力。其中在管片环脱出盾尾同步注浆的过程，结构外侧会同时作用水土压力、同步注浆压力。柔性土压力计测到的压力为所有压力的合力，因此，考虑如何将柔性土压力计的测试值按照各类荷载加以区分的基础上，进行监测点的布置。

为了区分出水土压力和同步注浆压力，则需要在远离同步注浆孔的区域布置柔性土压力计（布置 4 个），该测点测到的数值为水土压力。在同步注浆孔区域（共 8 个同步注浆孔）布置柔性土压力计，该测点测到的数值为水土压力与同步注浆压力之和。如此即可得到结构注浆压力及水土压力的数值及其随时间的变化规律。

在第 13 环的同步注浆孔附近布置 8 个柔性土压力计（编号 T1-T8）。其中 T2、T4、T7、T8 相对靠近同步注浆孔。该环柔性土压力计测点布置及编号如图 6-15 所示。

在第 14 环的同步注浆孔附近布置 4 个柔性土压力计（编号 T9-T12）。其中 T9、T10 相对靠近同步注浆孔。该环柔性土压力计测点布置及编号如图 6-16 所示。

在第 19 环的同步注浆孔附近布置 8 个柔性土压力计（编号 T201-T208），其中 T202、T204、T205、T207、T208 相对靠近同步注浆孔。该环柔性土压力计测点布置及编号如图 6-17 所示。

在第 26 环布置 4 个柔性土压力计（编号 T301-T304），其中 T302、T303 相对靠近同步注浆孔。在该测试环布置柔性土压力计的主要目的，是得到结构外荷载在土体加固区的大小以及变化规律，以分析土体加固对结构外荷载的影响。该环柔性土压力计测点布置及编号如图 6-18 所示。

2. 钢板计与应变片测点布置

针对标准断面第 13 环以及第 19 环进行管片表面应变的量测，对于第 26 环，不再量测其管片表面应变。

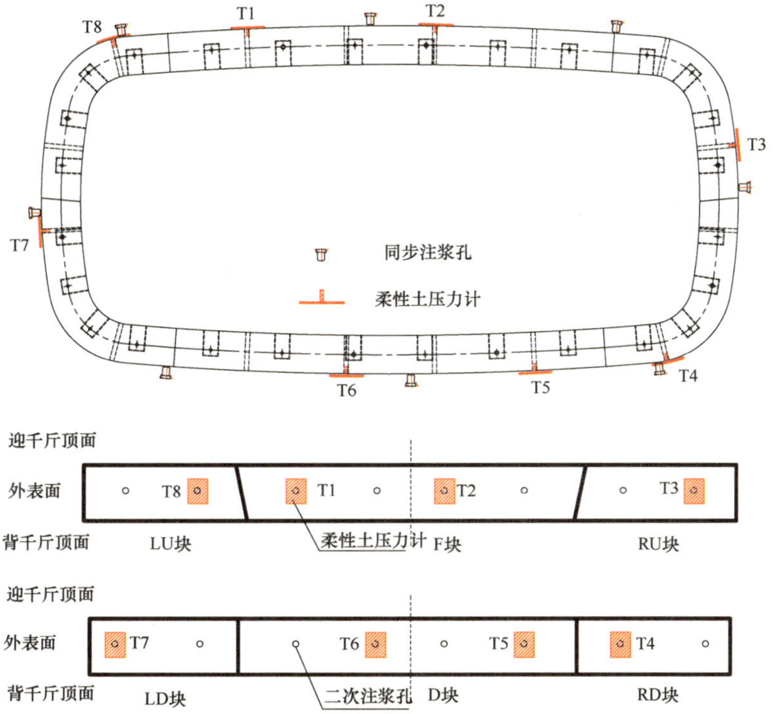

图 6-15　第 13 环柔性土压力计测点布置图

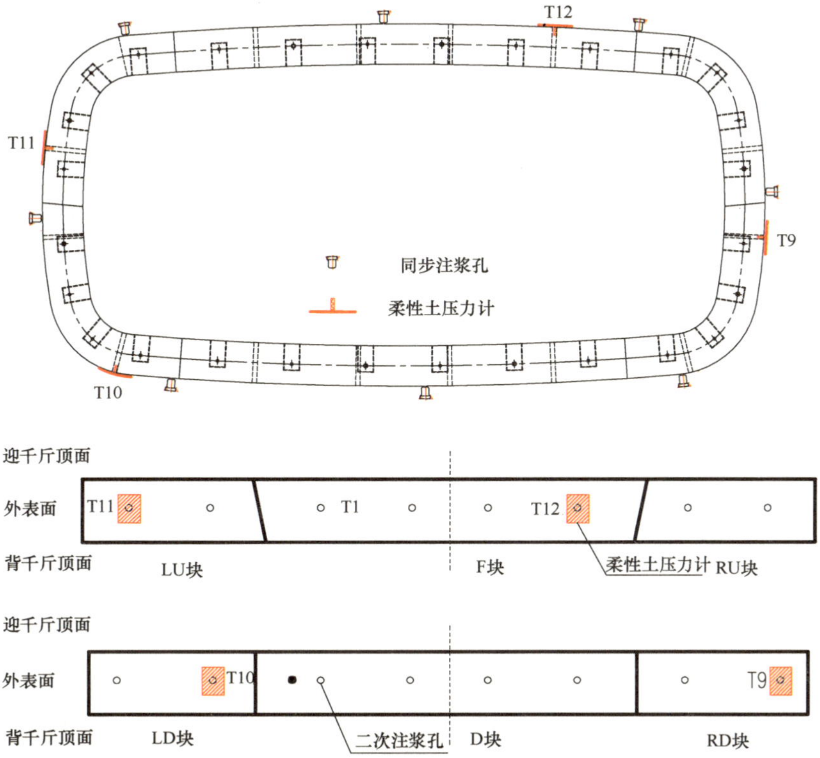

图 6-16　第 14 环柔性土压力计测点布置图

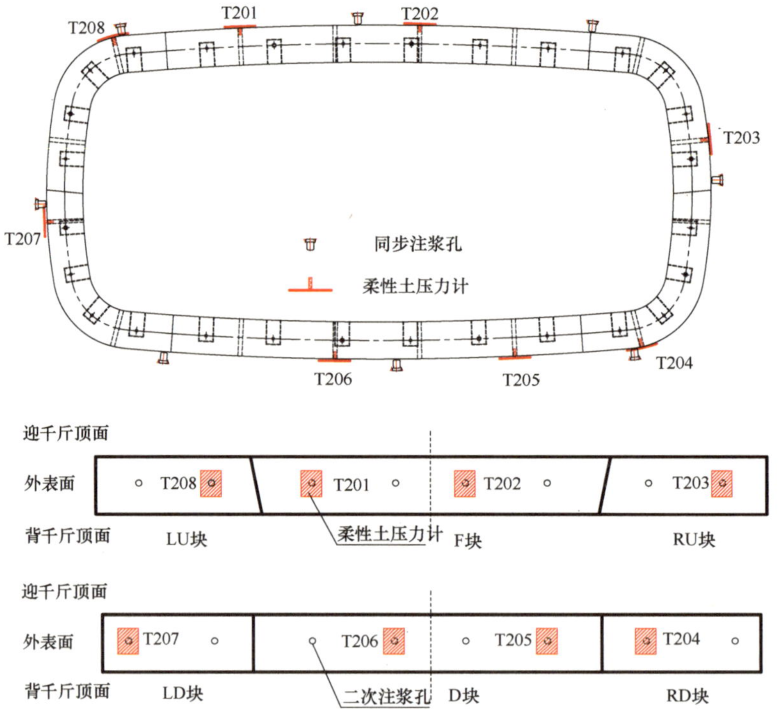

图 6-17　第 19 环柔性土压力计测点布置图

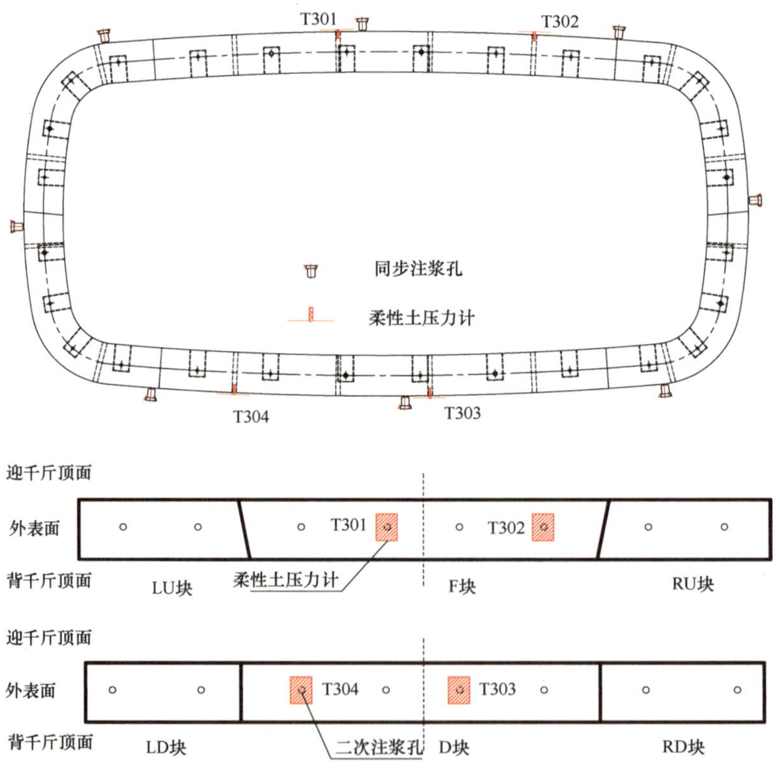

图 6-18　第 26 环柔性土压力计测点布置图

第 13 环、19 环均有 13 个测试截面，每个测试截面的管片内外表面沿宽度方向均布置 4 个应变片，同时在管片内表面沿宽度方向中心位置布置 1 个钢板计，如图 6-19 所示。该环共布置 13 个钢板计和 104 个应变片，其中第 13 环测点的具体布置位置及编号如图 6-20、图 6-21 所示，第 19 环的测点位置与第 13 环相同，钢板计测点编号为 G201-G213，应变编号为 S201-S304。

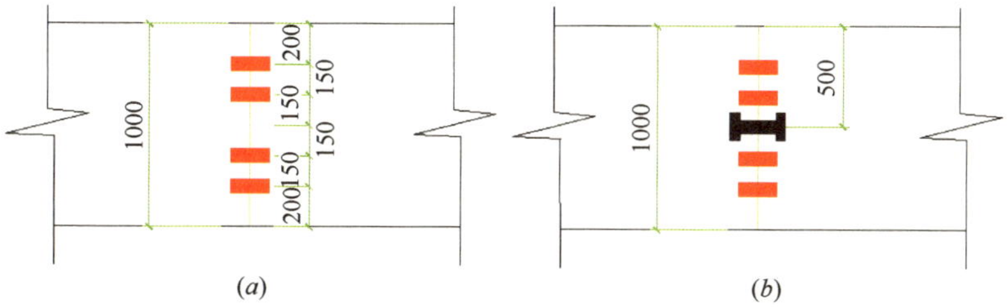

图 6-19　每个测试截面管片内外表面钢板计和应变片的布置位置示意图

（a）管片外表面；（b）管片内表面

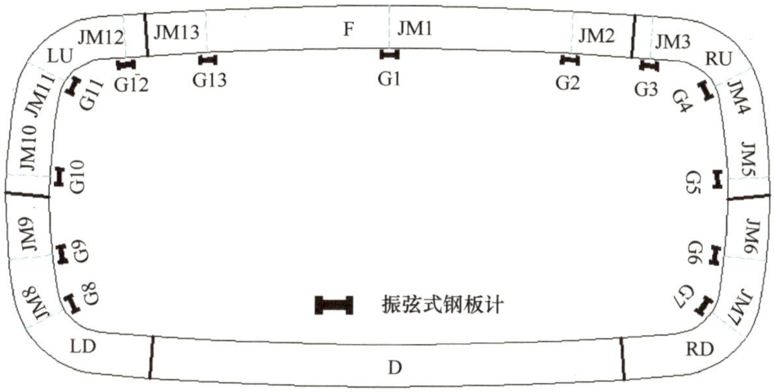

图 6-20　第 13 环横断面钢板计测点及编号

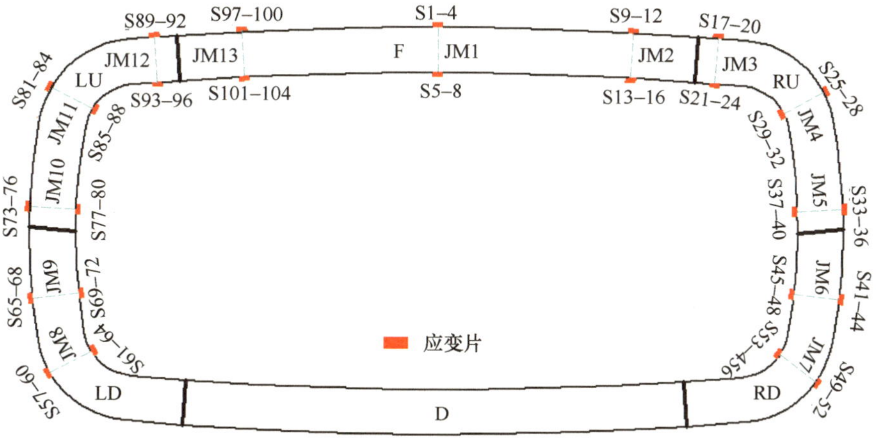

图 6-21　第 13 环横断面应变片测点及编号

3. 螺栓轴力计测点布置

针对标准断面第 13 环以及第 19 环进行管片纵向螺栓和环向螺栓轴力的量测，对于第 26 环，不再量测其管片螺栓轴力。

第 13 环、19 环均选取 8 个纵向螺栓轴力测点，测点以均匀布置、能够反映结构横断面纵向受力分布为原则，其中 F 块 2 个测点，D 块 2 个测点，RU 块、RD 块、LU 块和 LD 块分别布置 1 个测点。其中，第 13 环纵向螺栓轴力测点位置及编号如图 6-22 所示，第 19 环相应测点位置与第 13 环相同，测点编号对应为 H201-H208。

第 13 环、19 环均选取 16 个环向螺栓轴力测点，测点根据管片结构 6 个接缝的受力特点进行布置，在受力较大的 B 缝和 E 缝分别布置 4 个测点，内外排螺栓各选取 2 个测点，受力较小的 A 缝、C 缝、D 缝和 F 缝分别布置 2 个测点，内外排螺栓各选取 1 个测点。其中第 13 环环向螺栓轴力测点位置及编号如图 6-23 所示，第 19 环相应测点位置与第 13 环相同，测点编号对应为 Li201-204（i 取 B、E），Lj201-Lj202（j 取 A、C、D、F）。

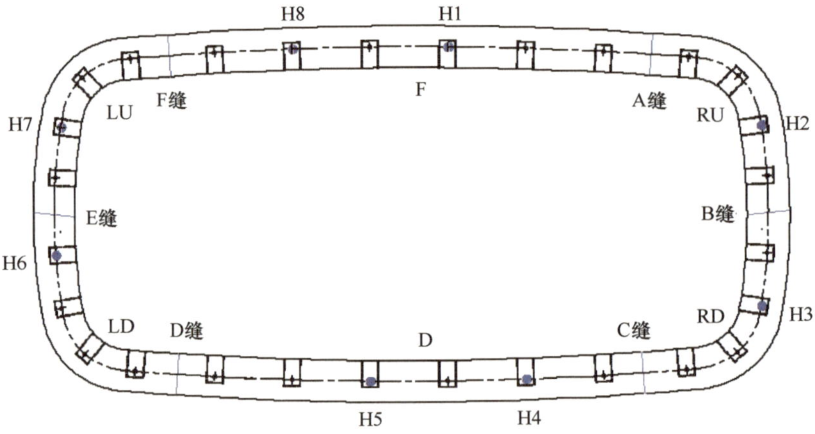

图 6-22　第 13 环纵向螺栓轴力计测点及编号

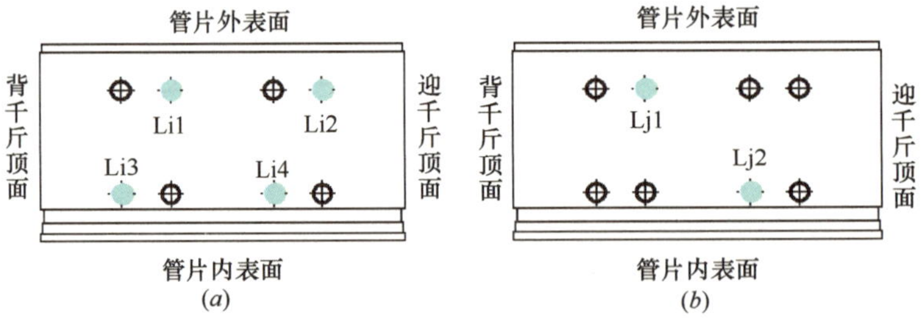

图 6-23　第 13 环各接缝环向螺栓轴力计测点及编号

(*a*) B、E 缝测点布置图（i 取 B、E）；(*b*) A、C、D、F 缝测点布置图（j 取 A、C、D、F）

6.5.5　试验数据采集

对于振弦式传感器，包括柔性土压力计、钢板计，在其安装完成后（此时管片尚未进行拼装）即通过频率数显表记录其初读数，该初读数对应传感器在自由状态下的读数，待管片拼装完成后，将其导线接入到采集仪，即可通过电脑测试系统进行自动连续读数。

对于应变式传感器，包括应变片、螺栓轴力计，在管片拼装完成后将其导线接入采集仪，即可通过电脑测试系统进行初读数以及之后的自动连续读数，采集流程如图 6-24 所示。

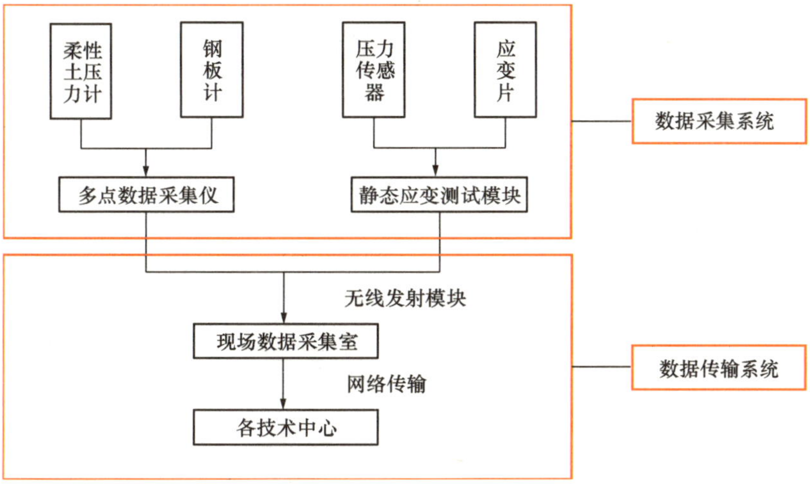

图 6-24　现场试验数据采集流程图

整个测试系统连接完成后，即进行数据采集，并在不同的阶段采用不同的数据采集频率，试验数据的采集方法及频率如表 6-3 所示。

试验数据采集方法及频率　　　　**表 6-3**

传感器名称	管片拼装前	管片拼装完成后	
		施工阶段	运营阶段
柔性土压力计	初读数	实时	1 次/d
钢板计	初读数		
应变片	—	初读数 实时采集	
螺栓轴力计	—		

6.5.6　现场安装后照片

柔性土压力盒、钢板计及螺栓计安装后分别如图 6-25～图 6-27 所示，图 6-28 为现场

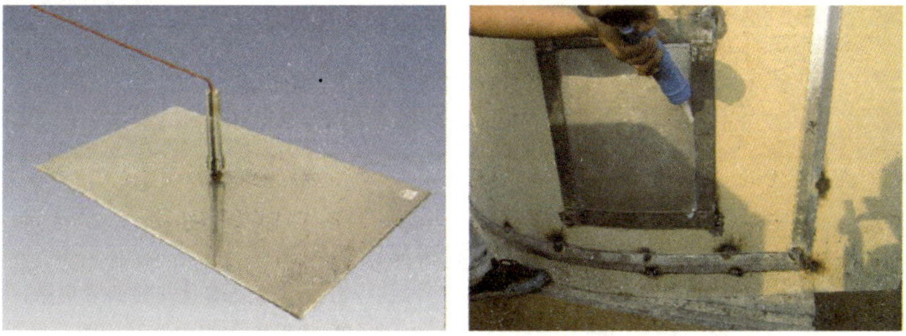

图 6-25　柔性土压力盒安装图

采集系统的安装图。

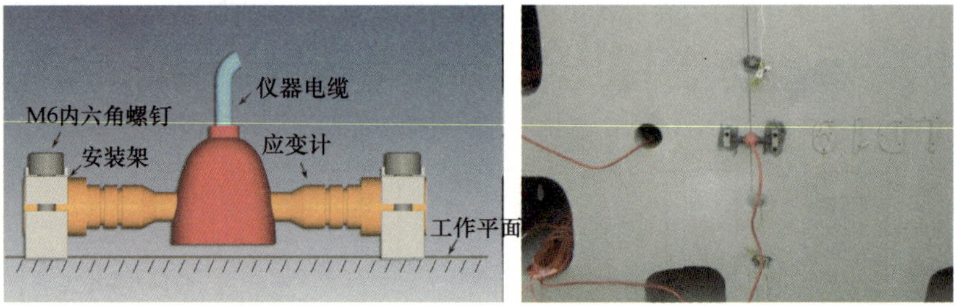

图 6-26　钢板计安装图

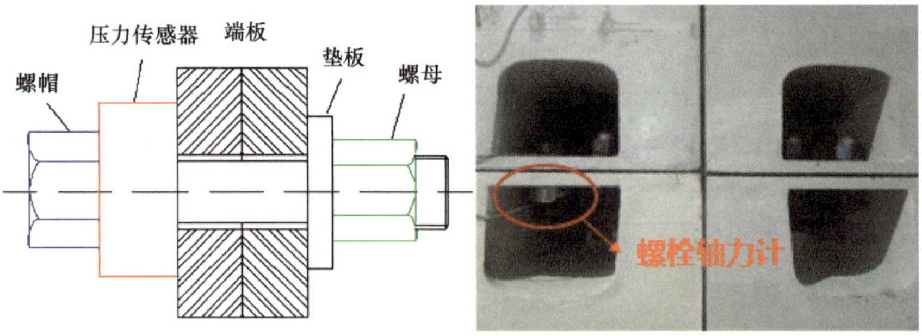

图 6-27　螺栓轴力安装图

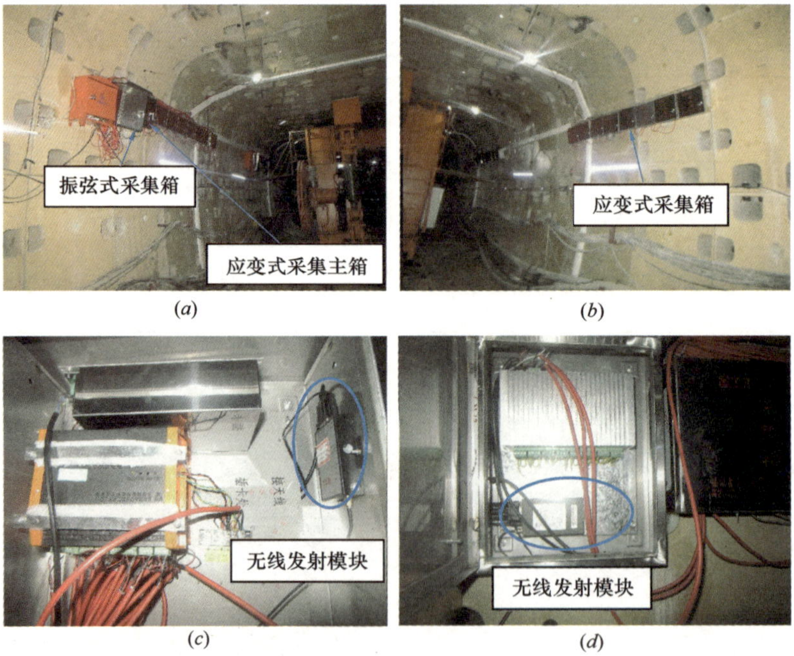

图 6-28　现场试验采集系统安装图

(a) 结构左侧引线线槽及安装的采集箱；(b) 结构右侧引线线槽及安装的采集箱；
(c) 振弦式传感器采集箱内部结构图；(d) 应变式采集主箱内部结构图

6.6 工程现场试验结果与分析

6.6.1 施工工况的定义

盾构机的盾尾长度为2.0m，每环管片宽度为1.0m，在盾构中最多有两环管片存在，衬砌环在盾尾中的位置如图6-29所示。

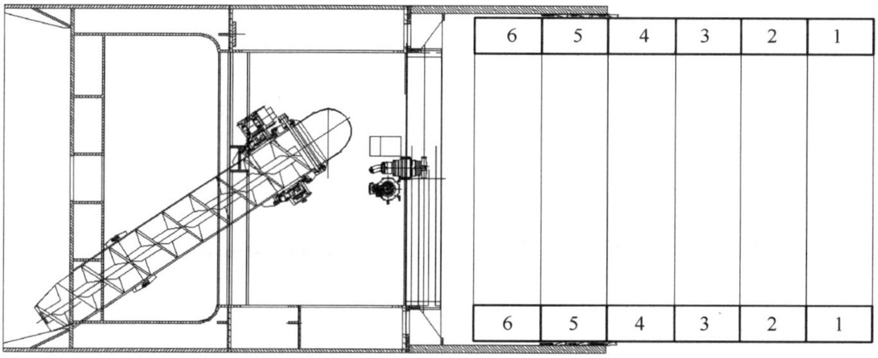

图6-29 盾尾中衬砌环位置示意图

根据盾构机的推进过程，隧道现场施工的流程如图6-30所示。

每一环管片推进的整个过程（推进距离1m）均是盾构机推进与渣土运出隧道（盾构机停止推进）两个工序交替循环的过程。正常情况下推进一环管片需要4～5h，大概包括7～8个盾构机推进与渣土运出隧道的循环过程。

根据上述隧道的施工流程，可以定义出4个主要受力工况，分别为自重工况、脱出盾尾工况、同步注浆工况和荷载稳定工况。

1. 自重工况

衬砌结构在拼装完成后到开始脱出盾尾前这一阶段称为自重工况阶段。

在自重工况下，衬砌结构主要依靠千斤顶的顶力和环间纵向螺栓预紧力在管片环两侧端面产生的摩擦力支撑，整个衬砌环和盾壳内表面没有接触。衬砌结构主要受到自身重力、千斤顶的推力及环面间摩擦力的作用。衬砌环由拼装完成到脱出盾尾的过程如图6-31所示。

2. 脱出盾尾工况

衬砌结构在开始脱出盾尾到脱出盾尾后这一阶段称为脱出盾尾阶段，对应的工况称为脱出盾尾工况。

在衬砌环脱出盾尾过程中，已脱出盾尾的部分作用有同步注浆压力和水土压力，未脱出盾尾的部分作用有盾尾刷的挤压力，如图6-32所示。

3. 同步注浆工况

同步注浆工况为衬砌结构刚脱出盾尾后，同步注浆压力作用在衬砌外表面的工况，该工况持续到衬砌外的注浆体凝固为止。同步注浆工况下，衬砌结构主要受到同步注浆压力和水土压力的共同作用，如图6-33所示。

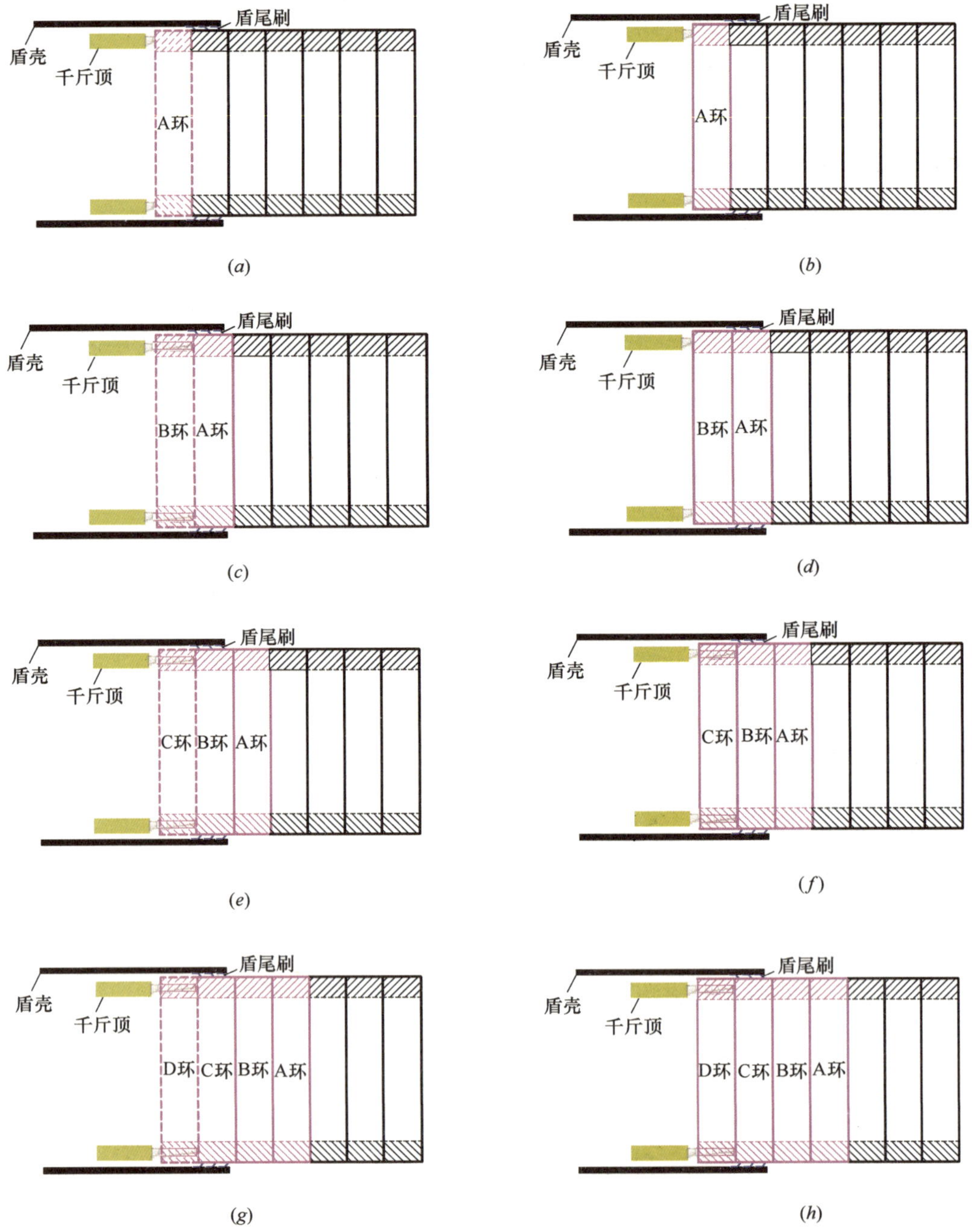

图 6-30　矩形盾构隧道施工流程

(*a*) A 环管片推进；(*b*) A 环管片拼装成环、螺栓施拧；(*c*) B 环管片推进，A 环管片接触盾尾刷；(*d*) B 环管片拼装成环、螺栓施拧；(*e*) C 环管片推进，A 环管片逐渐脱出盾尾，B 环管片接触盾尾刷；(*f*) C 环管片拼装成环、螺栓施拧；(*g*) D 环管片推进，A 环管片逐渐远离盾尾，B 环管片逐渐脱出盾尾，C 环管片接触盾尾刷；(*h*) D 环管片拼装成环、螺栓施拧

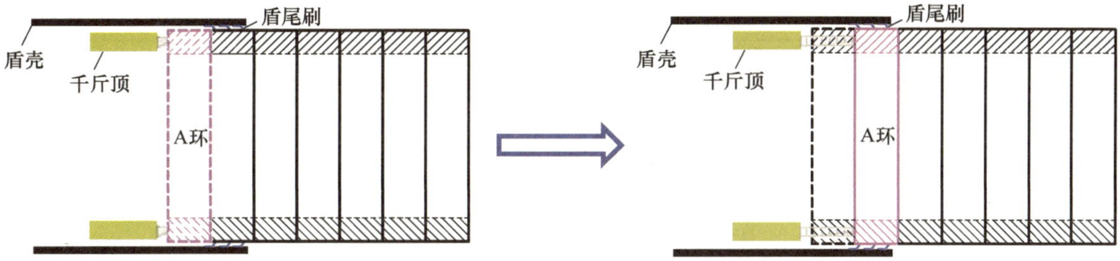

图 6-31 衬砌结构（A 环）拼装完成到开始脱出盾尾前的阶段

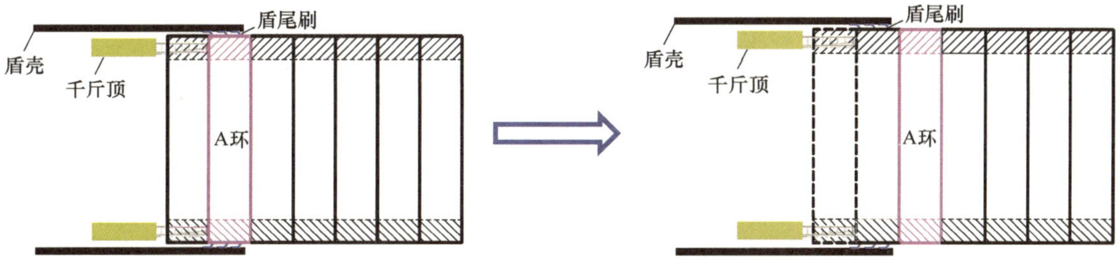

图 6-32 衬砌结构（A 环）开始脱出盾尾到脱出盾尾后的阶段

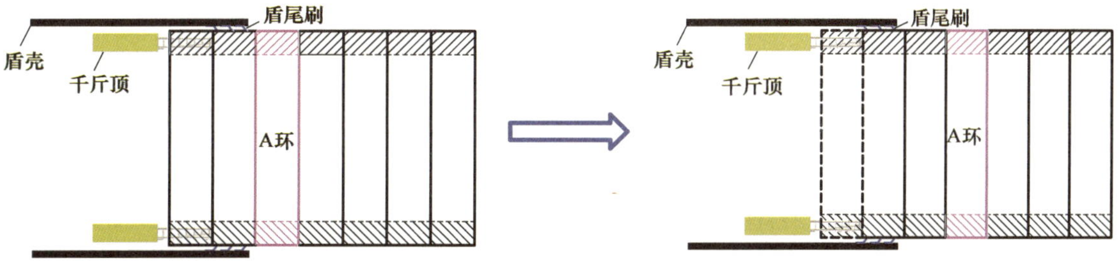

图 6-33 衬砌结构（A 环）脱出盾尾后到其沿轴向距离盾尾 1m 前的阶段

4. 荷载稳定工况

荷载稳定工况为衬砌结构脱出盾尾一定距离后，周围的注浆体凝固，作用在衬砌上的水土压力基本达到恒定时的受力状态。

6.6.2 测试结果分析

对测试结果分析的主要目的，是将衬砌结构在施工阶段的外荷载及其响应与施工工况进行对应分析，进而总结出衬砌结构在不同施工工况下的受力特性。

下面将选取第 13 环为代表进行试验结果的描述与分析。该隧道全长埋深基本不变，隧道较短，地质变化不大，相邻两衬砌环的外部水土压力基本一致。基于以上情况，将第 14 环中的 4 个柔性土压力计测点归到第 13 环作为整体进行分析。

2015 年 9 月 24 日 21：00 开始进行第 15 环管片的推进，该过程也是第 13 环管片脱出盾尾的过程，以此时间点为时间零点。之后各施工工序及其对应时间如表 6-4 所示。

与第 13 环相关的各施工工序及其对应时间表 表 6-4

时间段	施工工序	时间段	施工工序
0～5h	第 15 环推进	12～16h	第 15 环拼装
19.6～20.3h	第 16 环推进	22～25.5h	第 16 环推进
60.5～61h	第 16 环推进	64.2～68h	第 16 环推进
84～86h	第 16 环拼装	94～98h	第 17 环推进
99～100h	第 17 环推进	109.2～110h	第 17 环推进
111.2～116h	第 17 环推进	116～120h	第 17 环拼装
121.3～128h	第 18 环推进	130～134h	第 18 环推进
137～141h	第 18 环推进	142～144h	第 18 环推进
160～168.5h	第 18 环推进	184～188h	第 18 环拼装
188～289h	盾构机停机状态，进洞工作井凿桩		

对于第 13 环，衬砌结构的 4 个施工工况所对应的施工阶段如表 6-5 所示：

第 13 环衬砌结构的施工工况与施工工序的对应表 表 6-5

工况编号	施工工况	施工工序
1	自重工况	第 14 环推进
2	脱出盾尾工况	第 15 环推进
3	同步注浆工况	第 16 环推进
4	荷载稳定工况	第 17 环及以后环推进

1. 衬砌结构外荷载

根据该测试环各测点在结构中所处的位置以及其测试结果，选取具有代表性的部分测点进行分析。

选取测点 T2、T4、T6、T9 进行结构外荷载与施工工序的对应分析。其中 T2 位于结构的顶部，T9 分别位于结构腰缝偏下位置，T4 位于结构转弯部位，T6 位于结构底部中间位置，如图 6-34 所示。

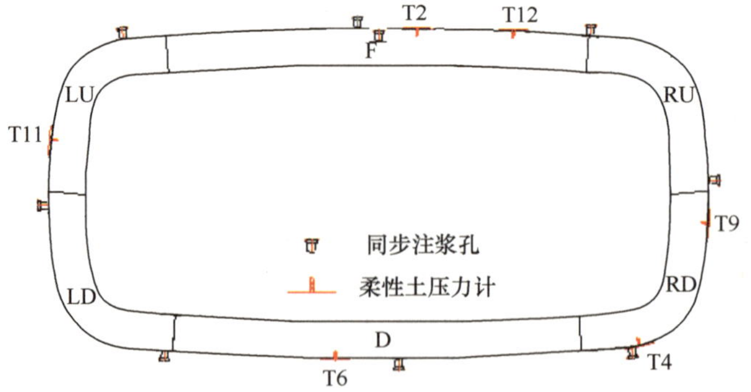

图 6-34 分析选取的代表性测点及其位置图

（1）T2、T4 和 T6 测点

T2、T4 和 T6 测点所测结构外荷载与施工工序的对应关系如图 6-35 所示。图中给出第 15 环推进与第 16 环推进的过程示意图，第 17、18 环推进的过程与其类似。

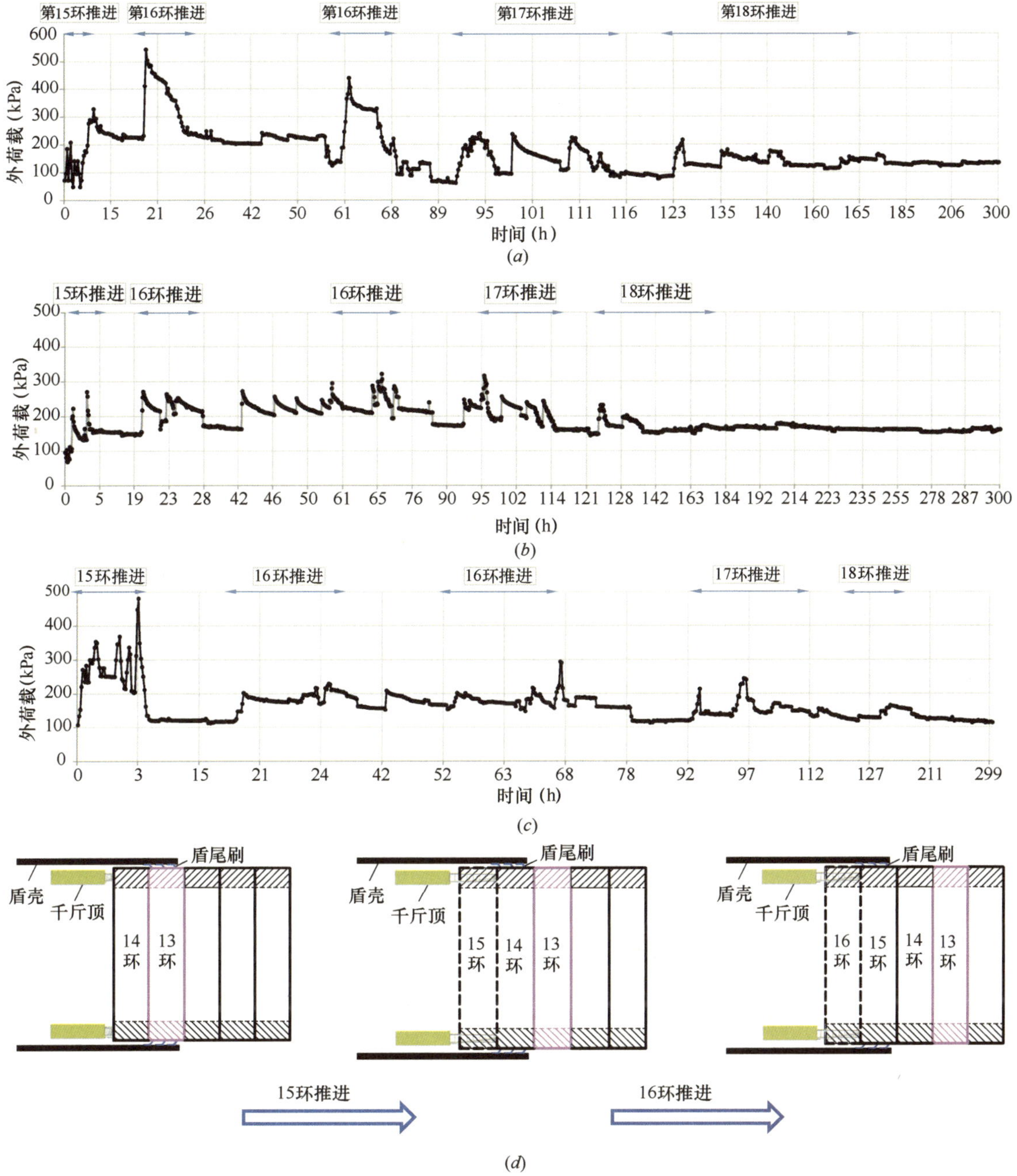

图 6-35　T2、T4 和 T6 测点结构外荷载与施工工序的对应关系图

（*a*）T2 测点结构外荷载随施工工序的变化曲线；（*b*）T4 测点结构外荷载随施工工序的变化曲线；（*c*）T6 测点结构外荷载随施工工序的变化曲线；（*d*）部分施工工序的过程示意图

在第 15 环推进的过程中，即第 13 环脱出盾尾的过程，3 个测点的结构外荷载有一定的波动，整体处于一个增大的过程。这是由于第 13 环在逐渐脱出盾尾的过程中，已出盾尾的部分会受到同步注浆压力和部分水土压力的作用，尚留在盾尾内的部分受到不断变化的盾尾刷的挤压力。因此，该测点所测结构外荷载在该过程中有一定的波动。

第 15 环推进完成后，3 个测点结构外荷载基本均处于一个较为稳定的阶段。这是由于在第 15 环推进完成后，进行第 15 环的管片拼装，此时盾构机处于停机状态，不再进行同步注浆。浆液会向土中流动，并不断固结，同步注浆产生的压力逐渐消散。

在第 16 环推进的过程中，T2、T4 和 T6 测点所测结构外荷载变化曲线分别呈现出先快后慢的下降过程，且推进过程中存在荷载稳定的阶段。结合现场施工过程中各施工工序的对应时间统计表，可以总结得到，结构外荷载出现明显增加的时间正好为盾构机开始推进的时间，推进的同时进行同步注浆，同步注浆的压力引起该测点结构外荷载明显的增大；在渣土填满出土箱时，需要进行渣土的运出，此时盾构机处于停机状态，不再进行同步注浆，之前的同步注浆开始凝固，产生的压力逐渐消散，所以测点处的结构外荷载出现先快后慢的下降过程。

在第 17 环推进的过程中，T2、T4 和 T6 测点所测结构外荷载变化表现出与 15 环、16 环相同的压力变化现象。相比第 16 环的推进过程，T2 和 T6 结构外荷载的最大值相对较小，这是由于同步注浆孔与柔性土压力计的距离越来越大的原因。而 T4 测点结构外荷载的最大值变化不大，这是由于第 17 环开始推进时，该测点与同步注浆孔在环向相距较近，推进过程中的同步注浆压力依然能够对该测点外荷载产生一定的影响。

在第 18 环推进的过程中，也表现出外荷载先增大后减小的现象，但增加量已经很小。这是由于第 18 环开始推进时，第 13 环和盾尾在纵向上的间距较大，已达到 2m，因此推进过程中的同步注浆压力对该环测点外荷载的影响相对更小。

第 18 环推进完成后，盾构机一直处于停机状态，该测点结构外荷载逐渐进入稳定阶段。

从柔性土压力监测到的数据来看，在第 18 环推进大约 7 天后，盾尾的同步注浆压力对第 13 环的影响已经很弱。

（2）T9 测点

T9 测点实际位于第 14 环中，其所测结构外荷载与施工工序的对应关系如图 6-36 所示。图中给出第 16 环推进与第 17 环推进的过程示意图，第 15、18 环推进的过程与其类似。T9 测点与 T2、T4、T6 测点表现出相同的变化模式，随着盾构机的推进，由于盾尾刷的挤压力及注浆压力，作用在管片上的压力出现了波动现象。

其他测点结构外荷载与施工工序的对应关系与以上选取的代表性测点类似。

该测试环全部 12 个结构外荷载测点所测数值在不同施工工序下的最大值及其与稳定阶段的荷载值对比如表 6-6 所示。

各测点在不同施工工序下的结构荷载值汇总表 **表 6-6**

测点编号	所在管片环号及位置	不同施工步下最大外荷载值与稳定阶段的差值（kPa）				稳定阶段（kPa）
		15 环推进	16 环推进	17 环推进	18 环推进	
T1	13—顶部	850	300	稳定	稳定	105
T2	13—顶部中心	85	180	30	30	105
T3	13—右侧腰部	310	180	稳定	稳定	90

续表

测点编号	所在管片环号及位置	不同施工步下最大外荷载值与稳定阶段的差值（kPa）				稳定阶段（kPa）
		15 环推进	16 环推进	17 环推进	18 环推进	
T4	13—底部拐角	115	150	150	60	160
T5	13—底部中心	360	180	110	稳定	115
T6	13—底部	180	160	稳定	稳定	130
T7	13—左侧腰部	150	170	70	稳定	140
T9	14—右侧腰部	180	390	100	80	133
T10	14—底部拐角	−100	235	120	40	165
T11	14—左侧腰部	630	230	210	稳定	100
T12	14—顶部	210	260	150	稳定	102

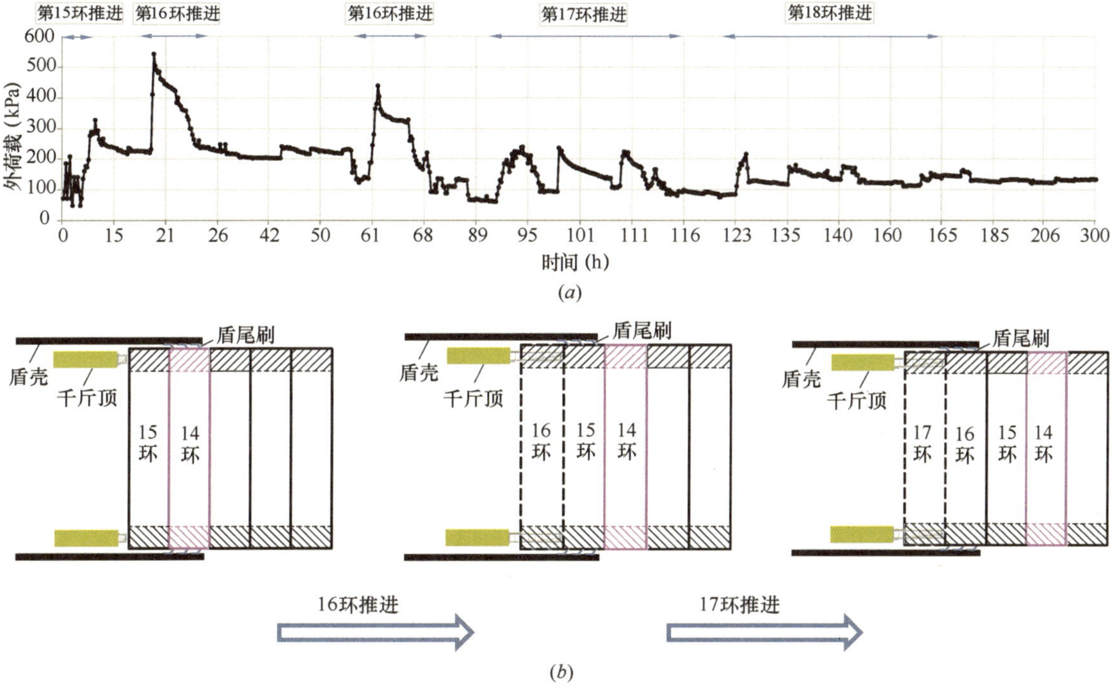

图 6-36　T9 测点结构外荷载与施工工序的对应关系图

（*a*）T9 测点结构外荷载随施工工序的变化曲线；（*b*）部分施工工序的过程示意图

2. 衬砌结构表面应变

根据测试环测试截面在结构中所处的位置以及其测试结果，选取具有代表性的截面进行分析。如图 6-37 所示，选取 13 环截面 1、5 和 9 的管片内弧面钢板计测点进行结构表面应变与施工工序的对应分析。其中，截面 1 位于结构顶部中间的位置，截面 5 位于结构右侧腰部接缝偏上位置，截面 9 位于结构左侧腰部接缝偏下位置。

G1、G5 和 G9 测点所测结构表面应变与施工工序的对应关系如图 6-38 所示。图中给出第 15 环与第 16 环推进的过程示意图，第 17、18 环推进的过程与其类似。

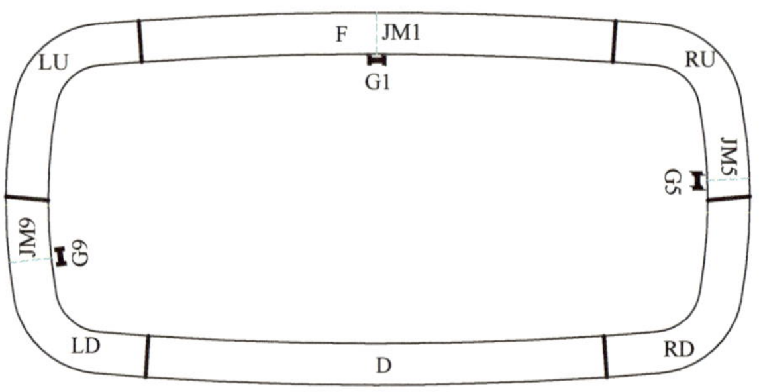

图 6-37　分析选取的代表性截面及其位置图

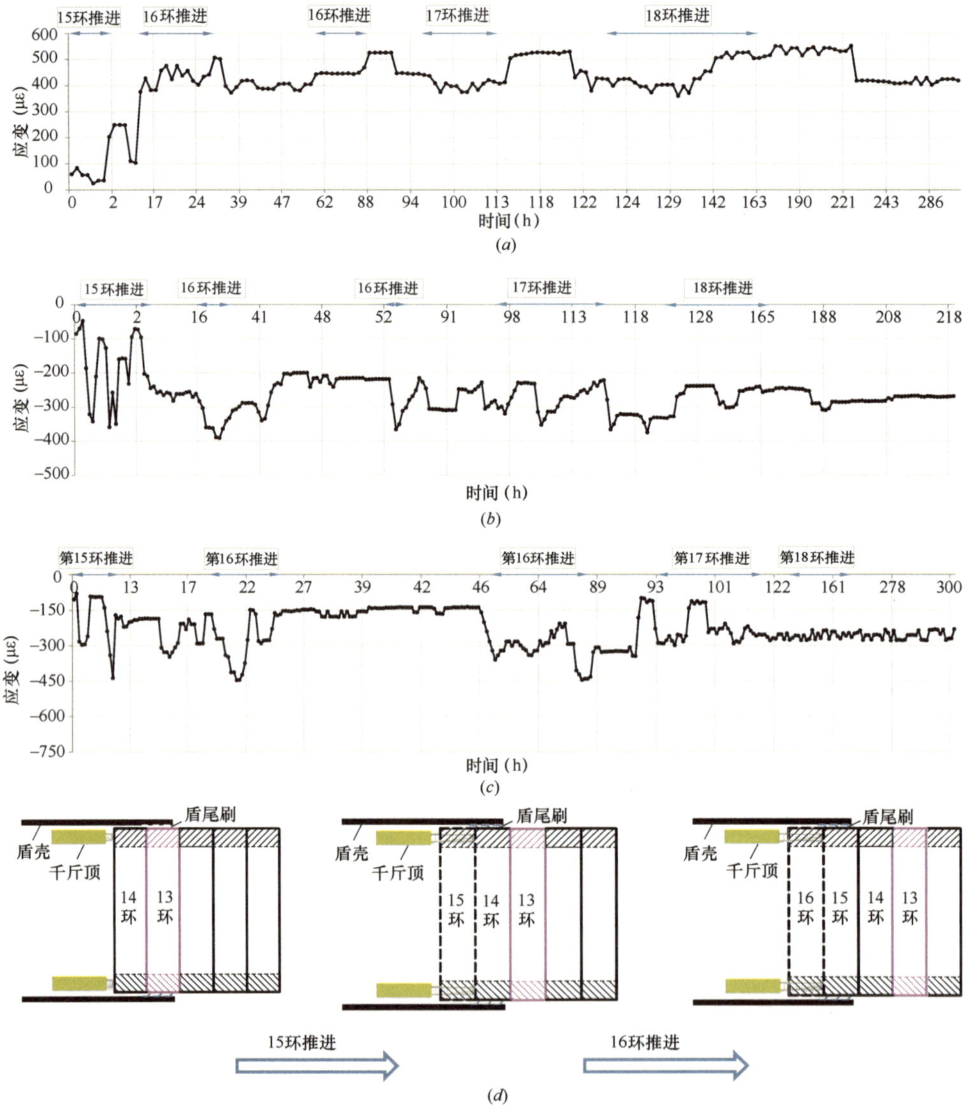

图 6-38　G1、G5 和 G9 测点结构表面应变与施工工序的对应关系图

(*a*) G1 测点结构表面应变随施工工序的变化曲线；(*b*) G5 测点结构表面应变随施工工序的变化曲线

(*c*) G9 测点结构表面应变随施工工序的变化曲线；(*d*) 部分施工工序的过程示意图

在第 15 环推进过程中，即第 13 环管片脱出盾尾的过程中，上述 3 个测点处结构内表面应变开始较小，之后有一个增加的过程；第 16 环管片推进过程中，3 个测点处结构内表面应变均明显增大；在第 17、18 环管片推进过程中，3 个测点处结构内表面应变均相对减小；第 18 环推进完成后，3 个测点结构内表面应变趋于稳定，G1、G3 和 G9 测点处结构表面应变分别为 400$\mu\varepsilon$、$-215\mu\varepsilon$ 和 $-230\mu\varepsilon$。

结合衬砌结构在施工阶段的受力工况，在脱出盾尾工况（第 15 环推进过程中）下，衬砌结构开始主要受盾尾刷挤压力的作用，之后水土压力和同步注浆压力逐渐作用到管片环上，因此 3 个测点位置结构内表面应变数值表现出开始较小，之后有所增加的趋势。

在同步注浆工况（第 16 环推进过程中）下，衬砌结构同时受水土压力和同步注浆压力的作用，且以上两种荷载全部作用在整个 1m 宽的管片环上，因此 3 个测点位置结构内表面应变数值较大。

在第 17、18 环推进过程中，衬砌结构主要受水土压力的作用，同步注浆压力对该测试环的影响相对较小，因此，3 个测点位置结构内表面应变相对同步注浆工况下有所减小。

在荷载稳定工况下，衬砌结构外荷载基本处于恒定状态，因此，3 个测点位置结构内表面应变也趋于稳定。

其他测点结构表面应变与施工工序的对应关系与以上选取的代表性测点类似。

该测试环全部 13 个截面在荷载稳定工况下的结构内表面应变值如表 6-7 所示。

测试环 13 个截面在荷载稳定工况下的结构内表面应变　　表 6-7

测点编号	所在管片环号及位置	稳定阶段（$\mu\varepsilon$）	截面弯矩
G1	F 块（中间）	415	正弯矩
G2	F 块（靠近 RU 块）	300	正弯矩
G3	RU 块（靠近 F 块）	—	反弯点附近
G4	RU 块（中间）	—	—
G5	RU 块（靠近 RD 块）	−215	负弯矩
G6	RD 块（靠近 RU 块）	−250	负弯矩
G7	RD 块（中间）	−160	负弯矩
G8	LD 块（中间）	−230	负弯矩
G9	LD 块（靠近 LU 块）	−250	负弯矩
G10	LU 块（靠近 LD 块）	−250	负弯矩
G11	LU 块（中间）	−205	负弯矩
G12	LU 块（靠近 F 块）	—	反弯点附近
G13	F 块（靠近 LU 块）	85	正弯矩

3. 衬砌结构螺栓轴力

根据该测试环纵向螺栓轴力测点在结构中所处的位置及其测试结果，选取具有代表性的部分测点进行分析。选取纵向螺栓测点 H1、H2、H4 和 H6 进行结构纵向螺栓轴力与施工工序的对应分析。其中，测点 H1 位于结构顶部中间位置，测点 H2 位于结构右侧腰部接缝偏上位置，测点 H4 位于结构底部偏右位置，测点 H6 位于结构左侧腰部接缝偏下位置，如图 6-39 所示。

（1）代表性测点结构纵向螺栓轴力与施工工序的对应关系

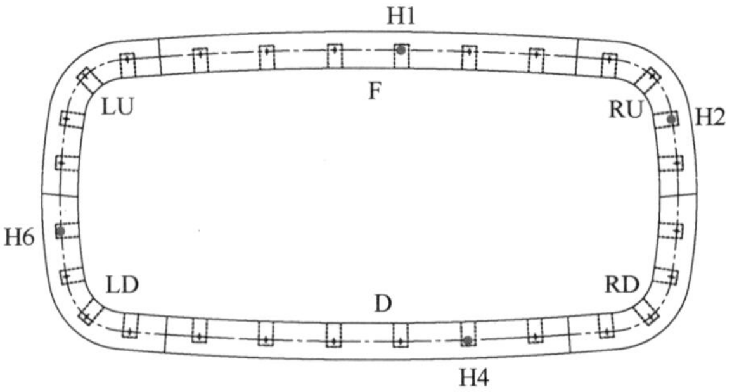

图 6-39　选取的代表性测点及其位置图

H1、H2、H4 和 H6 测点所测结构纵向螺栓轴力与施工工序的对应关系如图 6-40 所示。图中给出第 15 环推进与第 16 环推进的过程示意图，第 17、18 环推进的过程与其类似。

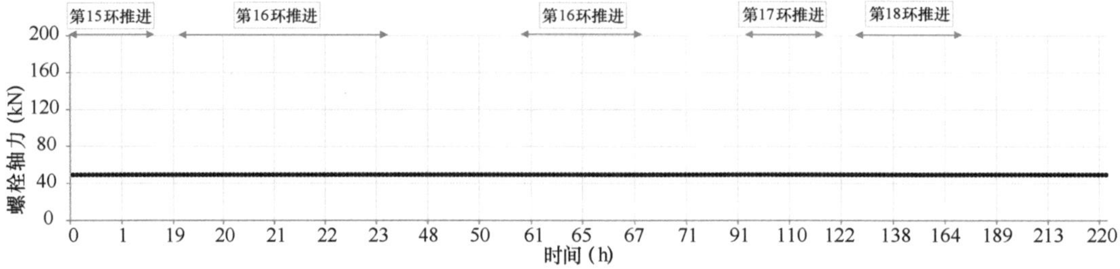

(*a*)

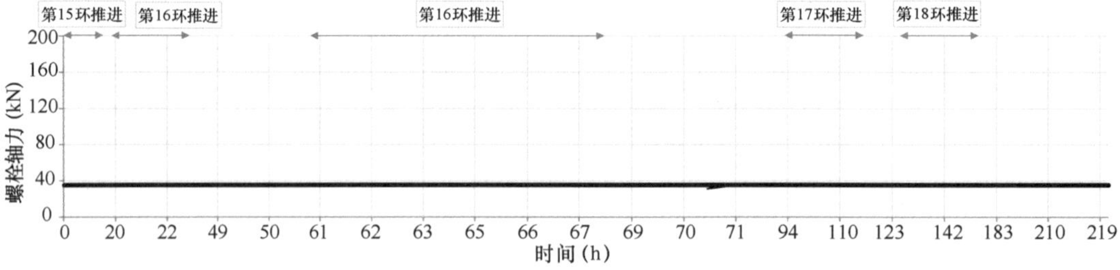

(*b*)

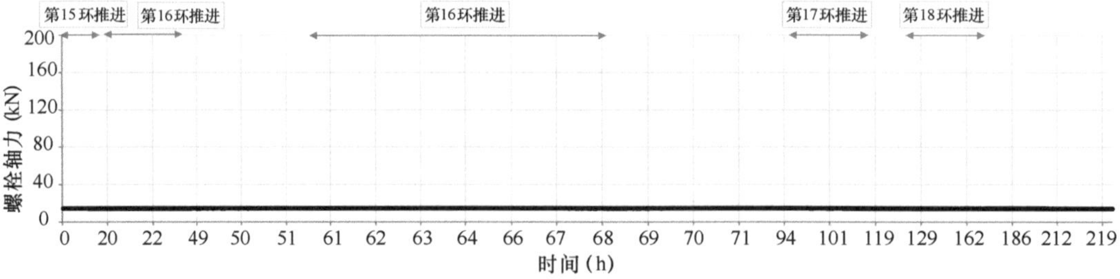

(*c*)

图 6-40　H1、H2、H4 和 H6 测点结构纵向螺栓轴力与施工工序的对应关系图（一）

(*a*) H1 测点结构纵向螺栓轴力随施工工序的变化曲线；(*b*) H2 测点结构纵向螺栓轴力随施工工序的变化曲线；
(*c*) H4 测点结构纵向螺栓轴力随施工工序的变化曲线

上述 4 个测点结构纵向螺栓轴力随施工工序的变化曲线基本为直线，即结构纵向螺栓轴力基本不受施工工况的影响，H1、H2、H4 和 H6 测点处结构纵向螺栓轴力分别为 49kN、35kN、14kN 和 112kN。

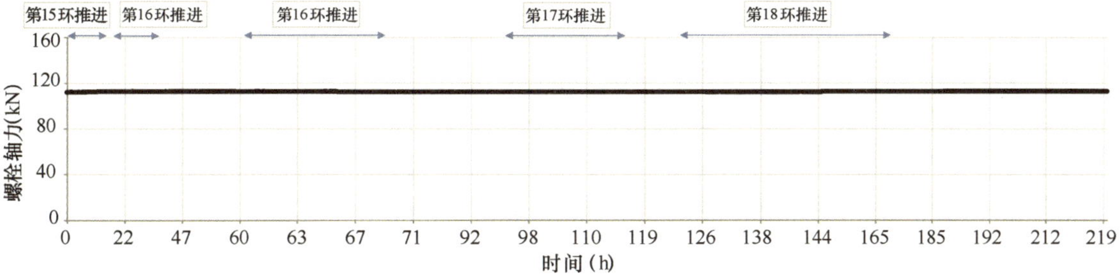

(*d*)

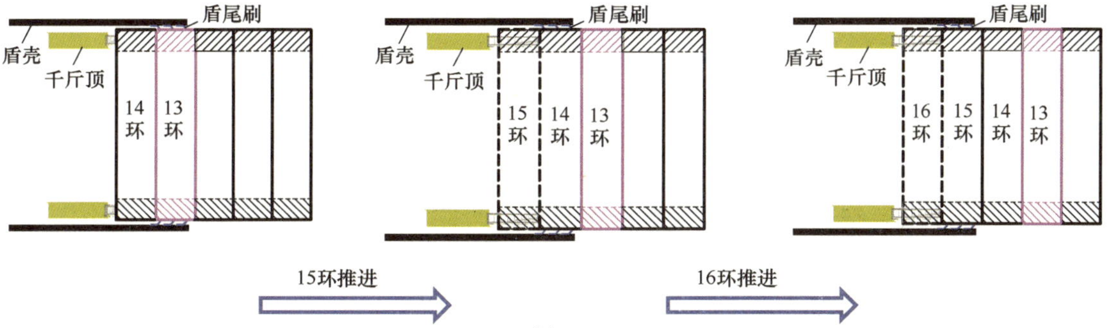

(*e*)

图 6-40　H1、H2、H4 和 H6 测点结构纵向螺栓轴力与施工工序的对应关系图（二）

（*d*）H6 测点结构纵向螺栓轴力随施工工序的变化曲线；（*e*）部分施工工序的过程示意图

（2）其他测点结构纵向螺栓轴力与施工工序的对应关系

其他测点结构纵向螺栓轴力与施工工序的对应关系与以上选取的代表性测点类似。

该测试环全部 8 个测点结构结构纵向螺栓轴力值如表 6-8 所示，8 个测点处结构纵向螺栓的预紧力较小。

各测点结构螺栓轴力值　　　　表 6-8

测点编号	所在管片环号及位置	轴力（kN）
H1	结构顶部中间	49
H2	结构右侧腰部接缝偏上	35
H3	结构右侧腰部接缝偏下	42
H4	结构顶部中间偏右	14
H5	结构顶部中间偏左	—
H6	结构左侧腰部接缝偏下	112
H7	结构左侧腰部接缝偏上	109
H8	结构顶部中间偏左	61

4. 现场测试结果小结

根据以上对衬砌结构外荷载、表面应变和螺栓轴力随施工工序的变化曲线的分析，其变化规律可归纳如下：

（1）结构外荷载在衬砌脱出盾尾阶段，衬砌结构已出盾尾的部分会受到同步注浆压力和水土压力的作用，尚留在盾尾内的部分受到不断变化的盾尾刷的挤压力，结构外荷载有一定的波动，且有明显增大的现象；在同步注浆阶段，同步注浆的压力会引起该测点结构外荷载明显增大；而在渣土运出，盾构停止推进且不再进行同步注浆时，之前的同步注浆压力消散，引起结构外荷载先快后慢的下降；在测试环脱出盾尾一定时间后，结构外荷载趋于稳定。

在脱出盾尾工况下，作用在衬砌结构上的荷载如图 6-41 所示，图中曲线为稳定工况下作用在结构上的荷载，黑色方块代表该工况下衬砌结构各测点所测的荷载值。脱出盾尾工况下结构所受荷载远大于荷载稳定工况下结构所受荷载，且结构荷载值分布不均匀，局部位置荷载较大，达到稳定阶段荷载的数倍，但该过程持续时间较短。

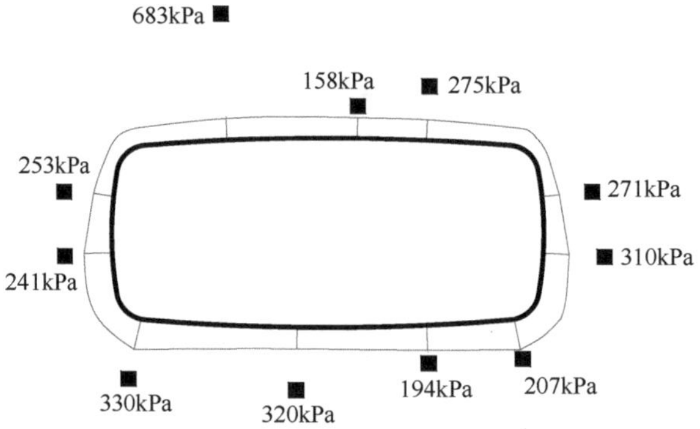

注：曲线部分为荷载稳定工况下的结构荷载。

图 6-41　脱出盾尾工况下衬砌结构受力荷载图

在同步注浆工况下，作用在衬砌结构上的荷载如图 6-42 所示，图中曲线为荷载稳定工况下结构所受荷载，黑色方块代表该工况下衬砌结构各测点所测的荷载值。同步注浆工况下结构所受荷载大于荷载稳定工况下结构所受荷载，该工况下结构荷载值分布相对均匀，结构所受荷载左右基本对称。

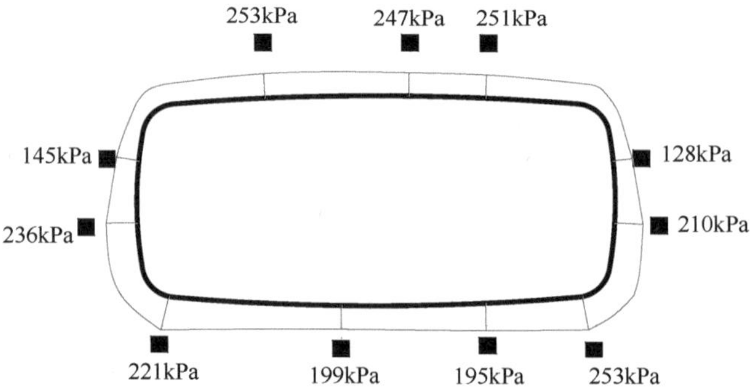

注：曲线部分为荷载稳定工况下的结构荷载。

图 6-42　同步注浆工况下衬砌结构受力荷载图

根据同步注浆工况下和荷载稳定工况下结构所受荷载，可以推导出各测点位置处的同步注浆压力，此处同步注浆压力定义为同步注浆工况下的荷载值与稳定工况下的荷载值之差。从严格意义上看此数值并不为注浆荷载，但包含了注浆荷载引起结构外荷载增加的因素，从一定程度上可反映出在施工阶段结构外荷载的增加，如图 6-43 所示。

在结构顶部同步注浆压力值比较均匀，且数值最大；结构腰部的同步注浆压力值左右基本对称，且接缝下侧测点处的同步注浆压力要大于接缝上侧测点处的同步注浆压力；结构底部的同步注浆压力相对均匀，同步注浆压力值明显小于结构顶部测点处的同步注浆压力值；最大同步注浆压力值约为该处水土压力的 1.5 倍。

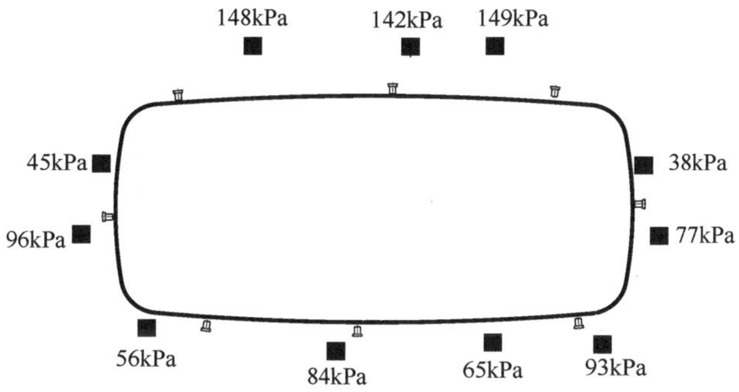

图 6-43　衬砌结构各测点处同步注浆压力值

在荷载稳定阶段，衬砌结构在荷载稳定工况下的受力荷载如图 6-44 所示。

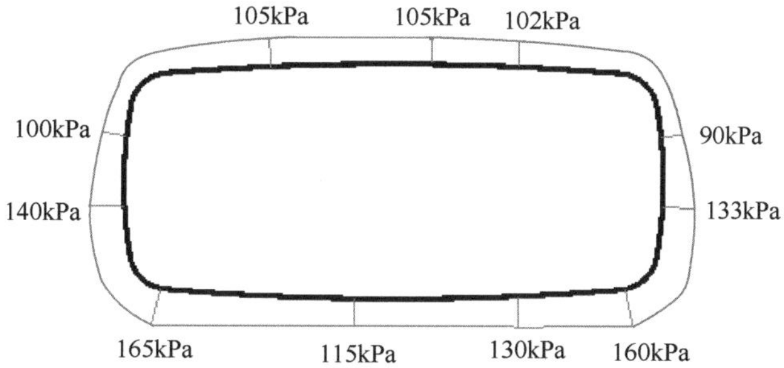

图 6-44　荷载稳定工况下衬砌结构受力荷载图

由图 6-44 可以看到，结构所受荷载左右基本对称；结构顶部荷载比较均匀；结构底部靠近腰部的位置荷载相对较大，结构底部中间位置荷载相对较小；结构左右侧腰部的荷载基本呈梯形分布。

（2）结构表面应变在不同施工阶段的变化规律与结构外荷载一致，在测试环脱出盾尾过程中，结构内表面应变开始较小，之后有一个增加的过程；在同步注浆阶段，结构内表面应变有明显增大；在荷载稳定阶段，结构表面应变会随着结构外荷载趋于稳定而进入稳定阶段；衬砌结构在荷载稳定工况下的内表面应变如图 6-45 所示。

该测试环结构内表面应变的分布规律与衬砌结构在荷载稳定工况下的数值计算内力分

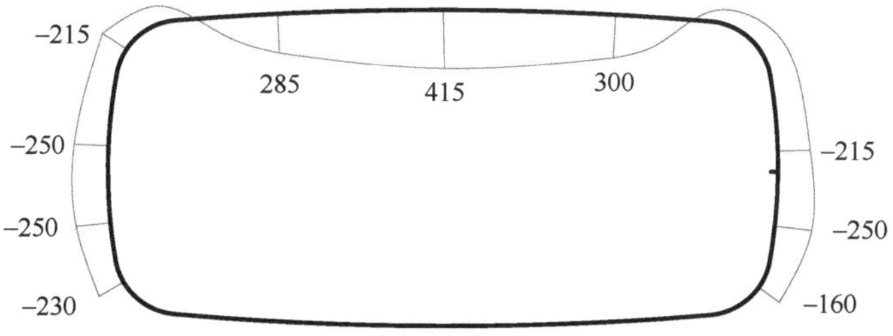

注：单位με（拉应变为正，压应变为负）。

图 6-45　第 13 环衬砌结构荷载稳定工况下的内表面应变

布规律相吻合。结构顶部内侧钢板受拉，内表面应变为正；结构左右腰部外侧钢板受拉，内表面应变为负；结构内表面应变左右也基本对称。

（3）结构纵向螺栓轴力在不同的施工阶段基本没有变化，且其初始预紧力较小。衬砌结构在荷载稳定工况下的纵向螺栓轴力如图 6-46 所示。

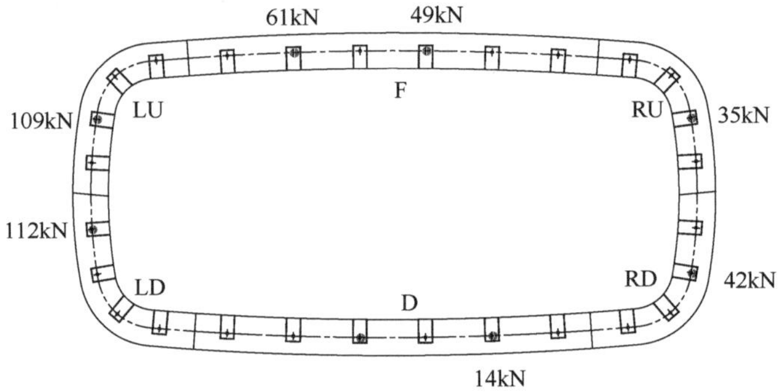

注：图中未标记轴力的测点已坏。

图 6-46　第 13 环各纵向螺栓轴力值

6.6.3　不同测试环测试结果对比分析

下面对不同测试环在荷载稳定工况下的测试结果进行对比分析。

1. 结构外荷载

在荷载稳定工况下，第 13、19 和 26 环各测点所测结构外荷载对比如图 6-47 所示。

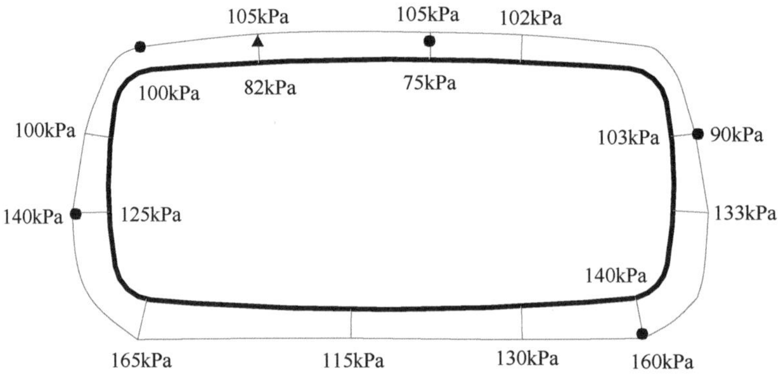

图 6-47　不同测试环在荷载稳定工况下结构外荷载对比图

图 6-47 中曲线由第 13 环各测点结构外荷载拟合而成（各测点对应外荷载值标记在结构外部），黑色圆点表示第 19 环在同样测点位置处的结构外荷载值（各测点对应外荷载值标记在结构内部），黑色三角形表示第 26 环在同样测点位置处的结构外荷载值（各测点对应外荷载值标记在结构内部）。

由图 6-47 可以看到，结构顶部中间的测点和结构底部靠近腰部的测点所测外荷载相差较大，第 13、19 环在以上两个位置处的结构外荷载分别为 105kPa 和 75kPa、160kPa 和 140kPa。第 19 环结构顶部上方有雨水管等管线与隧道纵向相交，根据上述结果，说明雨水管等管线承担了一部分水土压力，引起作用在隧道结构顶部中间区域的荷载偏小，同样也引起结构底部的地基反力偏小。

第 26 环唯一的测点位于结构顶部中间偏左的位置（图中黑色三角形标记），在该测点位置处，26 环中的结构外荷载要小于第 13 环中的结构外荷载，其荷载值分别为 83kPa 和 105kPa。第 26 环位于土体加固区，在原有的土体中注入水泥浆，根据上述结果，说明加固后的土体具有一定自承能力，因此作用到衬砌结构上的荷载要小于全部上覆土的自重荷载。

2. 结构表面应变

在荷载稳定工况下，第 13、19 环各测点所测结构表面应变对比如图 6-48 所示。

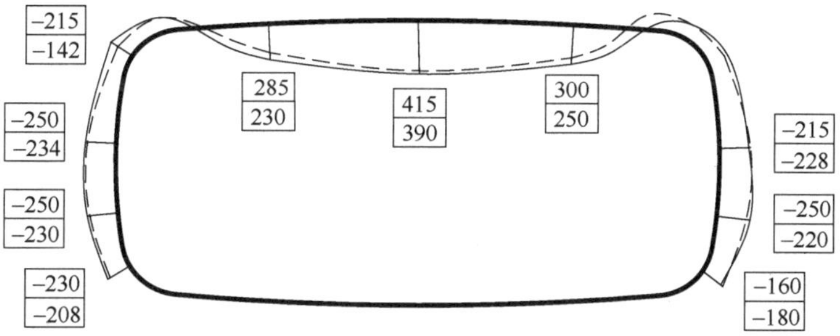

注：每个测点上方数值为第13环应变值，下方为第19环应变值，单位με。

图 6-48　第 13、19 环各测点结构表面应变对比图（拉应变为正，压应变为负）

由图 6-48 可以看到，在荷载稳定工况下，第 13、19 环结构表面应变的分布规律基本吻合，且其分布规律符合矩形衬砌结构拱顶内侧受拉拱腰外侧受拉的受力特点；第 13 环的结构表面应变要稍大于第 19 环结构表面应变，因为第 19 环结构顶部中间区域的外荷载较小，在结构内表面产生的应变也较小。与盾构隧道垂直相交的雨水管对衬砌结构的受力产生一定的影响。

3. 结构纵向螺栓轴力

在荷载稳定工况下，第 13、19 环各测点所测结构纵向螺栓轴力对比如图 6-49 所示。在荷载稳定工况下，两环管片的纵向螺栓测点所测螺栓轴力均较小，且两环管片相同位置

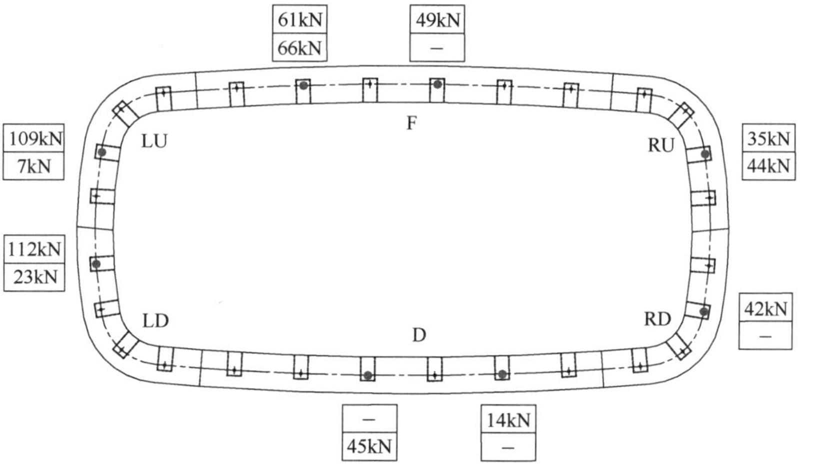

注：每个测点上方数值为第 13 环应变值，下方为第 19 环应变 值，单位 με。

图 6-49　第 13、19 环各测点结构纵向螺栓轴力对比图

的纵向螺栓轴力值有较大差异。说明在实际施工过程中，螺栓施拧时预紧力不够，且不同螺栓的施拧程度相差较大。由于本次设计中并没有对纵向螺栓的拧紧做出具体要求，在后续的矩形盾构隧道设计中应提出具体的施工要求。

6.6.4 现场试验与设计荷载的对比分析

在设计阶段，对作用在衬砌上的荷载进行了理论计算。在现场测试中，得到了在同步注浆工况与稳定工况下作用在衬砌上的荷载值。为了考察计算模型荷载假设的合理性，将13环的现场试验结果与设计中所采用的荷载进行了对比分析。

1. 同步注浆工况

在原管片设计过程中，为了评价注浆荷载对衬砌结构受力的影响，采用了如图6-50所示的计算模式。通过计算可以得到隧道底部的地层抗力如图6-51所示。设计时，同步注浆压力作为附加荷载作用于隧道衬砌，在同步注浆孔处所监测到的荷载值为同步注浆附加荷载与该处水土压力之和。作用在隧道顶部的最大荷载为228kPa，作用在拱腰部位的最大荷载为188kPa，作用在拱底部位的最大荷载为268kPa。图6-52为同步注浆荷载工况下土压力计所监测到的荷载值，从分布图上可以看出作用在隧道顶部、拱腰及拱底的最大荷载值为251kPa、236kPa、253kPa。由以上分析可以看到，在同步注浆工况下，现场试验所测结构外荷载与室内整环试验的结构受力荷载的分布趋势基本一致，现场监测值与设计计算值之间的偏差大约为10%。从一定程度上说明，设计过程中采用同步注浆的附加荷载为100kPa是合理的。从荷载分布形态上看，在隧道的底部，底部荷载表现出中间偏小、两侧偏大的分布状态；在现场试验中，结构底部的荷载有同样的分布形态。

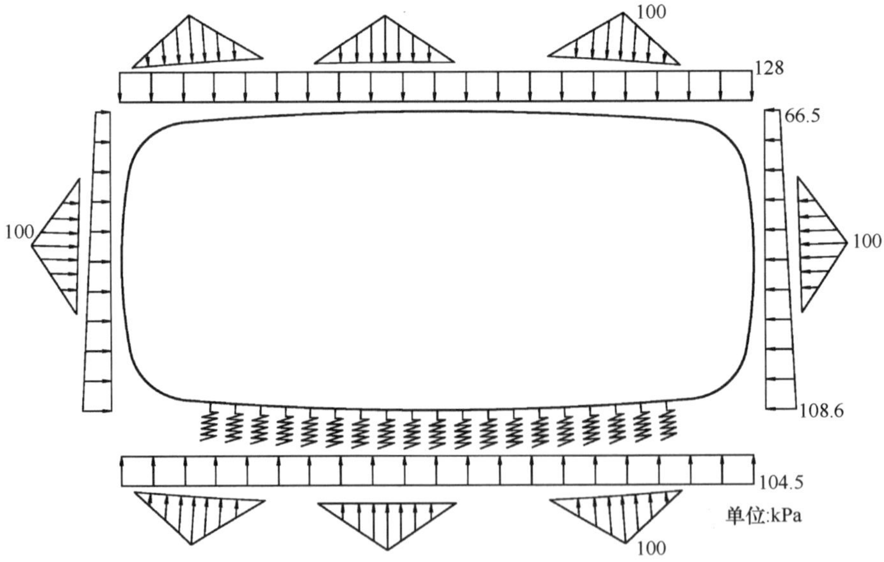

图 6-50 计算模型

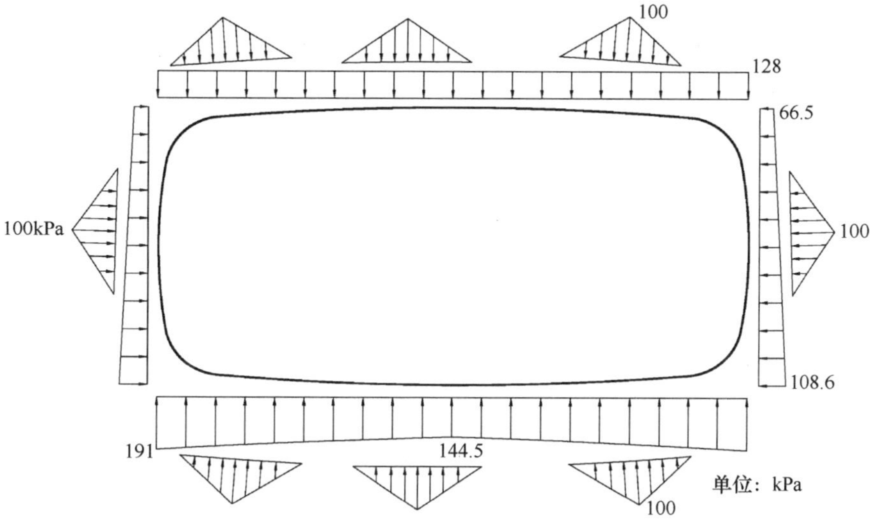

图 6-51　底部抗力分布图

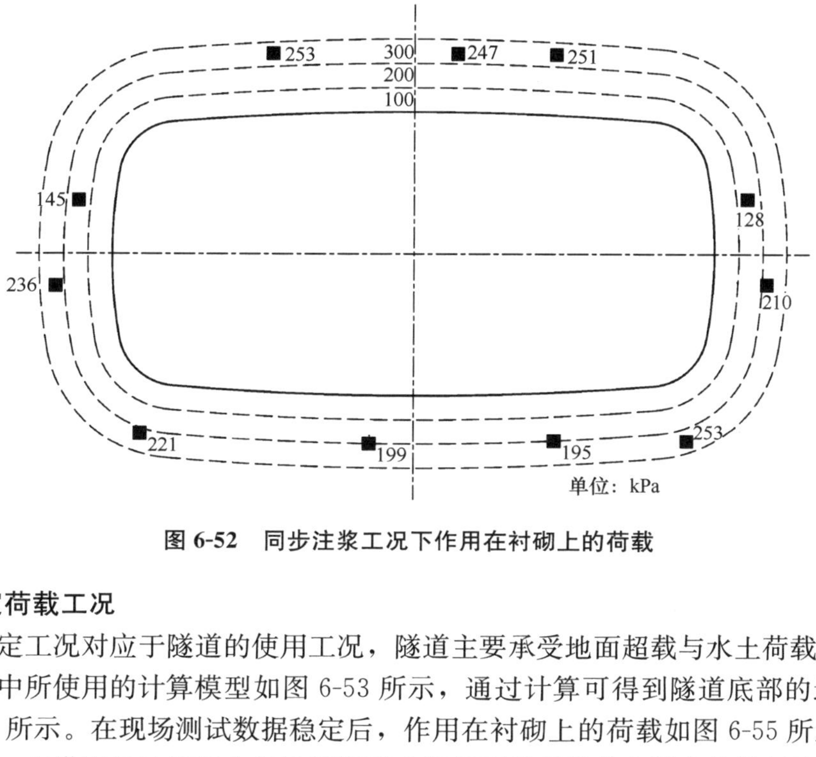

图 6-52　同步注浆工况下作用在衬砌上的荷载

2. 稳定荷载工况

荷载稳定工况对应于隧道的使用工况，隧道主要承受地面超载与水土荷载，无施工荷载。在设计中所使用的计算模型如图 6-53 所示，通过计算可得到隧道底部的地层弹簧抗力如图 6-54 所示。在现场测试数据稳定后，作用在衬砌上的荷载如图 6-55 所示。通过对比可以发现：在拱底的地层反力与计算模型中所得到的荷载分布形态是类似的，呈现出在侧墙底部反力偏大、中间偏小的特点。因此在设计过程中，需要考虑侧墙底部地基承载力的问题。在隧道的拱顶部，考虑了地面荷载的超载为 20kPa，因此设计值 128kPa 大于拱顶的监测最大值 105kPa。隧道的底部监测值与设计基本相同，荷载最大值的差为 6%。

通过对注浆工况与稳定工况下现场试验值与设计中所采用模型的对比，可以得到设计中所采用的荷载作用模式与现场试验所得到的荷载作用模式基本相同，验证了所采用荷载

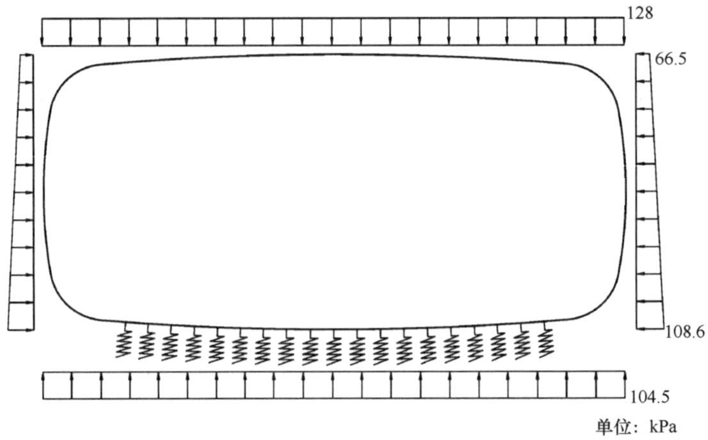

图 6-53　使用阶段隧道计算模型

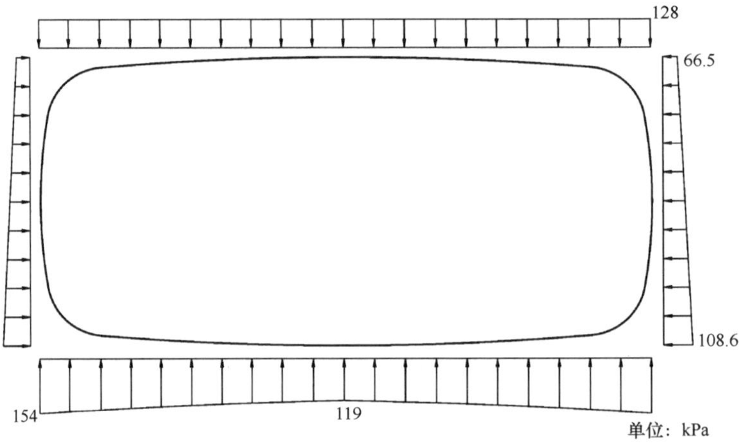

图 6-54　底部抗力示意图

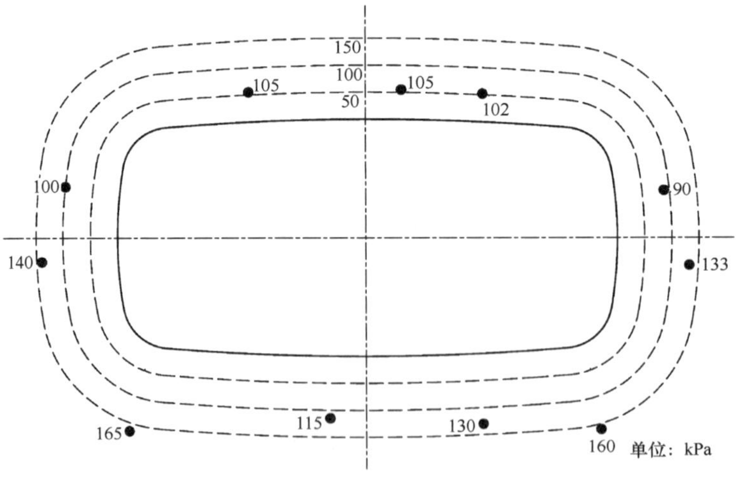

图 6-55　现场试验稳定荷载工况结构作用在衬砌上的荷载

作用模型的合理性。

6.6.5　现场试验与室内整环试验的对比分析

通过现场试验，得到了矩形盾构隧道衬砌结构 4 个主要工况的应变状态。在开展室内整环试验时，同样进行了同步注浆工况和运营工况的试验研究。现场试验的稳定荷载工况的等同于室内整环试验的运营工况。下面对两种试验条件下管片的表面应变进行对比分析。根据现场试验的结果，将第 13、19 环的控制截面处的管片表面应变与室内整环试验相应的测试指标进行了对比。

1. 同步注浆工况

本次示范工程掘进距离较短总共 28 环，在掘进第 19 环时，盾构机即将达到接收井，现场施工状况复杂，无法取得同步注浆工况下钢板的应变。下面将选取第 13 环关键截面处的结构表面应变进行对比分析。

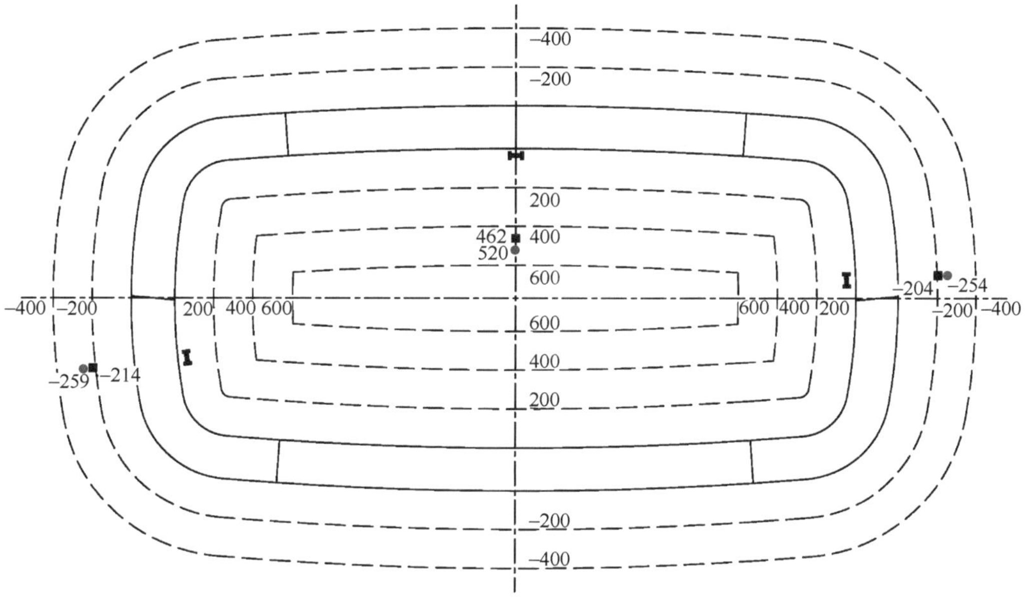

图 6-56　关键截面处结构荷载与表面应变对比（应变单位为 με）

由图 6-56 可以看到，现场试验中结构内表面的应变大于整环试验中结构内表面应变。因此，室内整环试验中所采用的设计同步注浆压力要小于实际中作用到衬砌结构上的真实同步注浆压力。在矩形盾构法隧道设计中应充分考虑同步注浆荷载对隧道受力的影响。

2. 稳定荷载工况

下面将选取关键截面处（监测截面中最大拉应变及最小压应变）在稳定荷载工况下的结构内表面应变，进行对比分析。

由图 6-57 可以看到，稳定荷载工况下，现场试验第 13 环所测结构顶部荷载要小于室内整环试验中结构的顶部荷载，而现场试验第 13 环所测结构腰部、底部荷载要大于室内整环试验中结构的腰部、底部荷载。原因在于在衬砌结构的实际受力过程中，由于结构的变形在腰部产生了弹性抗力，导致其腰部荷载偏大。同时，整环试验中没有考虑结构自重，因而其结构底部荷载要小于现场试验 13 环所测结构底部荷载。现场试验第 13 环关键截面处的结构内表面应变要大于室内整环试验中相应位置处的结构内表面应变，也是由于自重因素引起。

现场试验第 19 环所测结构顶部中间的荷载受雨水管等市政管线的影响，要小于室内整环试验的结构顶部中间荷载；而在结构顶部两侧，两试验所测结构外荷载相差不大；同样，第 19 环结构腰部荷载略大于整环试验中结构腰部荷载。说明第 19 环衬砌结构腰部也存在一定的土体弹性抗力。相比室内整环试验，现场试验第 19 环结构顶部中间荷载偏小，同时多考虑了结构自重，因而在结构关键截面处的结构表面应变，两者有大有小（也可能存在测试误差，不好比较）。

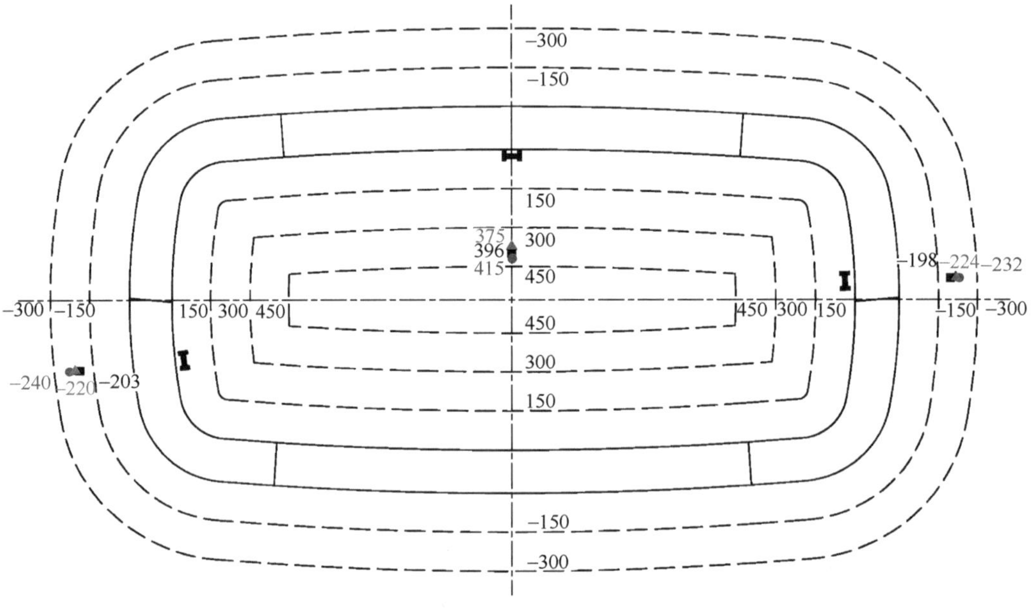

图 6-57　关键截面处内表面应变对比图

图 6-58 为环向螺栓内力对比图，图中环向螺栓轴力均为绝对值，整环试验环向螺栓的初始预紧力为 450kN。通过现场试验第 19 环与整环试验所测环向螺栓对比可以得出，实际施工中螺栓预紧力偏小。

因此，在稳定荷载工况下，衬砌结构外荷载与理论计算（顶部不考虑超载）基本一致，同时在结构腰部存在一定的土体弹性抗力，结构底部荷载呈中间小、两侧大的趋势；与隧道垂直相交的雨水管等市政管线一定程度上减小了作用在衬砌结构顶部的水土荷载。

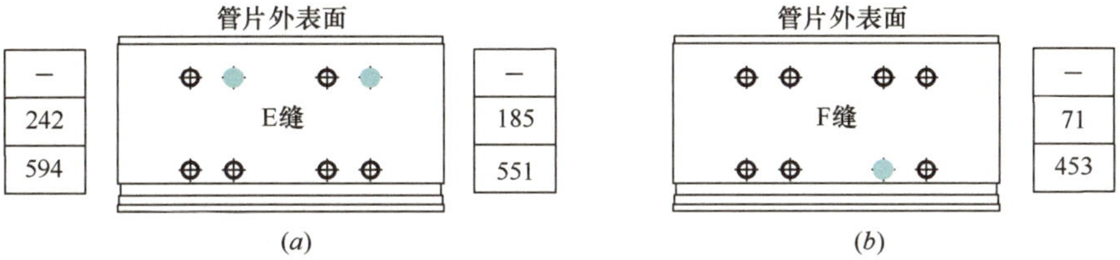

图 6-58　环向螺栓轴力对比图

(a) 管片内表面；(b) 管片内表面

注：每个测点位置上、中、下方分别为现场试验第 13 环、第 19 环和整环试验所测数据。

6.7　矩形盾构法示范工程

6.7.1　示范工程背景

在完成矩形盾构法隧道的试验工程后，进行了示范工程——上海虹桥商务区核心区（一期）与中国博览会会展人行地下通道工程（以下简称为会展通道）的实施。该通道位于虹桥商务核心区与中博会会展中心之间，东接虹桥商务区核心区（一期）地下空间中轴，西至中博会会展中心东出入口，全长约 693m。地下通道东侧为虹桥商务区核心区（一期），是长三角面向世界的重要门户，是上海服务全国和长三角的商务贸易平台，定位为服务于虹桥综合交通枢纽及周边产业区的大型高端商务社区；地下通道西侧为中博会会展中心，将建成世界上最具规模、最具水平、最具竞争力的国际一流会展综合体，是能够承办华交会、工博会等大型国际性展览的旗舰型展馆。图 6-59 为会展通道平面图。

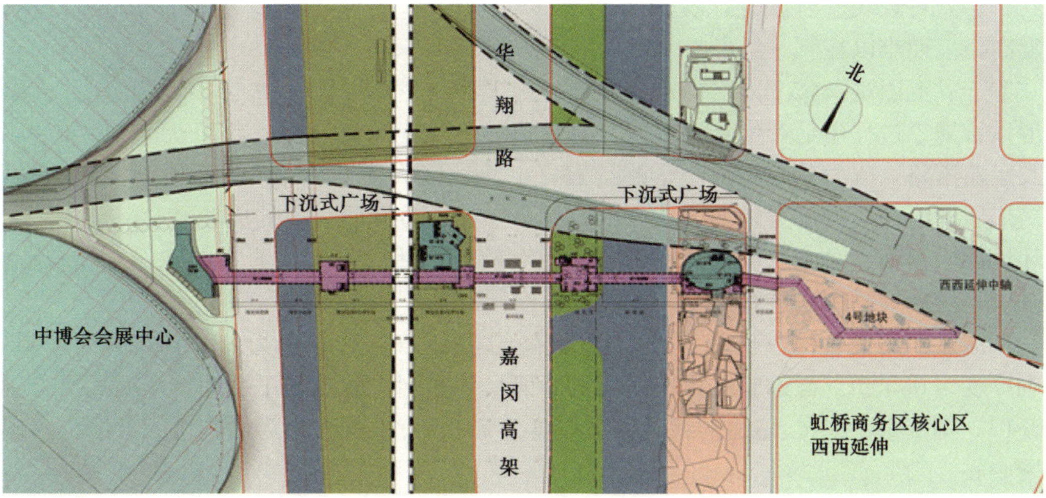

图 6-59　会展通道平面图

华翔路地下管线分布如图 6-60 所示，共有 12 根管线与 2 个窨井。众多的地下管线给工程的实施带来了挑战。

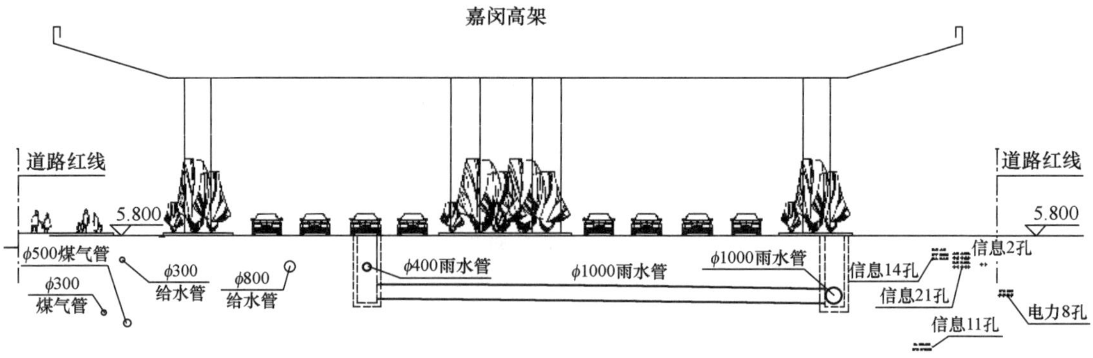

图 6-60　华翔路下地下管线分布图

该通道需要下穿华翔路上的嘉闵高架，嘉闵高架路是虹桥综合交通枢纽外围配套快速路网“一纵三横”中的“一纵”，是虹桥枢纽主要对外疏解通道，有效分流外环交通流量。本工程实施过程中需保证嘉闵高架桥梁的结构安全及正常使用。

本区段如采取明挖法施工，存在以下问题：

（1）桥下华翔路道路交通和路下管线需进行二次翻交，交通疏解与管线搬迁时间总计约 6 个月，对道路交通及周边环境影响较大。

（2）翻交过程中需要跨越南侧河滨，故尚需架设临时钢便桥以满足临时交通车辆通行和管线过河。

（3）通道结构距嘉闵高架桥梁桩基较近，基坑开挖、结构施工会引起桩基的横向变形与沉降，可能危及桥梁使用安全。

（4）嘉闵高架桥梁下方净空高度 12～12.5m，地墙及大直径钻孔排桩等大型施工机具走行、吊装等存在困难。

（5）需对管线进行搬迁，费用大约 8000 万元。管线种类较多，搬迁协调工作量大、难度高，工期难以控制。

鉴于以上困难，施工方法确定为非开挖施工法——矩形顶管法与矩形盾构法。大断面矩形顶管施工过程中易产生背土效应，对周边环境及管线影响较大，管节运输需要专用设备及运输道路，成为其应用的一个制约点，上海地区尚无 9m 跨大断面顶管实施的先例。而矩形盾构法在国外已有较多成功先例，基于在 6.1 节试验工程的成功经验，该工法对周边环境影响较小、对施工设备及运输要求相对较低，适用于本段通道的建设。综合考虑，本区段采用矩形盾构法进行施工。

下穿嘉闵高架盾构段长度为 83.95m，隧道内部净空尺寸宽为 8.65m，高为 3.85m，衬砌厚度为 0.55m，与试验工程中所用的断面尺寸相同。隧道的平面图与纵断面图分别如图 6-61、图 6-62 所示。隧道的最大覆土厚度为 8.0m，推进方向为由虹桥商务区推向国家会展中心。

6.7.2　示范工程建设条件

1. 地质条件

会展通道工程位于上海市虹桥机场的西侧，拟建场地地势总体较为平坦，嘉闵高架东

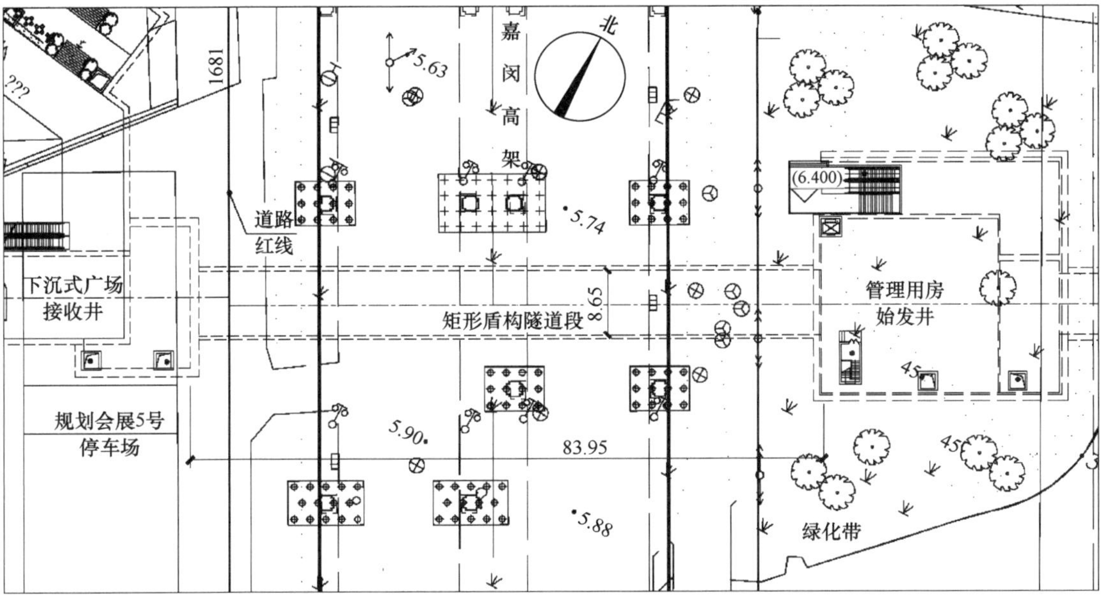

图 6-61　矩形盾构法隧道平面图

侧绿化带内有一定堆土，本场地地面高程在 4.00～8.00m 之间，工程地貌单元为滨海平原地貌类型。

会展通道工程沿线地基土分布有 7 大层及若干亚层，各地基土情况分析如下：

（1）第①$_1$ 层填土，以杂填土为主，含砖块、碎石，部分地段为素填土，土质差，土性较杂，结构松散。

（2）第②层可分为 2 个亚层。

第②$_1$ 层黄～灰黄色粉质黏土，为软土地区典型的“硬壳层”，厚度较薄，为 0.6～2.1m，可塑～软塑状，由上至下趋软，中压缩性，由于沿线填土基本较厚，因此分布不稳定，局部地段缺失。

第②$_3$ 层灰色粉砂，场地内均有分布，土质相对较好，松散，中压缩性，厚度 2.8～4.2m，该层土在一定水头的动水压力作用下易产生流砂现象，局部缺失。

（3）第③层灰色淤泥质粉质黏土，场地内均有分布，土质差，呈流塑状，高压缩性，高灵敏度，厚度 2.1～6.6m，为场地的主要软弱层。

（4）第④层为灰色淤泥质黏土，土质差，呈流塑状，高压缩性，高灵敏度，分布较稳定，沿线均有分布，厚度 6.3～7.0m，为场地的主要软弱层。

（5）第⑤$_1$ 层灰色黏土，分布较稳定，土质一般，流塑～软塑状，中～高压缩性，厚度 11.0～11.1m。

（6）第⑥层暗绿色粉质黏土，为正常地层沉积区的典型土层“硬土层”，厚度 3.0～3.4m，土质较好，呈可～硬塑状，中压缩性。

（7）第⑦层可分为 2 个亚层及 1 个夹层。

第⑦$_1$ 层灰绿～灰色砂质粉土夹黏土，沿线均有分布，但层厚及埋深变化较大。静探 P_s 值平均为 6.95MPa，该层土质相对较好，中密，中压缩性，但该层夹黏性土较多。

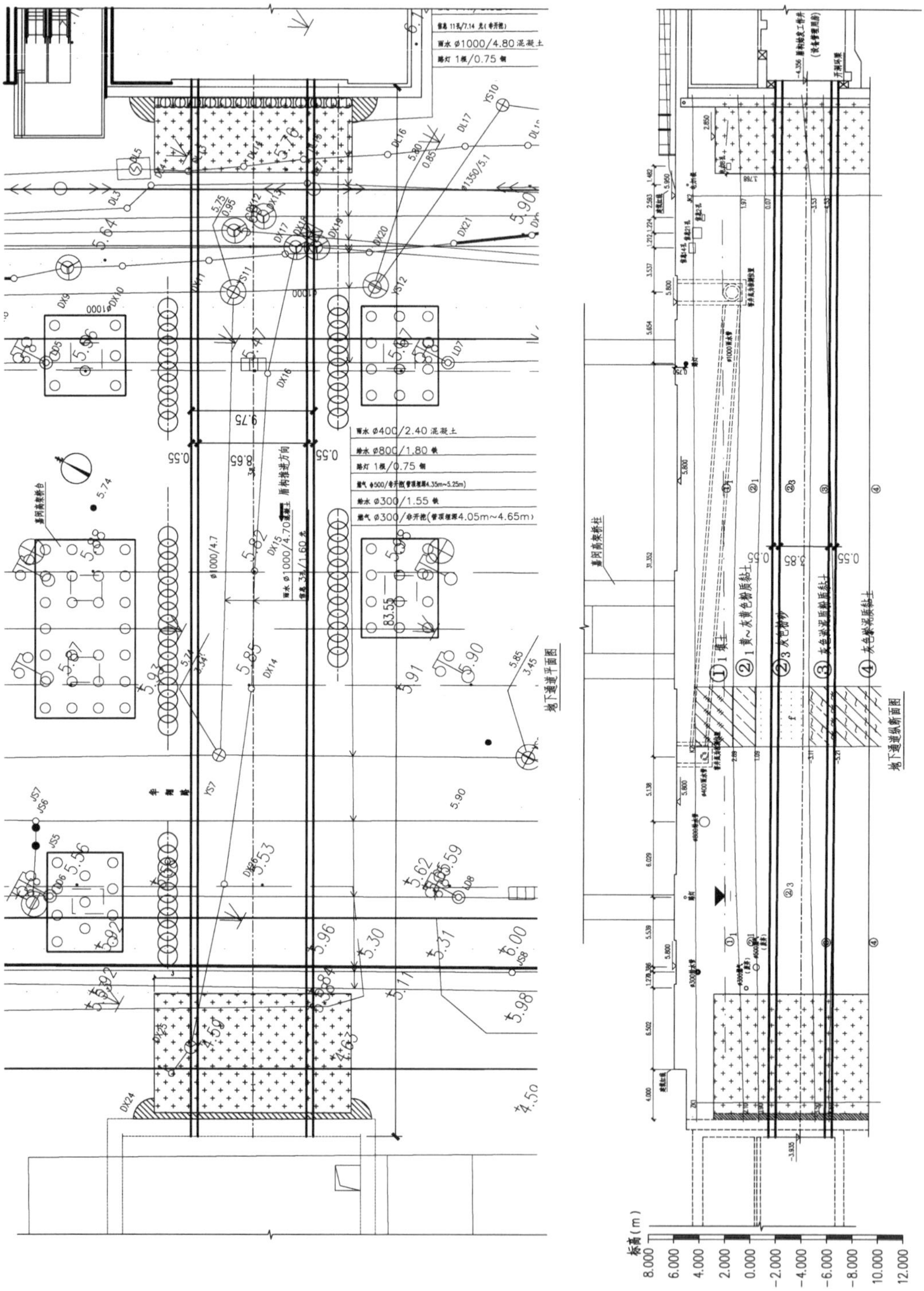

图 6-62 隧道纵断面图

$⑦_1$T 层灰色粉质黏土夹粉砂为$⑦_1$层的夹层，层厚及埋深变化较大，该层土质一般，可塑为主，中压缩性。

第$⑦_2$层灰色粉砂，层厚及埋深变化较大，该层土质好，密实状，中压缩性，静探 P_s 值平均为 17.765MPa，该层在具一定水头的动水压力作用下易产生流砂现象。

2. 地基土的构成与特征

根据本次勘察资料显示，本场地为正常沉积区，场地内分布的土层自上而下可划分为 7 大层及若干亚层，其中$①_1$层为人工堆填，$②_1$层～$⑤_1$层为全新世 Q4 沉积层，⑥层～$⑦_2$层为晚更新世 Q3 沉积层。

3. 水文地质

场地地下水由浅部土层中的潜水、和深部粉（砂）性土层中的承压水组成，地下水补给来源主要为大气降水与地表径流。场地分布的承压水主要有$⑦_1$及$⑦_2$，该两层连通，承压水水位一般低于潜水位，年呈周期性变化，埋深 3.0～12.0m。根据会展通道工程涞港路、小涞港区段承压水测试结果，承压水水头埋深 4.95m，水头标高－1.20m。

4. 周边环境

始发井周边的环境如图 6-63 所示。在始发井的东侧为新角浦河，西侧为嘉闵高架。基坑的开挖应满足防洪堤及嘉闵高架的保护要求。接收井周边环境如图 6-64 所示。

图 6-63　始发井周边环境

嘉闵高架桥墩采用群桩基础，桩基础采用 $\phi 800$ 钻孔灌注桩，桩长分别为 25m、40m、41m，桩顶埋深约 3m。自地面算起，北侧高架墩柱高度约 12.5m，南侧高架墩柱高度约

图 6-64　接收井周边环境

12.0m，则墩柱总高度（自承台面算起）为13.5m（北侧）及13m（南侧）。高架桥梁相邻墩台间跨径为25m，通道北侧设沉降缝，沉降缝两侧为连续梁桥。

嘉闵高架桥墩桩基与矩形盾构隧道平面位置关系参见图6-61。穿越桥梁桩基区段，矩形盾构顶板埋深8.3～9.2m，矩形盾构侧墙距桩基中心4.5～6.3m。盾构隧道与桥梁桩基竖向关系如图6-65所示。

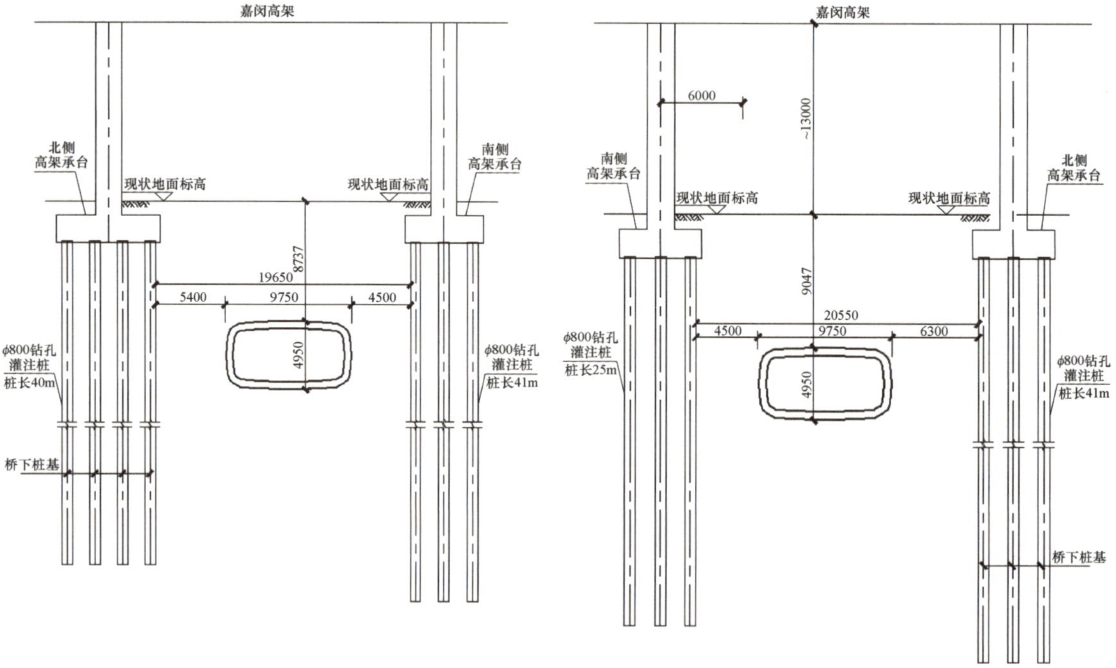

图6-65　隧道与嘉闵高架竖向关系图

6.7.3　示范工程实施状况

图6-66～图6-69大致表示了工程的进展状况，本工程于2016年11月实现了贯通，如图6-70所示。

图6-66　盾构机整装待发

图 6-67　始发井周边管片堆场

图 6-68　负环安装

图 6-69　盾构机到达工作井

图 6-70　隧道贯通图

专 利 申 明

本书中所涉及的内容受以下系列专利保护。根据《中华人民共和国专利法》等相关规定，在专利到期之前，任何单位或者个人未经专利权人许可，都不得抄袭、复制、修改本书中的相关内容。如发现任何侵权行为，本院将诉之法律，追究侵权者及相关单位或个人的法律责任，并对造成的损失或影响追究经济赔偿责任。

序号	专利名称	专利号
1	高承载力管片接头结构	ZL201420118291.X
2	复合管片的接头板加强结构	ZL201420114744.1
3	复合管片的浇注孔、排气孔布置结构	ZL201420114790.1
4	复合管片的抗剪结构	ZL201420114743.7
5	预埋于复合管片内的注浆管结构	ZL201420114796.9
6	复合管片螺栓手孔布置结构	ZL201420114746.0
7	一种适用于矩形隧道的管片衬砌环结构	ZL201320646399.1
8	一种复合管片结构	ZL201320646400.0
9	防止复合管片接头板发生变形的方法	ZL201410093213.3